# 虎奔科举网　会考新概念

　　虎奔科举网独创的边学边练、在线实操、实时答疑等系统为学员通过考试提供强有力的保障，并且还提供全职老师在线答疑、学霸系统等服务。学员满意率、通过率高，部分学员已经成为网校铁杆粉丝，网校也逐渐受到越来越多的用户的认可。

　　凡购买清华版虎奔会计图书的读者，通过随书附赠的学习卡购买虎奔科举网的课程，均可在原课程价格的基础上优惠 200 元。具体说明如下（如果以下图片与实际操作中出现的图片不一致，请以实际操作中出现的图片为准）。

　　（1）登录虎奔科举网（www.kejuwang.com），完成注册和登录后，单击导航栏中的"会计从业"菜单，再单击的"会计课程"对应的图片，最后单击页面中的"立刻报名"按钮。如图 1 所示。

　　（2）在"确认订单"页，单击"学习卡/优惠券"右侧的"添加"按钮，输入学习卡中的卡号和密码，并单击"添加"按钮，如图 2 所示。

图 1　报名页面

图 2　确认订单

　　注：① 考生在正式购买之前，可以先通过"开通体验班级"按钮，进入体验班感受课程效果，开通体验班后，仍可以继续使用该卡号和密码获取 200 元优惠。② 学习卡效果图如图 3 所示。

　　（3）单击图 2 中的"使用学习卡"按钮，需支付的价格会在原来的基础上减少 200 元，填写正确的手机号，并单击"下一步"按钮，按照引导完成支付即可开通课程，成为虎奔科举网的正式学员。如图 4 所示。

图 3　学习卡

图 4　优惠后的价格

　　虎奔科举网更多的功能与服务，请登录 www.kejuwang.com 做进一步的了解。马上开始你轻松、高效的学习之旅吧。

# 软件使用说明

## 一、软件安装

（1）将光盘放入光驱中打开，进入安装界面，如图 1 所示。

图 1　打开光盘

（2）双击 setup.exe 文件，开始程序的安装，如图 2 所示。

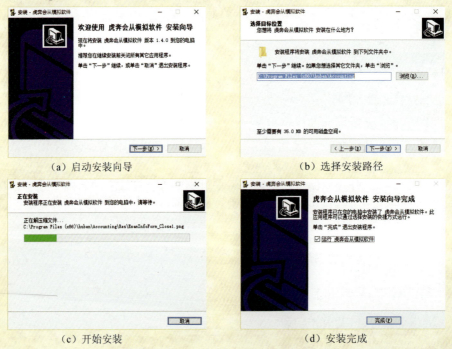

（a）启动安装向导　　　　　　　　　（b）选择安装路径

（c）开始安装　　　　　　　　　　　（d）安装完成

图 2　程序的安装

## 二、软件下载

如果光盘被损坏，或者没有光驱，无法用光盘进行软件的安装，也可以从虎奔官网下载安装程序进行安装，过程如下。

登录虎奔官网的下载专区（http://www.chinahuben.com/z/down/），如图 3 所示，找到并单击相应科目，打开对应的下载页面，如图 4 所示，单击下载按钮开始下载，下载过程页面如图 5 所示。

图 3　下载专区

图 4　下载页面　　　　　　　　　　　　　　　　图 5　正在下载

其中图 4 和图 5 所示的下载过程是使用搜狗浏览器的效果，可能与考生的界面不一致，但不会影响软件的下载和使用。

### 三、功能说明

**1．软件激活**

（1）软件安装完成后，默认是未激活的状态，此时，部分功能无法正常使用，使用过程中会弹出如图 6 所示的激活提示界面。

（2）刮开随书附赠的学习卡中的卡号和密码，如图 7 所示，填入卡号和密码至指定位置，并单击"激活"按钮，等待系统与服务器进行验证，验证通过即激活成功。

图 6　联网激活图　　　　　　　　　　　　　　　图 7　学习卡

## 2. 名师讲堂

本模块专为虎奔科举网学员和潜在学员设计，可以帮助考生快速进行课程学习，讲堂主界面如图8所示。

图8　名师讲堂主界面

## 3. 模块功能

软件中这3个模块的功能类似，就不一一赘述，仅以会计电算化模块为例进行讲解。如图9所示，本模块中包括章节练习、题型练习、组卷练习和错题集锦4个子模块，从不同角度让考生对考点知识进行全面练习。

图9　电算化模块主界面

需要特别强调的是会计电算化模块中的实务操作子模块。如图 10 所示，通过题型练习和组卷练习均可进入该子模块。此处成套出现，完全参照真考来组织每一套实务操作题的题型和题量。

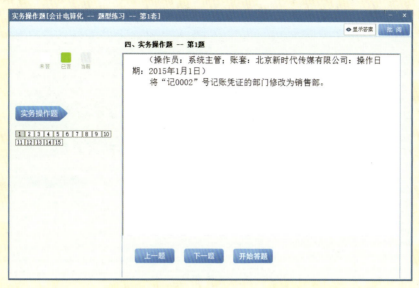

图 10　实务操作子模块界面

单击"开始答题"按钮进入实务操作题答题环境的登录页（首次登录时需要），如图 11 所示。此处的登录账号和密码即是考生在虎奔科举网的登录账号和密码，如果不是虎奔科举网的学员，单击右上角的"注册"按钮进行注册即可。

输入正确的登录账号和密码并单击"登录"按钮，打开账套登录对话框，如图 12 所示。

一般情况下，直接单击"登录"按钮，则进入实务操作题答题环境页，如图 13 所示。

图 11　答题环境登录页 　　　　　　　　图 12　账套登录对话框

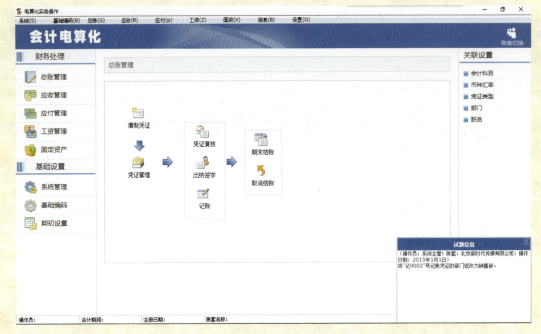

图 13　实务操作题答题环境页

## 4．模拟考场

本模块从登录、信息验证、抽题、答题、交卷、评分等过程对真实考试进行模拟，使考生提前熟悉考试环境，尽快进入备考状态，如图 14 所示。同时，还能够检验考生对知识点的掌握情况。本部分与前面介绍的模块中所涉及的试题均源自最新真考题库。

## 5．其他服务

为了更好地帮助考生通过考试，软件还提供了 QQ 答疑群、YY 公益讲堂、手机软件、虎奔科举网等快速访问方式，如图 15 所示。

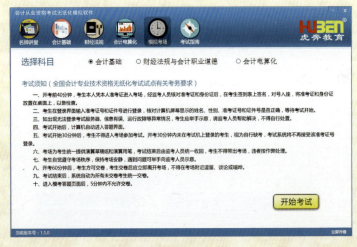

图 14　模拟考场启动页

图 15　其他服务

# 全国会计从业资格考试
## 标准教程

## 会计基础

童精明　主　编　　全国会计从业资格考试命题研究组
孙化春　副主编　　虎奔教育教研中心　编著

清华大学出版社
北　京

## 内 容 简 介

本书循序渐进地讲解会计基础考试中应该掌握、熟悉和了解的考点，包括大纲中要求的 10 个模块：总论、会计要素与会计等式、会计科目与账户、会计记账方法、借贷记账法下主要经济业务的账务处理、会计凭证、会计账簿、账务处理程序、财产清查、财务报表，每个考点按照"知识点详解+巩固练习"的结构讲解，光盘中提供配套的考试模拟软件，考题涵盖真考的所有考点及题型。

本书适合于报考"会计从业资格"考试的考生选用，也可作为会计相关专业的学生教材。

本书封面贴有清华大学出版社防伪标签，无标签者不得销售。

版权所有，侵权必究。侵权举报电话：010-62782989　13701121933

**图书在版编目（CIP）数据**

全国会计从业资格考试标准教程——会计基础 / 童精明主编. —北京：清华大学出版社，2016
ISBN 978-7-302-42628-8

Ⅰ.①全…　Ⅱ.①童…　Ⅲ.①会计学-资格考试-教材　Ⅳ.①F230

中国版本图书馆 CIP 数据核字（2016）第 007853 号

责任编辑：袁金敏
封面设计：刘新新
责任校对：胡伟民
责任印制：杨　艳

出版发行：清华大学出版社
　　　　　网　　址：http://www.tup.com.cn, http://www.wqbook.com
　　　　　地　　址：北京清华大学学研大厦 A 座　　　邮　　编：100084
　　　　　社 总 机：010-62770175　　　　　　　　邮　　购：010-62786544
　　　　　投稿与读者服务：010-62776969，c-service@tup.tsinghua.edu.cn
　　　　　质量反馈：010-62772015，zhiliang@tup.tsinghua.edu.cn
印 装 者：北京嘉实印刷有限公司
经　　销：全国新华书店
开　　本：185mm×235mm　　印　张：19.5　　插　页：3　　　　字　　数：500 千字
　　　　　（附光盘 1 张）
版　　次：2016 年 4 月第 1 版　　　　　　　　　　　印　　次：2016 年 4 月第 1 次印刷
印　　数：1～4000
定　　价：45.00 元

产品编号：065725-01

# 前　言

《中华人民共和国会计法》规定，从事会计工作的人员，必须取得会计从业资格证书。为促进会计从业资格考试的知识结构科学合理，充分发挥会计从业资格考试在会计市场准入中的积极作用，财政部于2014年4月全面修订了会计从业资格考试大纲，对2009年10月印发的考试大纲的有关内容做了较大调整，自2014年10月1日起施行。新修订的考试大纲是组织建设全国会计从业资格无纸化考试题库的唯一依据。

为了适应和配合财政部对会计从业资格考试的调整与变化，帮助广大考生快速掌握应试方法，提高成绩，顺利过关，我们组织了一大批长期从事会计从业资格考试研究、培训教学并具有丰富教学实践经验的辅导专家，经过多次研讨，结合财政部新颁布的考试大纲，编写了这套"全国会计从业资格考试标准教程"。本套教材共分三册，分别是《全国会计从业资格考试标准教程——会计基础》《全国会计从业资格考试标准教程——财经法规与会计职业道德》和《全国会计从业资格考试标准教程——会计电算化》。该套教材紧密结合考试和实际工作需要，是参加会计从业资格考试的必备辅导用书。

这套教材主要突出以下几个特点：

❑　紧扣大纲，内容权威

编者对最新版考试大纲进行了深入细致的研究，完全针对大纲中的考点进行讲解，便于考生有针对性地学习掌握，难易程度适中，便于考生学习应考。

❑　条理清晰，通俗易懂

本书对大纲中的重要考点进行了深刻的讲解，结构严谨，内容精炼。

❑　例题经典，突出实务

书中的例题均为经典考题，使考生结合考题对知识点进行理解掌握；强调从事会计工作所需要的基本知识和基本技能，突出实务操作训练，能使考生具备一名会计从业人员应有的业务处理能力。

❑　配套软件，注重真题

本套图书提供配套模拟考试软件，考生学习过程中可以根据章节模拟练习，逐个击破各个知识点，方便查漏补缺。软件中还包括模拟考试系统模块，其中的考题涵盖了真考的所有考点及题型，使考生提前熟悉考试环境及考题类型，结合实际选择相应题型、题量和答题时间等进行模拟实战。考生可以通过模拟演练和解析获知答题思路及考查重点，进一步突破备考难点。

本书一共十章，由童精明主编，孙化春副主编，王浩、符修清、刘庆华、董樱、蔡之升、吕星星、南宣伊、龙丽霞、肖路、邱真、杨玲、黄志媛、孟丽清、郝丁毅、黄贱芽、富慧敏、麻蕊、钟燕、张秀参与了本书的编写。

本套图书的编写得到了很多专业人员的热心帮助，在此一并表示感谢。另外，尽管力求完美，由于时间有限，书中如有不足之处，希望广大读者批评指正。

# 目　　录

# 第一章　总　　论

本章包括会计的概念与目标、会计的职能与方法、会计基本假设与会计基础、会计信息的使用者及其质量要求，以及会计准则体系 5 个方面的内容，该内容贯穿于会计工作的始终，是学习本门课程的基础。

本章涉及的题型多为单选题、多选题和判断题，分值一般为 6 分，其中以基本概念为主的考题较多，可能会涉及 1～2 道判断题，学习时以理解记忆为主。本章的考核重点为会计基本假设、权责发生制和会计信息质量要求，需要重点掌握。

## 第一节　会计的概念与目标

### 一、会计的概念与特征

#### （一）会计的概念

会计是以货币为主要计量单位，运用专门的方法，核算和监督一个单位经济活动的一种经济管理工作。

【注意】单位是国家机关、社会团体、公司、企业、事业单位和其他组织的统称。如果没有特别说明，本教程主要以《企业会计准则》为依据介绍企业经济业务的会计处理。

会计已经成为现代企业的一项很重要的管理工作。企业的会计工作主要是通过一系列会计程序，对企业的经济活动和财务收支进行核算和监督，反映企业财务状况、经营成果和现金流量，以及企业管理层受托责任履行情况，为会计信息使用者提供对决策有用的信息，并积极参与经营管理决策，提高企业经济效益，促进市场经济的健康有序发展。

#### （二）会计的基本特征

从会计的概念可以总结出，会计具有以下 5 个特征。

1. 会计是一项经济管理活动

会计是一项经济管理活动，为企业经济管理提供有助于决策的信息，而且通过各种方式直接参与经济管理，对企业的经济活动进行核算和监督。

2．会计是一个经济信息系统

会计作为一个经济信息系统，将企业经济活动的各种数据转化为货币化的会计信息，这些信息是企业内部管理者和外部利益相关者进行相关经济决策的重要依据。

3．会计以货币作为主要计量单位

货币是一般等价物，是衡量一般商品价值的共同尺度。经济活动中可供选择的计量尺度有劳动、实物和货币等，其中，劳动计量和实物计量只能从不同角度反映企业的生产经营状况，对计算结果一般无法直接进行汇总和分析；而货币计量则能够全面反映企业的生产经营状况，并对计量结果进行统一衡量和综合比较。会计在选择货币作为统一的计量尺度的同时，要以实物量度和时间量度等作为辅助的计量尺度。

　　　　【考场指示灯】"以货币为主要计量单位"，该考点经常以判断题的形式出现。"主要"两个字，言外之意就是说它不是唯一的计量单位，除了货币计量单位之外还可以以实物计量或劳动计量作为辅助计量单位。注意以下几种说法：

（1）主要计量单位（√）；
（2）统一计量单位（√）；
（3）唯一计量单位（×）。

4．会计具有核算和监督的基本职能

会计的职能是指会计在经济管理活动中所具有的功能。会计的基本职能表现在以下两个方面。

（1）进行会计核算。会计核算是指对发生的经济业务通过确认、计量、记录、报告，从数量上反映各单位已经发生或完成的经济活动，为经营管理提供会计信息。

（2）实施会计监督。会计监督是指按照一定的目的和要求，利用提供的会计信息，对各单位的经济活动进行控制，使之达到预期目标。

5．会计采用一系列专门的方法

会计在对经济活动进行核算、监督和分析时，形成了一整套独特的计算方法。会计方法一般包括会计核算方法、会计分析方法和会计检查方法等。其中会计核算方法是会计方法中最基本的方法。会计核算方法主要包括设置会计科目和账户、复式记账、填制和审核凭证、登记会计账簿、成本计算、财产清查和编制财务会计报告。

以上 7 种会计核算方法相互联系、密切配合，构成一个完整的会计核算方法体系。

### （三）会计的发展历程

会计是随着人类社会生产的发展和经济管理的需要而产生、发展并不断得到完善的。其中，会计的发展可划分为古代会计、近代会计和现代会计三个阶段。

#### 1. 古代会计

古代会计阶段是从会计产生到 15 世纪末以前，这是会计发展史上最漫长的一段时期。古埃及、古巴比伦、古希腊等都留下了对会计活动的记载。

在我国，关于会计事项记载的文字最早出现于商朝的甲骨文。据《周礼》记载，西周国家设立"司会"一职对财务收支活动进行"月计岁会"，同时设司书、职内、职岁和职币四职分理会计业务。这表明，在西周前后，我国便初步形成了会计工作组织系统，并形成了文字叙述方式的"单式记账法"。

#### 2. 近代会计

近代会计阶段以复式记账法的产生和"簿记论"的问世为标志。1494 年，意大利数学家卢卡·帕乔利出版了《算术、集合、比及比例概要》一书，其中的《簿记论》较为详细地阐述了日记账、分录账和总账以及试算平衡表的编制方法，介绍了威尼斯复式记账法的原理和方法。该书的出版标志着近代会计的开始，卢卡·帕乔利也被誉为"会计之父"。

从 16 世纪末到 19 世纪，意大利的复式簿记迅速在欧洲传播，取得了很大的发展。德国、法国、英国等国资本主义的迅速发展，尤其是英国工业革命的兴起，促使许多专门研究和论述簿记、会计理论等方面书籍的出版，会计知识得到广泛普及。1853 年，英国在苏格兰成立了世界上第一个注册会计师专业团体——"爱丁堡会计师协会"。会计开始成为一种社会性专门职业和通用的商业语言。

#### 3. 现代会计

20 世纪 20 年代末和 30 年代初，美国发生的经济危机促成了《证券法》和《证券交易法》的颁布及对会计准则的系统研究和制定。财务会计准则体系的形成不仅奠定了现代会计法制体系和现代会计理论体系的基础，而且促进了传统会计向现代会计的转变。进入 20 世纪 50 年代，在会计规范进一步深刻发展的同时，为适应现代管理科学的发展，逐渐形成了以全面提高企业经济效益为目的、以决策会计为主要内容的管理会计。1952 年，国籍会计师联合会正式通过"管理会计"这一专业术语，标志着会计正式划分为财务会计和管理会计两大领域。

经济越发展，会计越重要。经济全球化促进了会计国际化。随着计算机、网络、通信等先进信息技术与传统会计工作的融合，会计信息化不断发展，为企业经营管理、控制决策和经济运行提供了实时、全方位的信息。

## 二、会计的对象与目标

### （一）会计对象

会计对象是指会计核算和监督的内容，具体是指社会再生产过程中能以货币表现的经济活动，即资金运动或价值运动。凡是特定主体能够以货币表现的经济活动，都是会计核算和监督的内容，即会计对象。

企业的资金运动通常表现为资金投入、资金运用和资金退出三个过程。下面以工业企业为例，如图 1-1 所示。

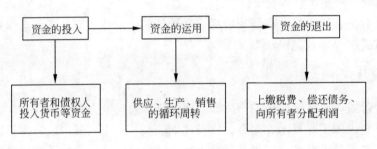

图 1-1　资金运动

#### 1. 资金的投入

资金的投入过程包括企业所有者（投资者）投入的资金和债权人投入的资金两部分，前者形成企业所有者权益，后者形成企业债权人权益，即企业负债。投入企业的资金一部分形成流动资产，另一部分形成非流动资产。资金的投入是企业获取资金的过程，是资金运动的起点。

#### 2. 资金的运用（资金的循环和周转）

企业的资金运用是指资金投入企业后，在供应、生产和销售等环节不断循环与周转。

（1）供应过程。在供应过程中，企业根据制订的生产经营计划，购买生产所需的各种原材料，支付材料的买价、运输费、装卸费等采购费用，与供货方结算货款，为生产产品做充分的物资准备。

（2）生产过程。在生产过程中，劳动者借助于劳动手段将劳动对象加工成特定产品，发生原材料消耗的材料费、固定资产磨损的折旧费、生产工人劳动耗费的人工费等，同时，还将发生企业与工人之间的工资结算关系、与有关单位之间的劳务结算关系等。

（3）销售过程。在销售过程中，将生产的产品销售出去，发生有关销售费用、收回货款等业务活动，并同购货单位发生货款结算关系、同税务机关发生税务结算关系等。

综上所述，资金是伴随着生产经营过程的进行，不断从货币资金开始依次转化为储备资金、生产资金、产品资金，最后又回到货币资金的过程，这个过程就称为资金循环，资金周而复始地循环则称为资金的周转。

### 3. 资金的退出

资金退出过程包括偿还各项债务、上缴各项税费、向所有者分配利润等，这部分资金将离开本企业，退出本企业的资金循环与周转。

综上所述，从任一时点上看，资金运动总是处于相对静止的状态，即企业的资金在任一时点上均表现为资金占用和资金来源两方面，这两个方面既相互联系，又相互制约。

### （二）会计目标

会计目标，又称会计目的，是要求会计工作完成的任务或达到的标准，即向财务会计报告使用者提供与企业财务状况、经营成果和现金流量等有关的会计信息，反映企业管理层受托责任履行情况，有助于财务会计报告使用者作出经济决策。

#### 1. 反映企业管理层受托责任履行情况

现代企业制度强调企业所有权和经营权相分离，企业管理层是受委托人之托经营管理企业及其各项资产，负有受托责任。即企业管理层所经营管理的企业各项资产基本上由投资者投入的资本（或者留存收益作为再投资）和向债权人借入的资金形成，企业管理层有责任妥善保管并合理、有效运用这些资产。

为了准确判断投资者的投资是否被科学、合理而有效地使用，是否需要加强企业内部控制和其他制度建设，是否需要更换管理层等，企业投资者和债权人等也需要及时或者经常性地了解企业管理层保管、使用资产的情况。因此，会计应当反映企业管理层受托责任的履行情况，以便外部投资者和债权人等评价企业的经营管理责任和资源使用的有效性。

#### 2. 向财务会计报告使用者提供有关决策信息

财务会计报告使用者主要包括投资者、债权人、政府及其有关部门和社会公众等。

会计向财务报告使用者提供与企业财务状况、经营成果和现金流量等有关的会计信息，有助于财务报告使用者作出是否继续投资、发放贷款、收回贷款等经济决策，有助于政府及其有关部门作出促进经济资源分配公平与合理、市场经济秩序公正和有序的宏观经济决策。

# 第二节　会计的职能与方法

## 一、会计的职能

会计的职能是指会计在经济管理过程中所具有的功能。从会计的本质来讲，核算和监督是会计的两项基本职能，同时，还具有预测经济前景、参与经济决策、评价经营业绩等拓展职能。

### （一）基本职能

**1. 核算职能**

会计核算职能，又称会计反映职能，是指会计以货币为主计量单位，对特定主体的经济活动进行确认、计量和报告。

（1）确认。会计确认是运用特定会计方法、以文字和金额同时描述某一交易或事项，使其金额反映在特定主体财务报表的合计数中的会计程序。会计确认解决的是定性问题，以判断发生的经济活动是否属于会计核算的内容、归属于哪类性质的业务，是作为资产还是负债或其他会计要素等。会计确认分为初始确认和后续确认。

（2）计量。会计计量是指在会计确认的基础上确定具体金额，会计计量解决的是定量问题。

（3）报告。会计报告是确认和计量的结果，即通过报告，将确认、计量和计量的结果进行归纳和整理，以财务报告的形式提供给信息使用者。

会计核算贯穿于经济活动的全过程，是会计最基本的职能。会计核算的内容主要包括：

① 款项和有价证券的收付；

② 财务的收发、增减和使用；

③ 债权、债务的发生和结算；

④ 资本、基金的增减；

⑤ 收入、支出、费用、成本的计算；

⑥ 财务成果的计算和处理；

⑦ 需要办理会计手续、进行会计核算的其他事项。

**2. 监督职能**

会计监督职能，又称会计控制职能，是指会计机构和会计人员在进行会计核算的同时，对特定主体和相关会计核算的真实性、合法性和合理性进行监督检查。

（1）真实性审查。真实性审查是指检查各项会计核算是否根据实际发生的经济业务事项进行。

（2）合法性审查。合法性审查是指保证各项经济业务符合国家的有关法律法规，遵守财经纪律，执行国家的各项方针政策，杜绝违法乱纪的行为。

（3）合理性审查。合理性审查是指检查各项财务收支是否符合特定对象的财务收支计划，是否有利于预算目标的实现，是否有奢侈浪费行为，是否有违背内部控制制度要求等现象，为增收节支、提高经济效益严格把关。

会计监督是一个过程，它分为事前监督、事中监督和事后监督。

**【注意】**《会计法》确立了单位内部监督、社会监督、政府监督三位一体的会计监督体系，为会计监督的具体内涵及其实现方式赋予了新的内容，本教材中的会计监督职能的内容，仅限于以会计机构和会计人员为监督主体，对单位经济活动进行的内部监督。

3. 会计核算与监督职能的关系

会计核算与会计监督两项基本职能是相辅相成、辩证统一的。会计核算是会计监督的基础，没有会计核算所提供的各种信息，会计监督就失去了依据；而会计监督又是会计核算质量的保障，如果只有会计核算没有会计监督，就难以保证会计核算所提供信息的真实性和可靠性。

**（二）拓展职能**

会计所发挥的作用除了上述基本职能之外，还具有预测经济前景、参与经济决策、评价经营业绩等职能。

1. 预测经济前景

预测经济前景是指根据财务会计报告等信息，定量或者定性地判断和推测经济活动的发展变化规律，以知道和调节经济活动，提高经济效益。

2. 参与经济决策

参与经济决策是指根据财务会计报告等信息，运用定量分析和定性分析方法，按照提供的预测信息和既定目标，对备选方案进行经济可行性分析，为企业生产经营管理提供与决策相关的信息。

3. 评价经营业绩

评价经营业绩是指利用财务会计报告等信息，运用特定的指标和标准，采用科学的方法，对企业一定经营期间的资产运营、经济效益等经营成果，进行定量和定性对比分析，作出真实、客观、公平的综合评判。

## 二、会计核算方法

会计核算方法是指对会计对象进行连续、系统、全面、综合的确认、计量和报告所采用的各种方法。

### （一）会计核算方法体系

会计核算方法体系由填制和审核会计凭证、设置会计科目和账户、复式记账、登记会计账簿、成本计算、财产清查、编制财务会计报告等专门方法构成。它们相互联系、紧密结合，确保会计工作有序进行。

**1. 填制和审核会计凭证**

填制和审核会计凭证是审查经济业务是否真实、合法，确保账簿记录的各种数据正确、完整的一种专门方法。

对于发生的经济业务，必须由经办人或对方单位填制原始凭证，并签名盖章。所有原始凭证都要经过会计部门和其他有关部门的审核，确认无误后再根据审核后的原始凭证编制记账凭证，作为登记账簿的依据。填制和审核会计凭证是会计核算工作的起点，正确填制和审核会计凭证，是进行核算和实施监督的基础。

**2. 设置会计科目和账户**

会计科目是对会计要素的具体内容进行分类核算，账户是根据会计科目设置的，具有一定的格式和结构。

设置会计科目和账户是企业根据生产经营特点和管理要求在会计制度中事先确定会计科目，然后根据这些科目在账簿中开立账户，分门别类地连续记录各项经济业务。设置会计科目和账户是保证会计核算具有系统性的专门方法。

**3. 复式记账**

复式记账法是指对于每一笔经济业务，都必须用相等的金额在两个或两个以上相互联系的账户中进行登记，全面系统地反映会计要素增减变化及其结果的一种记账方法。复式记账是会计核算方法体系的核心。

**4. 登记会计账簿**

账簿是由若干张相互联系的、具有一定结构的账页所组成的簿籍。登记账簿简称记账，是会计人员运用复式记账的原理，根据填制和审核无误的记账凭证为依据，将经济业务在账簿上进行全面、连续、系统的记录。账簿记录所提供的各种核算资料，是编制财务报表的直接依据。

### 5. 成本计算

成本计算是指生产经营过程中发生的产品生产费用，按各种不同的成本计算对象进行归集和分配，进而计算产品的总成本和单位成本的一种专门方法。

通过成本计算，可以反映和监督生产经营过程中发生的各项费用是否节约或超支，并据以确定企业经营成果。

### 6. 财产清查

财产清查是指通过对货币资金、实物资产和往来款项等的盘点或核对，确定其实存数，查明账存数与实存数是否相符的一种专门方法。

通过财产清查，可以查明各项财产物资的收发和使用情况，以及往来款项的结算情况。同时，还可以促进企业加强物资管理，保证财产的完整，并能为编制财务会计报告提供真实、准确的资料。

### 7. 编制财务会计报告

编制财务会计报告是根据审核的会计账簿和有关数据资料，采用一定的表格形式，全面、系统地反映各单位某一特定日期的财务状况、经营成果和现金流量的一种专门方法。

财务会计报告将定期向财务会计报告使用者提供各种财务报告和其他应当在财务会计报告中披露的相关资料和信息。

以上会计核算方法相互联系、紧密配合，形成了一个完整的方法体系。在会计核算中，应当正确地运用这些方法。

### （二）会计循环

会计循环是指按照一定的步骤反复运行的会计程序。

（1）从会计工作流程看，会计循环由确认、计量和报告等环节组成。

（2）从会计核算的具体内容看，会计循环由设置会计科目和账户、复式记账、填制和审核会计凭证、登记会计账簿、成本计算、财产清查、编制财务会计报告等组成。

企业在一个会计期间内，其会计工作由填制和审核会计凭证开始，然后按会计科目对经济业务进行分类核算，并运用复式记账法在相关会计账簿中进行登记；对生产经营过程中发生的各种费用进行成本计算，然后对账簿记录通过财产清查加以核实，保证账实相符；期末，根据账簿记录和其他资料，编制财务会计报告。这些会计程序从一个会计期间的期初开始，至会计期末结束，并在各个会计期间循环往复，故被称为会计循环。

# 第三节　会计基本假设与会计基础

## 一、会计基本假设

单位的经济活动复杂多样，会计工作需要根据经济业务发生的不同情况，选择恰当的会计方法进行处理。但是由于一些不确定因素的存在，会计人员很难从正面作出肯定的判断和估计，从而无法进行适当的会计处理。因此，需要设定一些基本假设，并在这些假设限定的情况下进行会计核算。

会计基本假设是企业会计确认、计量和报告的前提，是对会计核算所处时间、空间环境等所作的合理假定。会计基本假设包括会计主体、持续经营、会计分期和货币计量。

### （一）会计主体

会计主体是指会计确认、计量和报告的空间范围，即会计核算和监督的特定单位或组织。

在进行会计核算之前，必须明确规定会计核算的空间范围，即为谁记账。明确界定会计主体是开展会计确认、计量和报告工作的重要前提。

首先，明确会计主体，才能划定会计所要处理的各项交易或事项的范围。在会计工作中，只有对那些影响企业本身经济利益的各项交易或事项才能加以确认、计量和报告，对那些不影响企业本身经济利益的各项交易或事项则不能加以确认、计量和报告。

其次，明确会计主体，才能将会计主体的交易或者事项与会计主体所有者的交易或者事项以及其他会计主体的交易或者事项区分开来。例如，企业所有者的经济交易或者事项是属于企业所有者主体所发生的，不应纳入企业会计核算的范围，但是企业所有者投入到企业的资本或者企业向所有者分配的利润，则属于企业主体所发生的交易或者事项，应当纳入企业会计核算的范围。

需要注意的是，会计主体不同于法律主体（法人）。一般来说法律主体必然是一个会计主体，如一个企业作为一个法律主体，应当建立财务会计系统，独立反映其财务状况、经营成果和现金流量。但会计主体不一定是法律主体。例如，由自然人创办的独资与合伙企业不具有法人资格，但在会计核算上必须将其作为会计主体，以便将企业的经济活动与其所有者个人的经济活动以及其他实体的经济活动区别开来。

会计主体这一会计基本假设，对会计确认、计量和报告范围从空间上作了有效界定，不能超越范围核算和监督其他主体的经济活动，明确了会计人员应该把握的立场，解决了为谁核算的问题，对于正确地反映一个经济实体所拥有的经济资源及所承担的义务，计算该经济实体的经营收益或损失等，都有重要意义。

### （二）持续经营

持续经营是指在可预见的未来，企业将按当前的规模和状态持续经营下去。即会计主体不会破产清算，也不会大规模削减业务，所持有的资产将正常运行，所负有的债务将正常偿还。依据《企业会计准则——基本准则》规定，企业会计确认、计量和报告应当以持续经营为前提。

在持续经营假设下，会计确认、计量和报告应当以企业持续、正常的经济活动为前提。企业是否持续经营，在会计原则、会计方法的选择上有很大差别。一般情况下，应当假定企业将会按照当前的规模和状态继续经营下去。明确这个基本假设，就意味着会计主体将按照既定用途使用资产，按照既定的合约条件清偿债务，会计人员就可以在此基础上选择会计原则和会计方法。

持续经营只是一个假定，任何企业在经营中都存在破产、清算等不能持续经营的风险，一旦进入清算，就应当改为按清算进行会计处理。

### （三）会计分期

会计分期是指将一个企业持续经营的经济活动划分为一个个连续的、长短相同的期间，以便分期结算账目和编制财务会计报告。

会计期间分为年度、半年度、季度和月度，其中半年度、季度和月度称为会计中期。会计年度采用公历年度，即从每年的 1 月 1 日到 12 月 31 日为一个会计年度。中期是短于一个完整会计年度的报告期间。

明确会计分期假设意义重大。由于有了会计分期，才产生了当期与以前期间、以后期间的差别，才产生了权责发生制和收付实现制的区别，才使不同类型的会计主体有了记账的基准，进而出现了应收、应付、预收、预付、折旧、摊销等会计处理方法。

【考场指示灯】会计分期是常考点，考查重点是会计分期的定义、分类和作用，考试类型以单选题和多选题为主。

### （四）货币计量

货币计量是指会计主体在会计确认、计量和报告时以货币作为计量尺度，反映会计主体的经济活动。

货币是商品的一般等价物，可作为衡量一般商品价值的共同尺度，具有价值尺度、流通手段、储藏手段和支付手段等特点。其他计量单位，如重量、长度、容积、台、件等，只能从一个侧面反映企业的生产经营情况，无法在量上进行汇总和比较，不便于会计计量和经营管理。只有选择货币尺度进行计量才能充分反映企业的生产经营情况，所以，会计确认、计量和报告选择货币作为计量单位，是由货币本身的属性决定的。

在有些情况下，统一采用货币计量也有缺陷。某些影响企业财务状况和经营成果的因素，往往难以用货币来计量，但这些信息对于使用者决策而言也很重要。为此，企业可以在财务会计报告中补充披露有关非财务信息的缺陷。

《企业会计准则》中规定：我国的会计核算应以人民币作为记账本位币。业务收支以人民币以外的货币为主的单位，也可以选定其中一种货币作为记账本位币，但编制的财务报表应当折算为人民币反映。在境外设立的中国企业向国内报送的财务报表，也应当折算为人民币反映。

上述四项会计基本假设相互依存、相互补充。会计主体确立了会计核算的空间范围，持续经营与会计分期确立了会计核算的时间长度，而货币计量则为会计核算提供了必要手段。所以，没有会计主体，就不会有持续经营，没有持续经营，就不会有会计分期，没有货币计量就不会有现代会计。

## 二、会计基础

会计基础是指会计确认、计量和报告的基础，包括权责发生制和收付实现制。

### （一）权责发生制

权责发生制，又称应计制或应收应付制，是指收入、费用的确认应当以收入和费用的实际发生作为确认的标准，合理确认当期损益的一种会计基础。《企业会计准则——基本准则》第九条规定："企业应当以权责发生制为基础进行会计确认、计量和报告。"

在日常生产经营活动中，货币收支的时间有时与收入费用确认的时间并不完全一致。权责发生制基础要求，凡是当期已经实现的收入，无论款项是否收到，都应作为当期的收入；凡是当期应发生或应当负担的费用，不管其款项是否支付，都应当作为本期的费用。反之，凡是不属于当期的收入，即使款项已在当期收到，也不应作为当期的收入；凡不属于当期的费用，即使款项已经支付，也不能作为本期的费用。

权责发生制主要是从时间上规定会计确认的基础，其核心是根据权、责关系实际发生的期间来确认收入和费用。根据权责发生制进行收入与成本、费用的核算，最大的优点是可以更加准确地反映特定期间真实的财务状况及经营成果。

【例 1-1】在权责发生制下，2014 年 9 月份，某企业销售了一批商品，款项没有收到，而在 10 月份收到款项，也应当作为 9 月份的收入。

【例 1-2】在权责发生制下，2014 年 10 月份，某企业预收了一笔货款，这时，尽管货款已经收到，但货物还没有发出，就不能作为 2014 年 10 月份的收入，而应作为货物发出月份的收入。

### （二）收付实现制

收付实现制，又称现金制，是以收到或支付现金作为确认收入和费用的标准，是与权责发生制相对应的一种会计基础。

按照收付实现制，收入和费用的归属期间将与现金收支行为的发生与否紧密地联系在一起。换言之，现金收支行为在其发生的期间全部记作收入和费用，而不考虑与现金收支行为相连的经济业务实质上是否发生。

目前，事业单位会计核算一般采用收付实现制；事业单位部分经济业务或者事项，以及部分行业事业单位的会计核算采用权责发生制核算的，由财政部在相关会计制度中具体规定。

【例1-3】在收付实现制下，2014年10月份，某企业销售了一批商品，款项没有收到，而在12月份收到款项，应当作为12月份的收入，注意与【例1-1】的区别。

【例1-4】在收付实现制下，2014年10月份，某企业预收了一笔货款，这时货款已经收到，虽然货物还没有发出，也应当作为2014年10月份的收入，注意与【例1-2】的区别。

# 第四节 会计信息的使用者及其质量要求

## 一、会计信息的使用者

会计信息的使用者主要包括投资者、债权人、企业管理者、政府及其相关部门和社会公众等。

### 1. 投资者

投资者是企业财务报告的首要使用者，他们通常关心的是企业的盈利能力和发展能力。在经营权与所有权相分离的情况下，投资者和潜在投资者需要通过会计信息了解企业的经营活动情况，评估投资报酬，判断投资风险并作出决策。

### 2. 债权人

企业债权人包括银行、非银行金融机构（信托投资公司等）、债券购买者及其他提供贷款的单位或个人。债权人把资金贷给公司，其目标是到期收回本金，并获得约定的利息收入，所以债权人主要关心的是企业的偿债能力和财务风险，他们需要借助会计信息等相关信息来判断企业能否按约支付所欠贷款。

### 3. 企业管理者

企业管理者是会计信息的重要使用者，他们需要借助会计信息等相关信息来管理企业，对企业进行控制、作出财务决策。

### 4. 政府及其相关部门

政府作为经济管理和经济监管部门，需要通过企业的会计信息，了解企业所承担的义务情况、制定税收政策、进行税收征管和国民经济统计等。

### 5. 社会公众

社会公众也关心企业的生产经营活动。包括对所在地经济做出的贡献，如增加就业、刺激消费、提供社区服务等。因此，在会计信息中提供有关企业发展前景及其能力、经营效益及其效率等方面的信息，可以满足社会公众的信息需要。

## 二、会计信息的质量要求

会计信息质量要求是对企业财务会计报告中所提供高质量会计信息的基本规范，是使财务会计报告中所提供会计信息对信息使用者决策有用所应具备的基本特征，主要包括可靠性、相关性、可理解性、可比性、实质重于形式、重要性、谨慎性和及时性等。

### （一）可靠性

可靠性要求企业应当以实际发生的交易或者事项为依据进行会计确认、计量和报告，如实反映符合确认和计量要求的各项会计要素及其他相关信息，保证会计信息真实可靠、内容完整。

为了贯彻可靠性要求，企业应当做到以下几点。

（1）以实际发生的交易或者事项为依据进行确认、计量和报告。

（2）在符合重要性和成本效益原则的前提下，保证会计信息的完整性。

（3）财务会计报告中列示的会计信息应当是客观中立的。如果会计报告是为了达到事先设定好的结果，通过列示相关会计信息来影响决策和判断，则这样的财务会计报告信息就不是中立的。

### （二）相关性

相关性要求企业提供的会计信息应当与财务会计报告使用者的经济决策需要相关，有助于财务会计报告使用者对企业过去和现在的情况作出评价，对未来的情况作出预测。

会计信息质量的相关性要求，以可靠性为基础，两者之间是统一的，并不矛盾，不应将两者对立起来。在可靠性前提下，会计信息应尽可能与决策相关，以满足财务会计报告使用者的决策需要。

### （三）可理解性

可理解性要求企业的会计信息应当清晰明了，便于财务会计报告使用者理解和使用。该项要求的前提是信息使用者必须具备一定与企业经营活动相关的会计知识，并愿意付出努力去研究这些信息。对于某些复杂的，又与使用者的经济决策相关的会计信息，企业则应当在财务会计报告中进行披露。

### （四）可比性

可比性要求企业提供的会计信息应当具有可比性。具体包括下列两层含义。

#### 1. 同一企业不同时期可比

同一企业不同时期发生的相同或者相似的交易或者事项，应当采用一致的会计政策，不得随意变更。但是，如果按照规定或者在会计政策变更后可以提供更可靠、更相关的会计信息，可以变更会计政策。有关会计政策变更的情况，应当在附注中予以说明。

#### 2. 不同企业相同会计期间可比

不同企业同一会计期间发生的相同或者相似的交易或者事项，应当采用规定的会计政策，确保会计信息口径一致、相互可比，以使不同企业按照一致的确认、计量和报告基础提供有关会计信息。

### （五）实质重于形式

实质重于形式要求企业应当按照交易或事项的经济实质进行会计确认、计量和报告，不应仅以交易或者事项的法律形式为依据。

企业发生的交易或事项在多数情况下其经济实质和法律形式是一致的，但在有些情况下也会出现不一致。例如，以融资租赁方式租入的资产，虽然在租赁期内承租企业从法律形式来讲并不拥有其所有权，但是由于租赁合同中规定的租赁期相当长，接近于该资产的使用寿命，并且租赁期间产生的经济利益归承租人所有，所以，按实质重于形式的会计信息要求，融资租入的固定资产应视为固有资产核算，列入企业资产负债表。

### （六）重要性

重要性要求企业提供的会计信息应当反映与企业财务状况、经营成果和现金流量有关的所有重要交易或者事项。

在评价某些项目的重要性时，很大程度上取决于会计人员的职业判断，应从质和量两个方面进行分析，视信息的性质、规模大小和对使用者作出决策的影响程度而定。一般认为，财务会计报告中提供的会计信息的省略或者错报会影响投资者等使用者据此作出决策，该信息就具有重要性。

### （七）谨慎性

谨慎性要求企业对交易或者事项进行会计确认、计量和报告时应当保持应有的谨慎，不应高估资产或者收益、低估负债或者费用。

会计信息质量的谨慎性要求，需要企业在面临不确定性因素的情况下做出职业判断时，应当保持应有的谨慎，充分估计到各种风险和损失，既不高估资产或者收益，也不低估负债或者费用。

谨慎性的应用不允许企业设置密码准备，否则，会损害会计信息质量，扭曲企业实际的财务状况和经营成果，从而对使用者的决策产生误导，这是不符合会计准则要求的。

### （八）及时性

及时性要求企业对于已经发生的交易或者事项，应当及时进行确认、计量和报告，不得提前或者延后。

会计信息的价值在于帮助会计信息使用者作出经济决策，必须注重时效性。在会计确认、计量和报告过程中应当贯彻及时性。

（1）及时收集会计信息，即在经济业务发生后，及时收集整理各种原始单据或者凭证。

（2）及时处理会计信息，即按照会计制度统一规定的时限，及时编制出财务会计报告。

（3）及时传递会计信息，即在统一规定的时限内，及时将编制的财务报告传递给财务报告使用者，以供其及时参考、使用。

# 第五节　　会计准则体系

## 一、会计准则的构成

会计准则是反映经济活动、确认产权关系、规范收益分配的会计技术标准，是生成和提供会计信息的重要依据，也是政府调控经济活动、规范经济秩序和开展国际经济交往等的重要手段。会计准则具有严密和完整的体系。我国已颁布的会计准则有《企业会计准则》、《小企业会计准则》和《事业单位会计准则》。

## 二、企业会计准则

我国的企业会计准则体系包括基本准则、具体准则、应用指南和解释公告等。2006 年 2 月 15 日，财政部发布了《企业会计准则》，自 2007 年 1 月 1 日起在上市公司范围内施行，并鼓励其他企业执行。

### （一）基本准则

基本准则是企业进行会计核算工作必须遵守的基本要求，是企业会计准则体系的概念基础，是制定具体准则、会计准则应用指南、会计准则解释的依据，也是解决新的会计问题的指南，在企业会计准则中具有重要的地位。基本准则主要包括总则、会计信息质量要求、财务会计报表要素、会计计量、财务会计报告等 11 章内容。

### （二）具体准则

具体准则是根据基本准则的要求，处理会计具体业务标准的规范，其具体内容可分为一般业务准则、特殊行业准则和特殊业务准则、财务报告准则。

#### 1. 一般业务准则

一般业务准则是规范普遍适用的一般经济业务的确认、计量要求，如存货、固定资产、无形资产、职工薪酬、所得税等。

#### 2. 特殊业务准则

特殊业务准则分为各行业共有的特殊业务准则和特殊行业的特殊业务准则。前者如外币业务、租赁业务、资产减值业务、债务重组业务、非货币性交易等准则，后者如适用于银行等金融领域的原保险合同、再保险合同，适用于石油企业的石油天然气开采准则，适用于农牧业的生物资产准则等。

#### 3. 报告类准则

财务会计报告准则主要规范各类企业通用的报告类准则，如财务报表列报、现金流量表、合并财务报表、中期财务报告、分部报告等。

### （三）会计准则应用指南

会计准则应用指南是根据基本准则、具体准则制定的，用以指导会计实务的操作性指南，是对具体准则相关条款的细化和对有关重点难点问题提供操作性规定，包括具体准则解释部分、会计科目和财务报表部分。

### （四）企业会计准则解释

企业会计准则解释主要针对企业会计准则实施中遇到的问题作出的相关解释，同时，实现会计准则持续趋同和等效。

## 三、小企业会计准则

小企业一般是指规模较小或处于创业和成长阶段的企业，包括规模在规定标准以下的法人企业和自然人企业。

2011 年 10 月 18 日，财政部发布了《小企业会计准则》，要求符合适用条件的小企业自 2013 年 1 月 1 日起执行，并鼓励提前执行。《小企业会计准则》一般适用于在我国境内依法设立、经济规模较小的企业，具体标准参见《小企业会计准则》和《中小企业划型标准规定》。

## 四、事业单位会计准则

2012 年 12 月 6 日，财政部修订发布了《事业单位会计准则》，自 2013 年 1 月 1 日起在各级各类事业单位施行。该准则对我国事业单位的会计工作予以规范。

与《企业会计准则》相比，《事业单位会计基础》要求事业单位采用收付实现制进行会计核算，部分另有规定的经济业务或事项才能采用权责发生制核算，其会计要素划分为资产、负债、净资产、收入支出（或费用）五类，在编制会计报表时至少应包括资产负债表、收入支出表（或收入费用表）和财政补助收入支出表。

# 本 章 习 题

### 一、单项选择题

（1）下列关于会计的表述中，不正确的是（　　）。
　　A．会计的主要工作是核算和监督　　　　B．会计是一项经济管理活动
　　C．会计对象是特定主体的经济活动　　　D．货币是会计唯一的计量单位
（2）会计的一般对象可以概括为（　　）。
　　A．经济活动　　　　　　　　　　　　　B．能以货币表现的资金运动
　　C．生产活动　　　　　　　　　　　　　D．管理活动
（3）下列各项中，不属于企业资金循环和周转环节的是（　　）。
　　A．分配过程　　　　B．生产过程　　　　C．销售过程　　　　D．供应过程
（4）资金从货币资金开始，经过供、产、销三个过程，依次从货币资金到固定资金、

储备资金、生产资金和产品资金，再到货币资金的过程称为（　　）。

    A．资金的利用　　B．资金的投入　　C．资金的循环周转　　D．资金的退出

（5）会计的基本职能包括（　　）。

    A．会计控制与会计决策　　　　　　　B．会计预测与会计控制

    C．会计核算与会计监督　　　　　　　D．会计计划与会计决策

（6）（　　）是会计工作的基础。

    A．会计记录　　B．会计分析　　C．会计核算　　D．会计检查

（7）以权责发生制为核算基础，下列不属于本期收入或费用的是（　　）。

    A．本期支付下期的房租　　　　　　　B．本期支付本期的房租

    C．上期支付的本期房租　　　　　　　D．本期售出商品但尚未收到货款

（8）单位内部监督应以（　　）为监督主体。

    A．单位负责人　　　　　　　　　　　B．职工代表大会

    C．单位主管领导　　　　　　　　　　D．会计机构和会计人员

（9）下列各项中，（　　）属于会计监督中事中监督的事项。

    A．制定定额　　　　　　　　　　　　B．编制预算

    C．纠正生产过程中的偏差　　　　　　D．对年度财务报表进行审核

（10）下列会计基本假设中，确立了会计核算空间范围的是（　　）。

    A．货币计量　　B．会计主体　　C．会计分期　　D．持续经营

（11）下列各项不属于会计主体的是（　　）。

    A．企业集团　　　　　　　　　　　　B．社会团体

    C．独立核算的营业部　　　　　　　　D．不独立核算的营业部

（12）以收付实现制为核算基础，下列各项不属于本期收入或费用的是（　　）。

    A．本期支付下期的房租　　　　　　　B．本期预收的款项

    C．本期预付的款项　　　　　　　　　D．本期采购设备尚未支付的款项

（13）根据权责发生制原则设置的账户是（　　）。

    A．财务费用　　B．长期待摊费用　　C．销售费用　　D．管理费用

（14）会计核算中，由于有了（　　）基本假设，才产生了本期与非本期的区别，从而出现权责发生制和收付实现制的区别。

    A．会计主体　　B．持续经营　　C．会计分期　　D．货币计量

（15）当某一会计事项有多种不同方法可供选择时，应尽可能选择可以避免虚增企业利润的会计处理方法，这样做所遵循的原则是（　　）。

    A．重要性原则　　B．谨慎性原则　　C．权责发生制原则　　D．配比原则

（16）对于次要的会计事项，在不影响会计信息真实性和不至于误导财务会计报告使用者作出正确判断的前提下，做适当简化处理，符合会计核算的（　　）原则。

    A．及时性　　B．重要性　　C．明晰性　　D．实质重于形式

**二、多项选择题**

（1）下列业务中，（　　　）属于资金循环过程。

    A. 购买原材料　　　　　　　　　　　B. 将原材料投入产品生产

    C. 销售商品　　　　　　　　　　　　D. 向投资者分配净利润

（2）下列各项中，属于资金的循环与周转过程经济业务或事项的有（　　　）。

    A. 将投入的资金用于建造或购置厂房　　B. 购买机器设备

    C. 购买原材料　　　　　　　　　　　D. 支付职工工资

（3）下列各项中，属于会计核算方法的有（　　　）。

    A. 登记会计账簿　　　　　　　　　　B. 填制和审核会计凭证

    C. 成本计算　　　　　　　　　　　　D. 财产清查

（4）会计循环是按照一定的步骤反复运行的会计程序。从会计的工作流程看，会计循环是由（　　　）等环节组成。

    A. 确认　　　　　B. 计量　　　　　C. 报告　　　　　　　D. 计划

（5）会计核算的特点有（　　　）。

    A. 准确性　　　　B. 完整性　　　　C. 连续性　　　　　　D. 系统性

（6）下列各项中，不属于会计对经济活动的合理性审查的是（　　　）。

    A. 各项经济活动是否遵守国家有关法律制度

    B. 各项经济业务是否遵守国家各项方针政策

    C. 各项经济活动是否有利于经营目标或预算目标的实现

    D. 各项经济活动是否符合单位的内部管理要求

（7）下列说法中正确的有（　　　）。

    A. 会计监督主要侧重于事前监督

    B. 会计监督包括事前监督、事中监督和事后监督

    C. 会计监督主要侧重于事后监督

    D. 会计监督贯穿于会计管理活动的全过程

（8）以下关于事中监督描述正确的有（　　　）。

    A. 事中监督是指在日常会计工作中，对现发生的问题提出建议，促使有关部门和人员采取改进措施

    B. 事中监督是对经济活动的日常监督和管理

    C. 事中监督是指以事先制定的目标，利用会计核算提供的资料，对已发生的经济活动进行的考核和评价

    D. 事中监督是对未来经济活动的指导

（9）会计监督职能是指会计人员在进行会计核算的同时，对经济活动的（　　　）进行审查。

A．及时性　　　B．合法性　　　C．合理性　　　D．时效性

（10）下列有关会计核算和会计监督关系的表述中，正确的有（　　）。

A．两者之间密切相关，相辅相成，辩证统一

B．会计核算是会计监督的前提

C．会计监督是会计核算的保障

D．会计监督与会计核算没有什么必然的关系

（11）谨慎性原则要求会计人员在选择会计处理方法时（　　）。

A．不高估资产　　　　　　　　B．不低估负债

C．预计任何可能的收益　　　　D．确认一切可能发生的损失

（12）会计核算和会计监督两大基本职能关系密切、相辅相成，下列表述正确的有（　　）。

A．会计监督是会计核算的基础

B．会计核算是会计监督的基础

C．会计监督是会计核算的保证

D．没有会计核算，会计监督就失去依据；没有会计监督，会计核算所提供信息的真实性就无法得到保障

三、判断题

（1）会计以货币为计量单位，货币是唯一的计量单位。（　　）

（2）企业会计的对象就是企业的资金运动。（　　）

（3）会计对象是指会计核算和监督的内容。（　　）

（4）企业按规定提取盈余公积属于资金退出的过程。（　　）

（5）会计目标，又称为会计目的，是要求会计工作完成的任务或达到的标准，即向财务会计报告使用者提供与企业财务状况、经营成果和现金流量等有关的会计信息，反映企业管理层受托责任履行情况，有助于财务会计报告使用者作出经济决策。（　　）

（6）编制预算属于会计核算方法之一。（　　）

（7）会计的监督职能是会计人员在进行会计核算之前，对特定主体经济活动的合法性、合理性、完整性等进行审查。（　　）

（8）事前监督是指在经济活动开始前进行的监督,即依据国家制定的有关法规和制度以及经济活动的一般规律，对未来经济活动的合法性、合理性和可行性进行审查。（　　）

（9）会计期间分为年度和中期，中期是指半年度。（　　）

（10）收付实现制会计基础下，凡是本期以银行存款支付的费用，不论其应否在本期收入中取得补偿，均应作为本期费用处理。（　　）

（11）收入会引起货币资金的流入，所以权责发生制基础下，本期收到的货币资金一定是本期收入。（　　）

（12）为了保证会计信息的可比性，总分类科目由国家统一会计制度规定。（　　）

# 第二章  会计要素与会计等式

会计要素和会计等式是本门课程的核心内容，是学习日常会计处理方法的一个重点，其中"经济业务对会计等式的影响"几乎是每年必考的内容，需要引起考生的足够重视。

本章所涉题型主要包括单选题、多选题、判断题和计算分析题，分值大约为 15 分。学习本章时需要多理解、多思考、善于总结，并通过做大量习题来巩固掌握本章的知识点。

## 第一节  会 计 要 素

### 一、会计要素的含义与分类

#### （一）会计要素的含义

会计要素是指根据交易或者事项的经济特征所确定的财务会计对象的基本分类。

#### （二）会计要素的分类

我国《企业会计准则》将会计要素划分为资产、负债、所有者权益、收入、费用和利润六类。其中，资产、负债和所有者权益反映企业在一定日期的财务状况，是对企业资金运动的静态反映，属于静态要素，在资产负债表中列示；收入、费用和利润反映企业在一定时期内的经营成果，是对企业资金运动的动态反映，属于动态要素，在利润表中列示。

### 二、会计要素的确认

#### （一）资产

1. 资产的含义与特征

资产是指企业过去的交易或者事项形成的、由企业拥有或者控制的、预期会给企业带来经济利益的资源。

根据定义，资产具有以下基本特征。

（1）资产是由企业过去的交易或事项形成的。也就是说，资产是过去已经发生的交易或事项所产生的结果，资产必须是现实的资产，而不能是预期的资产。未来交易或事项可能产生的结果不能作为资产确认。例如：企业计划在年底购买一批机器设备，5 月份与销售方签订了购买合同，但实际购买行为发生在 8 月份，则企业不能在 5 月份将该批设备确认为资产。

（2）资产是企业拥有或控制的资源。拥有或控制是指企业享有某项资源的所有权，即企业可以按照自己的意愿来使用或处置该资源。但在某些条件下，企业虽然不享有某些资源的所有权，但该资源能够被企业所控制，如融资租入的固定资产，尽管企业并不拥有其所有权，但享有与所有权相关的风险和报酬的权利，也应当确认为企业的资产。

（3）资产预期会给企业带来经济利益。预期给企业带来经济利益是指资产直接或者间接导致现金或现金等价物流入企业的潜力，这种潜力可以来自企业日常的生产经营活动，也可以来自非日常活动。带来的经济利益可以是直接增加未来的现金或现金等价物流入，也可以是节约未来的现金或现金等价物流出。资产预期能否会为企业带来经济利益是资产的重要特征。

**2. 资产的确认条件**

将一项资源确认为资产，除符合资产的定义外，还应同时满足以下两个条件。

（1）与该项资源有关的经济利益很可能流入企业。在现实生活中，由于经济环境瞬息万变，资产的确认还应与经济利益流入的不确定性程度的判断结合起来。如果根据编制财务报表时所取得的证据，表明与资源有关的经济利益很可能流入企业，那么就应当将其作为资产予以确认；反之，不能确认为资产。

（2）该资源的成本或者价值能够可靠地计量。财务报告系统是确认、计量和报告的系统，其中可计量性是所有会计要素确认的重要前提，资产的确认也是如此。只有当有关资源的成本或者价值能够可靠地计量时，资产才能予以确认。

**3. 资产的分类**

资产按流动性进行分类，可以分为流动资产和非流动资产。

（1）流动资产是指预计在一个正常营业周期中变现、出售或耗用，或者主要以交易为目的而持有，或者预计在资产负债表日起一年内（含一年）变现的资产，以及自资产负债表日起一年内交换其他资产或清偿负债的能力不受限制的现金或现金等价物。流动资产主要包括货币资金、交易性金融资产、应收票据、应收账款、预付账款、应收利息、应收股利、其他应收款、存货等。

（2）非流动资产是指流动资产以外的资产，主要包括长期股权投资、固定资产、在建工程、工程物资、无形资产等。

正常营业周期是指企业从购买用于加工的资产起至实现现金或现金等价物的期间。正常营业周期通常短于一年，在一年内有几个营业周期。但是，也存在正常营业周期长于一年的情况，在这种情况下，与生产循环相关的产成品、应收账款、原材料尽管是超过一年才变现、出售或耗用，但仍应作为流动资产。当正常营业周期不能确定时，应当以一年（12个月）作为正常营业周期。

**（二）负债**

**1. 负债的含义与特征**

负债是指企业过去的交易或者事项形成的，预期会导致经济利益流出企业的现时义务。

根据定义，负债具有以下基本特征。

（1）负债是由过去的交易或事项形成的。负债应当由企业过去的交易或者事项形成。也就是说，只有过去的交易或者事项才形成负债，企业将在未来发生的承诺、签订的合同等交易或者事项，不形成负债。

（2）负债是企业承担的现时义务。负债必须是企业承担的现时义务，这是负债的一个基本特征。现时义务是指企业在现行条件下承担的义务。未来发生的交易或事项形成的义务，不属于现时义务，不应当确认为负债。这里所指的义务可以是法定义务，也可以是推定义务。其中，法定义务是指具有约束力的合同或者法律法规规定的义务，通常必须依法执行。推定义务是指根据商业惯例公开承诺或宣布政策而导致企业将承担的义务，如企业销售产品承诺的保修服务。

（3）负债预期会导致经济利益流出企业。预期会导致经济利益流出企业也是负债的一个本质特征，只有企业在履行义务时导致经济利益流出企业的，才符合负债的定义，反之，就不符合负债的定义。负债通常是在未来某一时日通过交付资产（包括现金和其他资产）或提供劳务来清偿。有时，企业也可以通过承诺新的负债或转化为所有者权益来了结一项现有的负债，但最终都会导致企业经济利益的流出。导致经济利益流出企业的形式有多种，如使用现金或实物资产形式进行偿还，或以提供劳务形式偿还等。

**2. 负债的确认条件**

将一项现时义务确认为负债，除符合负债的定义外，还应当同时满足以下两个条件。

（1）与该义务有关的经济利益很可能流出企业。负债的确认应当与经济利益流出的不确定性程度结合起来判断，如果有确凿证据表明，与现实义务有关的经济利益很可能流出企业，就应当将其作为负债予以确认；反之，如果企业承担了现实义务，但是导致企业经济利益流出的可能性很小，就不符合负债的确认条件，不应将其作为负债予以确认。

（2）未来流出的经济利益的金额能够可靠地计量。要确认负债，不仅要满足导致经济利益流出企业的条件，还应满足未来经济利益的流出金额能可靠计量的条件。与法定义务有关的经济利益流出金额，通常可以根据合同或者法律规定的金额予以确定；与推定义务有关的经济利益流出金额，企业应当根据实际情况进行估计，并综合考虑有关货币时间价值、风险等因素的影响。

3. 负债的分类

负债按偿还期限的长短，可分为流动负债和非流动负债。

（1）流动负债是指预计在一个正常营业周期中偿还，或者主要为交易目的而持有，或者自资产负债表日起一年内（含一年）到期应予以清偿，或者企业无权自主地将清偿推迟至资产负债表日以后一年以上的负债。流动负债主要包括短期借款、应付票据、应付账款、预收款项、应付职工薪酬、应交税费、应付利息、应付股利、其他应付款等。

（2）非流动负债是指流动负债以外的负债，主要包括长期借款、应付债券、长期应付款等。

### （三）所有者权益

1. 所有者权益的含义及特征

所有者权益是指企业资产扣除负债后由所有者享有的剩余权益，其金额为资产减去负债后的余额。公司的所有者权益又称为股东权益。

根据定义，所有者权益具有以下基本特征：

（1）除非发生减资、清算或分派现金股利，否则企业不需要偿还所有者权益；

（2）企业清算时，只有在清偿所有的负债后，所有者权益才能返还给所有者；

（3）所有者凭借所有者权益能够参与企业利润的分配。

2. 所有者权益的确认条件

所有者权益的确认、计量主要取决于资产、负债、收入、费用等其他会计要素的确认和计量。所有者权益在数量上等于企业资产总额扣除债权人权益后的净额，即为企业的净资产，反映所有者（股东）在企业资产中享有的经济利益。例如，企业接受投资者投入的资产，在该资产符合资产确认条件时，就相应地符合了所有者权益的确认条件；当该资产的价值能够可靠计量时，所有者权益的金额也就可以确定了。

3. 所有者权益的分类

所有者权益来源包括所有者投入的资本、直接计入所有者权益的利得和损失、留存收益等，具体表现为实收资本（或股本）、资本公积（含资本溢价或股本溢价、其他资本公积）、盈余公积和未分配利润，如图 2-1 所示。

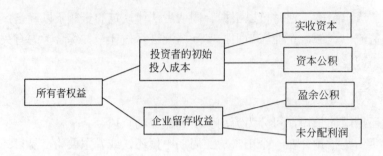

图 2-1　所有者权益的分类

（1）所有者投入的资本是指所有者投入企业的资本部分，它既包括构成企业注册资本（实收资本）或者股本部分的金额，也包括投入资本超过注册资本或者股本部分的金额，即资本溢价或者股本溢价，这部分投入资本在我国企业会计准则体系中被计入了资本公积，并在资产负债表中的资本公积项目反映。

（2）直接计入所有者权益的利得和损失，是指不应计入当期损益、会导致所有者权益发生增减变动的、与所有者投入资本或者向所有者分配利润无关的利得或者损失。

（3）留存收益是盈余公积和未分配利润的统称，是所有者（股东）权益的重要组成部分，它是指企业在历年生产经营活动中取得的净利润的留存额。

【考场指示灯】对所有者权益的考查经常体现在所有者权益的分类上，一般以单选题或者多选题的形式出现。有时也会对所有者权益与负债的区别进行考查，所有者权益和负债的区别总结如下：

（1）一般情况下，负债需要偿还，而所有者权益不需要偿还；

（2）使用负债可能需要支付利息，而所有者权益需要支付红利；

（3）企业清算时，债权人拥有优先清偿权，当清偿完负债后，若有剩余才分配给投资者；

（4）所有者可以参与企业利润分配，而负债代表债权人权益，银行等债权人不能参与利润分配，只能按约定条件取得利息收入。

**（四）收入**

1. 收入的含义与特征

收入是指企业在日常活动中形成的、会导致所有者权益增加的、与所有者投入资本无关的经济利益的总流入。

根据定义，收入具有以下基本特征。

（1）收入是企业在日常活动中形成的。日常活动是指企业为完成其经营目标所从事的经常性活动以及与之相关的活动。明确界定日常活动是为了将收入与利得进行区分，因为企业非日常活动所形成的经济利益的流入不能确认为收入，而应计入利得。如企业出售固定资产并不是其经营目标，也不属于企业的日常活动，因而出售固定资产取得的净收益属于利得，而不是收入。

（2）收入会导致所有者权益的增加。与收入相关的经济利益的流入最终应当会导致所有者权益增加，不会导致所有者权益增加的经济利益的流入不符合收入的定义，不应确认为收入。例如，企业向银行借入款项，尽管也导致了企业经济利益的流入，但该流入并不导致所有者权益的增加，反而使企业承担了一项现实义务，所以，对于因借款所导致的经济利益的增加，不应将其确认为收入，应当确认为一项负债。

（3）收入是与所有者投入资本无关的经济利益的总流入。收入应当会导致经济利益的流入，从而导致资产的增加。例如，企业销售商品，只有收到现金或者有权在未来收到现金，才表明该交易符合收入的定义。但是在实务中，经济利益的流入有时是由所有者投入资本的增加所导致的，所有者投入资本的增加不应当确认为收入，而应当将其直接确认为所有者权益。

**2. 收入的确认条件**

收入的确认除了应当符合定义外，至少还应当符合以下条件：

（1）与收入相关的经济利益应当很可能流入企业；

（2）经济利益流入企业的结果会导致资产的增加或者负债的减少；

（3）经济利益的流入额能够可靠计量。

**3. 收入的分类**

（1）根据重要性要求，企业的收入可以分为主营业务收入和其他业务收入。主营业务收入是指企业主要业务所带来的基本收入，如制造业的产品销售收入；其他业务收入是指企业除主营业务活动以外的其他经营活动实现的收入，如出租固定资产、出租无形资产、出租包装物和商品、销售材料等实现的收入。

（2）根据性质不同，收入可以分为销售商品收入、提供劳务收入和让渡资产使用权收入等。销售商品收入是指企业通过销售商品实现的收入，如制造企业生产并销售产品、商业企业销售商品等实现的收入；提供劳务收入是指企业通过提供劳务实现的收入，如咨询公司提供咨询服务实现的收入；让渡资产使用权收入是指企业通过让渡资产使用权实现的收入，如租赁公司出租资产实现的收入。

### （五）费用

#### 1. 费用的含义与特征

费用是指企业在日常活动中发生的、会导致所有者权益减少的、与向所有者分配利润无关的经济利益的总流出。

根据定义，费用具有以下基本特征。

（1）费用是企业在日常活动中发生的。这些日常活动的界定与收入定义中涉及的日常活动相一致。例如，企业因日常活动所发生的费用通常包括销售成本、职工薪酬、折旧费、无形资产摊销等。企业非日常活动所形成的经济利益的流出不能确认为费用，而应当计入损失。例如，企业出售固定资产发生的净损失属于损失，而不是费用。

（2）费用会导致所有者权益的减少。与费用相关的经济利益的流出应当会导致所有者权益的减少，不会导致所有者权益减少的经济利益的流出不符合费用的定义，不应确认为费用。

（3）费用是与向所有者分配利润无关的经济利益的总流出。费用的发生应当会导致经济利益的流出，从而导致资产的减少或者负债的增加，其表现形式包括现金或者现金等价物的流出，存货、固定资产和无形资产的流出或者消耗等。企业向所有者分配利润也会导致经济利益流出，而该经济利益的流出属于所有者权益的抵减项目，不应确认为费用，应当将其排除在费用的定义之外。

#### 2. 费用的确认条件

费用的确认除了应当符合定义外，至少还应当符合以下条件：

（1）与费用相关的经济利益应当很可能流出企业；

（2）经济利益流出企业会导致资产的减少或者负债的增加；

（3）经济利益的流出额能够可靠计量。

#### 3. 费用的分类

费用是为了实现收入而发生的支出，应与收入配比确认、计量。费用包括生产费用与期间费用。

（1）生产费用是指与企业日常生产经营活动有关的费用，按其经济用途可分为直接材料、直接人工和制造费用。生产费用应按其实际发生情况计入产品的生产成本；对于生产几种产品共同发生的生产费用，应当按照受益原则，采用适当的方法和程序分配计入相关产品的生产成本。企业的产品销售以后，其生产成本就转换为销售当期的费用，成为产品的销售成本。

（2）期间费用是指企业本期发生的、不能直接或间接归入营业成本，而是直接计入当期损益的各项费用，包括销售费用、管理费用和财务费用等。

### （六）利润

#### 1. 利润的含义与特征

利润是指企业在一定会计期间的经营成果。通常情况下，企业实现了利润，表明企业所有者权益增加，业绩得到了提升；反之，企业若发生了亏损（即利润为负数），则表明企业所有者权益减少，业绩下降。利润是评价企业管理层业绩的指标之一，也是投资者等财务报告使用者进行决策时的重要参考依据。

#### 2. 利润的确认条件

利润反映收入减去费用、直接计入当期利润的利得减去损失后的净额。利润的确认主要依赖于收入和费用，以及直接计入当期利润的利得和损失的确认，其金额的确定也主要取决于收入、费用、利得、损失金额的计量。

#### 3. 利润的分类

利润包括收入减去费用后的净额、直接计入当期损益的利得和损失等。其中，收入减去费用后的净额反映企业日常活动的经营业绩；直接计入当期损益的利得和损失反映企业非日常活动的业绩。

直接计入当期损益的利得和损失是指应当计入当期损益、最终会引起所有者权益发生增减变动的、与所有者投入资本或者向所有者分配利润无关的利得或者损失。企业应当严格区分收入和利得、费用和损失，以便全面反映企业的经营业绩。

## 三、会计要素的计量

会计要素的计量是为了将符合确认条件的会计要素登记入账并列报于财务报表而确定其金额的过程。企业应当按照规定的会计计量属性进行计量，确定相关金额。

### （一）会计计量属性及其构成

会计计量属性是指会计要素的数量特征或外在表现形式，反映会计要素金额的确定基础，主要包括历史成本、重置成本、可变现净值、现值和公允价值等。

#### 1. 历史成本

历史成本，又称为实际成本，是指为取得或制造某项财产物资时所实际支付的现金或其他等价物。在历史成本计量下，资产按照其购置时支付的现金或者现金等价物的金额，或者按照购置资产时所付出的对价的公允价值计量。负债按照其因承担现时义务而实际收到的款项或者资产的金额，或者承担现时义务的合同金额，或者按照日常活动中为偿还负债预期需要支付的现金或者现金等价物的金额计量。

历史成本计量，要求对企业资产、负债和所有者权益等项目的计量，应当基于经济业务的实际交易成本，而不考虑随后市场价格变动的影响。例如，在企业外购固定资产的计量中，外购固定资产的成本包括购买价款、相关税费及使固定资产达到预定可使用状态前发生的可归属于该项资产的包装费、运输费、装卸费、安装费等。

【例 2-1】（单选题）某一小规模纳税企业购买不需要安装的设备一台，价款 100 万元，增值税 17 万元，另支付运输费 0.25 万元，包装费 0.05 万元。款项以银行存款支付。按历史成本计价，则该固定资产应为（　　　　）万元。

A. 117　　　　　B. 100.25　　　　　C. 100.05　　　　　D. 117.3

【答案】D

【解析】按历史成本计价，该固定资产应为 117.3（100+17+0.25+0.05）万元。

## 2. 重置成本

重置成本，又称现行成本，是指按照当前市场条件，重新取得同样一项资产所需支付的现金或现金等价物金额。在重置成本计量下，资产按照现在购买相同或者相似资产所需支付的现金或者现金等价物的金额计量；负债按照现在偿付该项债务所需支付的现金或者现金等价物的金额计量。

重置成本是现在时点的成本，它强调站在企业主体角度，以投入到某项资产上的价值作为重置成本。在实务中，重置成本多应用于盘盈固定资产的计量等。

【例 2-2】（单选题）企业在年末财产清查中，发现全新的未入账的设备一台，其同类固定资产的市场价格为 20000 元，则企业对这台设备按重置成本计价为（　　　　）元。

A. 20000　　　　　B. 10000　　　　　C. 3400　　　　　D. 20017

【答案】A

【解析】根据重置成本的定义，其同类固定资产的市场价格为 20000 元，则重置成本为 20000 元。

## 3. 可变现净值

可变现净值是指在正常生产经营过程中，以预计售价减去进一步加工成本和预计销售费用以及相关税费后的净值。在可变现净值计量下，资产按照其正常对外销售所能收到现金或者现金等价物的金额扣减该资产至完工时估计将要发生的成本、估计的销售费用以及相关税费后的金额计量。

可变现净值是在不考虑资金时间价值的情况下，计量资产在正常经营过程中可带来的预期净现金流入或流出。可变现净值通常应用于存货资产减值情况下的后续计量。不同资产的可变现净值确定方法也有所不同。

【例 2-3】（单选题）甲企业期末 A 商品的账面价值为 100 万元，该批商品市场销售价为 90 万元（不考虑增值税），估计销售过程中需要发生销售费用等相关税费 10 万元（不考虑增值税），则 A 商品按可变现净值计价为（　　　）万元。

A. 110　　　　　　B. 100　　　　　　C. 90　　　　　　D. 80

【答案】D

【解析】根据可变现净值计价的定义，可变现净值等于预计售价减去进一步加工成本和预计销售费用以及相关税费后的净值，即 80（90-10）万元。

4. 现值

现值是指对未来现金流量以恰当的折现率进行折现后的价值，是考虑资金时间价值的一种计量属性。在现值计量下，资产按照预计从其持续使用和最终处置中所产生的未来净现金流入量的折现金额计量，负债按照预计期限内需要偿还的未来净现金流出量的折现金额计量。

现值通常应用于非流动资产可收回金额和以摊余成本计量的金融资产价值的确定等。

5. 公允价值

公允价值是指市场参与者在计量日发生的有序交易中，出售一项资产所能收到或者转移一项负债所需支付的价格。

公允价值强调独立于企业主体之外，站在市场的角度以交易双方达成的市场价格作为公允价值，是对资产和负债以当前市场情况为依据进行价值计量的结果。公允价值主要应用于交易性金融资产、可供出售金融资产的计量等方面。

（二）计量属性的运用原则

企业在对会计要素进行计量时，一般应当采用历史成本；采用重置成本、可变现净值、现值、公允价值计量的，应当保证所确定的会计要素金额能够取得并能可靠计量。

# 第二节　会　计　等　式

会计等式，又称会计恒等式、会计方程式或会计平衡公式，它是表明各会计要素之间基本关系的等式，是各种会计核算方法的理论基础。

在资金运动过程中，会计要素之间存在一定的相互联系，这种内在关系，可以通过会计等式表现出来。从形式上看，会计等式反映了会计对象的具体内容即各项会计要素之间的内在联系；从实质上看，会计等式揭示了会计主体的产权关系、基本财务状况和经营成果。由于会计要素分为资产负债表要素和利润表要素，相应地也有不同的会计等式。

# 一、会计等式的表现形式

## （一）财务状况等式

任何企业要进行生产经营活动，都必须拥有一定数量和质量的能给企业带来经济利益的资产，这是企业从事生产经营活动的物质基础和基本前提。而企业用于生产经营活动的资产，又是从一定的渠道取得的。资产来源于所有者的投入资本和债权人的借入资金及其在生产经营中所产生的效益，分别归属于所有者和债权人。归属于所有者的部分形成所有者权益，归属于债权人的部分形成债权人权益（即企业的负债），两者统称为权益。资产表明企业拥有什么经济资源和拥有多少经济资源，权益表明经济资源的来源渠道，即谁提供了这些经济资源。可见，资产与权益是同一事物的两个不同方面，两者相互依存，不可分割，没有无资产的权益，也没有无权益的资产。因此，资产和权益两者在数量上必然相等，在任一时点都必然保持恒等的关系，可用公式表示为：

$$资产=权益$$

企业的资产来源于企业的所有者和债权人，所以权益又分为所有者权益和债权人权益，在会计上债权人权益称为负债。因此，会计恒等式也可表示为：

$$资产＝负债＋所有者权益$$

这一等式反映企业某一特定时点资产、负债和所有者权益三者之间的平衡关系，因此，该等式又称为财务状况等式、静态会计等式。由于该等式是会计等式中最通用、最一般的形式，所以通常也称为会计基本等式，它是复式记账法的理论依据，也是编制资产负债表的依据。

## （二）经营成果等式

企业在一定时间内经营的目的就是为了获取收入，实现盈利。企业在取得收入的同时，也必然要发生相应的费用。通过收入与费用的比较，才能确定企业一定时期的盈利水平。企业一定时期所获得的收入扣除所发生的各项费用后的余额，即表现为利润。

经营成果等式，又称动态会计等式，是用以反映企业一定时期收入、费用和利润之间恒等关系的会计等式。其公式为：

$$收入-费用＝利润$$

这一等式反映了利润的实现过程，是编制利润表的依据。它表明了企业在一定会计期间经营成果与相应的收入和费用之间的关系，说明了企业利润的实现过程。

## 二、经济业务对会计等式的影响

经济业务，又称会计事项，是指在经济活动中使会计要素发生增减变动的交易或者事项。

企业经济业务按其对财务状况等式的影响不同可以分为以下 9 种基本类型。

（1）一项资产增加、另一项资产等额减少的经济业务。

【例 2-4】1 月 2 日，A 公司用银行存款 100000 元购买一台设备，设备已交付使用。

这项经济业务使企业的固定资产增加 100000 元。同时银行存款减少 100000 元，企业的资产内部发生增减变动，但资产总额不变，并没有改变等式的平衡关系。

（2）一项资产增加、一项负债等额增加的经济业务。

【例 2-5】A 公司从银行取得借款 10000000 元。

这项经济业务使企业的银行存款即资产增加 10000000 元，同时因为借入款项所以负债增加 10000000 元，等式两边同时增加 10000000 元，并没有改变等式的平衡关系。

（3）一项资产增加、一项所有者权益等额增加的经济业务。

【例 2-6】A 公司收到所有者追加的投资 800000 元，款项存入银行。

这项经济业务使企业的银行存款即资产增加 800000 元，同时因为收到投资所以所有者权益增加 800000 元，等式两边同时增加 800000 元，并没有改变等式的平衡关系。

（4）一项资产减少、一项负债等额减少的经济业务。

【例 2-7】A 公司用银行存款归还所欠 B 公司的货款 30000 元。

这项经济业务使企业的银行存款即资产减少 30000 元，同时应付账款即负债也减少 30000 元，等式两边同时减少 30000 元，并没有改变等式的平衡关系。

（5）一项资产减少、一项所有者权益等额减少的经济业务。

【例 2-8】某投资者收回投资 600000 元，A 企业以银行存款支付。

这项经济业务使企业的银行存款即资产减少 600000 元，同时因为投资者收回投资所以所有者权益减少 600000 元，等式两边同时减少 600000 元，并没有改变等式的平衡关系。

（6）一项负债增加、另一项负债等额减少的经济业务。

【例 2-9】A 公司向银行借入 200000 元直接用于归还拖欠的货款。

这项经济业务使企业的应付账款减少短期借款 200000 元，同时短期借款增加 200000 元，即企业的负债内部发生增减变动，但负债总额不变，并没有改变等式的平衡关系。

（7）一项负债增加、一项所有者权益等额减少的经济业务。

【例 2-10】A 公司宣告向投资者分配现金股利 10000000 元。

这项经济业务使企业的利润分配减少 10000000 元，同时应付股利增加 10000000 元，即企业的所有者权益减少，负债增加，权益总额不变，并没有改变等式的平衡关系。

（8）一项所有者权益增加、一项负债等额减少的经济业务。

**【例 2-11】** A 公司将应偿还给乙企业的账款 100000 元转作 B 企业对本企业的投资。

这项经济业务使企业的应付账款减少 100000 元，同时实收资本增加 100000 元，即企业的所有者权益增加，负债减少，权益总额不变，并没有改变等式的平衡关系。

（9）一项所有者权益增加、另一项所有者权益等额减少的经济业务。

**【例 2-12】** A 公司经批准同意以资本公积 10000000 元转增实收资本。

这项经济业务使企业的资本公积减少 10000000 元，同时实收资本增加 10000000 元，即企业的所有者权益内部发生增减变动，但所有者权益总额不变，并没有改变等式的平衡关系。

上述 9 类基本经济业务的发生均不影响财务状况等式的平衡关系，具体分为 3 种情况。

（1）经济业务的发生引起等式左边或者右边内部项目此增彼减，增减的金额相同，变动后资产和权益总额不变，等式仍保持平衡。

此时属于资产内部项目有增有减，见【例 2-4】；负债或所有者权益内部项目有增有减，或者负债增加所有者权益减少，或者负债减少所有者权益增加，见【例 2-9】、【例 2-10】、【例 2-11】、【例 2-12】。

（2）经济业务发生引起等式左右两边同时增加，增加金额相等，变动后等式仍保持平衡。

此时属于资产与负债或所有者权益同时增加，见【例 2-5】、【例 2-6】。

（3）经济业务发生引起等式左右两边同时减少，减少金额相等，变动后等式仍保持平衡。

此时属于资产与负债或所有者权益同时减少，见【例 2-7】、【例 2-8】。

## 三、会计等式之间的勾稽关系

"资产=负债+所有者权益"反映的是资金运动的静态状况，"收入−费用=利润"反映的是资金运动的动态状况。运动是绝对的，静止是相对的，但运动的结果最终要以相对静止的形式表现出来。因此，资金运动的动态状况最后必然反映到各项静态会计要素的变化上，从而使两个会计等式之间建立起勾稽关系。也就是说，企业在一定时期内取得的经营成果能够对资产和所有者权益产生影响：收入可导致企业资产增加或负债减少，最终会导致所有者权益增加；费用可导致企业资产减少或负债增加，最终会导致所有者权益减少。所以，一定时期的经营成果必然影响一定时点的财务状况。把一定会计期间的 6 个会计要素联系起来，就可得到以下公式：

$$资产=负债+所有者权益+（收入−费用）$$

即　资产=负债+所有者权益+利润

# 本 章 习 题

**一、单项选择题**

（1）下列属于反映企业财务状况的会计要素是（　　）。

　　A．收入　　　　　B．所有者权益　　　　C．费用　　　　　D．利润

（2）下列各项中，属于反映企业经营成果的会计要素是（　　）。

　　A．收入　　　　　B．所有者权益　　　　C．资产　　　　　D．负债

（3）下列应确认为资产的是（　　）。

　　A．长期闲置且不再具有使用和转让价值的厂房

　　B．经营租入的机器设备

　　C．自然使用寿命已满但仍在使用的设备

　　D．已签订合同拟于下月购进的材料

（4）下列各项中，（　　）不属于企业拥有或控制的经济资源。

　　A．预付 A 公司材料款

　　B．将闲置不用的办公楼经营租赁给他人使用

　　C．融资租入大型设备

　　D．临时租用一辆汽车

（5）下列属于企业流动资产的是（　　）。

　　A．预收账款　　　B．工程物资　　　　　C．预付账款　　　D．无形资产

（6）下列属于企业非流动资产的是（　　）。

　　A．库存已两年的商品　　　　　　　　　B．无形资产

　　C．长期应付债券　　　　　　　　　　　D．一年以上未收回的应收账款

（7）下列交易或事项中，应确认为流动负债的是（　　）。

　　A．企业向银行借入五年期借款，借款已到账

　　B．企业拟于 3 个月后购买设备一台，款项未付

　　C．企业计划购买 A 公司发行的五年期债券

　　D．企业销售一批家电产品，预收货款到账

（8）下列说法不正确的是（　　）。

　　A．所有者权益是指资产扣除负债后由所有者享有的剩余权益

　　B．所有者权益的金额等于资产减去负债的余额

　　C．所有者权益又称为净资产

　　　　D．企业不需要偿还所有的所有者权益

（9）收入是指企业在（　　　）中形成的、会导致所有者权益增加的、与所有者投入及资本无关的经济利益的总流入。

　　　　A．非生产经营活动　　B．投资活动　　　　C．筹资活动　　　　　D．日常活动

（10）下列不能确认为收入的是（　　　）。

　　　　A．销售原材料　　　　　　　　　　　B．销售包装物

　　　　C．在建工程领用原材料　　　　　　　D．出租包装物

（11）按照我国会计准则的规定，下列各项中不应确认为收入的是（　　　）。

　　　　A．销售商品收入　　　　　　　　　　B．销售原材料收入

　　　　C．出租固定资产的租金收入　　　　　D．出售无形资产取得的收入

（12）收入是指企业在日常活动中形成的、会导致所有者权益增加的、与所有者投入资本无关的经济利益的总流入。下列各项不属于企业收入的是（　　　）。

　　　　A．销售商品收入　　　　　　　　　　B．提供劳务收入

　　　　C．销售材料收入　　　　　　　　　　D．罚款收入

（13）下列费用中，不构成产品成本，而应直接计入当期损益的是（　　　）。

　　　　A．直接材料费　　B．期间费用　　　　C．直接人工费　　　D．制造费用

（14）利润的确认主要依赖于收入和费用，以及直接计入当期利润的利得和损失的确认，其金额的确定取决于（　　　）的计量。

　　　　A．资产、负债、所有者权益、收入和费用

　　　　B．利得和损失

　　　　C．收入和费用

　　　　D．收入、费用、直接计入当期利润的利得和损失

（15）下列经济事项中，（　　　）会引起企业所有者权益总额发生变化。

　　　　A．提取盈余公积　　　　　　　　　　B．用盈余公积弥补亏损

　　　　C．用盈余公积转增资本　　　　　　　D．向投资者分配现金股利

（16）资本公积作为企业所有者权益的重要组成部分，主要用于（　　　）。

　　　　A．转增资本　　　　B．分配利润　　　　C．提取盈余公积　　　D．提取现金

（17）资产按照其正常对外销售所能收到的现金或现金等价物的金额扣减该资产至完工估计将要发生的成本、销售费用以及相关税费后的金额计量，所采用的计量属性是（　　　）。

　　　　A．历史成本　　　　B．重置成本　　　　C．可变现净值　　　　D．现值

（18）负债按照预计期限内需要偿还的未来净现金流出量的折现金额计量，所采用的计量属性是（　　　）。

　　　　A．历史成本　　　　B．可变现净值　　　C．公允价值　　　　D．现值

（19）某经济业务发生仅涉及负债这一会计要素时，下列选项中，（　　）正确反映该要素中相关项目变动。

　　A．同增　　　　　　B．同减　　　　　　C．一增一减　　　　D．不增不减

（20）某银行于 2014 年 1 月 18 日同意将甲企业短期借款 3 万元变更为长期借款。下列表述中，正确的是（　　）。

　　A．负债方一个项目增加，另一个项目减少，增减金额相等，权益总额不变

　　B．负债方一个项目增加，另一个项目也增加，权益总额增加

　　C．负债方一个项目减少，另一个项目也减少，权益总额减少

　　D．负债为一个项目增加，资产为另一个项目增加，金额相等

（21）某企业年初资产总额为 12.6 万元，负债总额为 4.8 万元。本年度取得收入共计 8.9 万元，发生费用共计 9.3 万元，年末负债总额为 5 万元。该企业年末资产总额为（　　）万元。

　　A．12.4　　　　　　B．12.2　　　　　　C．12.8　　　　　　D．13.1

## 二、多项选择题

（1）将一项资源确认为资产，除符合资产的定义外，还应同时满足（　　）。

　　A．与该项资源有关的经济利益很可能流入企业

　　B．与收入相关的经济利益应当很可能流入企业

　　C．未来流出的经济利益的金额能够可靠地计量

　　D．该资源的成本或者价值能够可靠地计量

（2）流动资产和非流动资产划分的标准是：能否在（　　）或（　　）变现或耗用。

　　A．半年内　　　　　　　　　　　B．一年内

　　C．三年内　　　　　　　　　　　D．一个正常营业周期内

（3）下列属于资产要素的有（　　）。

　　A．应收账款　　　B．在途物资　　　C．预收账款　　　D．预付账款

（4）下列属于流动资产的有（　　）。

　　A．银行存款　　　B．库存原材料　　C．预付账款　　　D．库存商品

（5）下列选项中，属于非流动资产的有（　　）。

　　A．投资性房地产　　　　　　　　B．可供出售金融资产

　　C．持有至到期投资　　　　　　　D．商誉

（6）下列属于流动资产的有（　　）。

　　A．预收账款　　　B．预付账款　　　C．应收账款　　　D．应收票据

（7）下列属于流动负债的有（　　）。

　　A．预收款项　　　B．预付款项　　　C．应交税费　　　D．应付职工薪酬

（8）下列各项中，对收入特征表述正确的有（　　　）。

　　A．收入是企业在日常活动中产生的

　　B．收入会导致所有者权益增加，与所有者投入资本无关

　　C．收入包括本企业经济利益的流入和代收的款项

　　D．收入可能表现为资产的增加，也可能表现为负债的增加

（9）下列不符合收入要素的有（　　　）。

　　A．处置固定资产取得的净收益　　　　B．出租固定资产取得的收入

　　C．销售库存商品取得的收入　　　　　D．企业接受的捐赠

（10）下列各项中，属于"收入"会计要素特征的有（　　　）。

　　A．收入是企业在日常活动中形成的

　　B．收入是与所有者投入资本无关的经济利益的总流入

　　C．收入会导致所有者权益的增加

　　D．经济利益的流入能够可靠计量

（11）收入按日常活动在企业中所处的地位，可分为（　　　）。

　　A．主营业务收入　　　　　　　　　B．其他业务收入

　　C．营业外收入　　　　　　　　　　D．投资收益

（12）下列表述中，正确的有（　　　）。

　　A．收入最终会导致所有者权益的增加

　　B．费用最终会导致所有者权益的减少

　　C．企业处置非流动资产发生的净损失不能确认为企业的费用

　　D．企业向投资者分配利润发生的现金流出不能确认为企业的费用

（13）下列项目中不属于留存收益的有（　　　）。

　　A．实收资本　　　　B．盈余公积　　　　C．未分配利润　　　　D．应付股利

（14）直接计入所有者权益的利得和损失是指（　　　）的利得或者损失。

　　A．收入减去费用后　　　　B．与所有者投入资本或者向所有者分配利润无关

　　C．不应计入当期损益　　　　D．会导致所有者权益发生增减变动

（15）留存收益是企业历年实现的净利润留存于企业的部分，主要包括（　　　）。

　　A．本年利润　　　　B．资本公积　　　　C．盈余公积　　　　D．未分配利润

（16）下列说法正确的有（　　　）。

　　A．所有者权益是指企业所有者在企业资产中享有的经济利益

　　B．所有者权益的金额等于资产减去负债后的余额

　　C．所有者权益又称为净资产

　　D．所有者权益包括实收资本（或股本）、资本公积、盈余公积和未分配利润等

（17）以下应计入资本公积的有（　　　）。

  A．直接计入所有者权益的利得和损失

  B．收到投资者投入的超出其在企业注册资本（或股本）中所占的份额

  C．直接计入利润的利得和损失

  D．投资者按照企业章程、合同或协议约定，实际投入企业的资本金

（18）下列属于会计计量属性的有（　　　）。

  A．历史成本　　　B．权责发生制　　　C．可变现净值　　　D．公允价值

（19）下列关于现值计量的表述，正确的有（　　　）。

  A．在现值计量下，资产按照其取得时支付的现金或现金等价物的金额计量

  B．在现值计量下，资产按照预计从其持续使用和最终处置中所产生的未来净现金流入量的折现金额计量

  C．在现值计量下，资产按照现在购买相同或相似资产所需要支付的现金或现金等价物的金额计量

  D．在现值计量下，负债按照预计期限内需要偿还的未来净现金流出量的折现金额计量

（20）对资产的可变现净值进行计量时需要考虑（　　　）。

  A．预计售价

  B．资金时间价值

  C．预计到完工将要发生的成本

  D．预计销售费用以及相关税费

（21）下列关于重置成本表述，正确的有（　　　）。

  A．重置成本是指按照当前市场条件，重新取得同样一项资产所需支付的现金或现金等价物金额

  B．在重置成本计量下，资产按照现在购买相同或者相似资产所需支付的现金或者现金等价物的金额计量

  C．在重置成本计量下，负债按照现在偿付该项债务所需支付的现金或者现金等价物的金额计量

  D．在重置成本计量下，资产按照购置时所付出的对价的公允价值计量

（22）"资产＝负债+所有者权益"，这一会计等式是（　　　）。

  A．复式记账的理论基础

  B．设置账户的理论依据

  C．编制资产负债表的理论依据

  D．发生额试算平衡的理论依据

（23）下列选项中，（　　　）能使企业负债总额增加。

  A．购进货物款项未付

    B．从银行取得短期借款

    C．签发并承兑商业汇票抵付前欠货款

    D．短期借款转长期借款

（24）根据基本会计等式的原理，下列表述中，正确的有（　　　）。

    A．债权人权益增加，所有者权益减少，资产不变

    B．资产有增有减，权益不变

    C．资产增加，负债减少，所有者权益不变

    D．资产不变，负债增加，所有者权益增加

（25）一项负债增加，一项所有者权益减少的经济业务发生后，不正确的有（　　　）。

    A．资产与权益的总额同时增加　　　　　B．资产与权益的总额同时减少

    C．资产与权益的总额一增一减　　　　　D．资产与权益的总额不变动

（26）下列关于会计要素变动关系的表述中，正确的有（　　　）。

    A．资产某项目增加与权益某项目减少　　B．资产某项目减少与权益某项目增加

    C．资产方某项目增加而另一项目减少　　D．权益方某一项目增加而另一项减少

（27）下列关于会计等式的表述中，正确的有（　　　）。

    A．"资产=权益"等式是复式记账的理论基础

    B．"资产=负债+所有者权益"这一会计等式，体现了企业在某一时点的财务状况

    C．"收入－费用=利润"这一会计等式，是企业资金运动的动态表现

    D．"资产=负债+所有者权益"这一会计等式是编制会计报表的依据

（28）下列关于会计等式的表述中，正确的有（　　　）。

    A．"资产=负债+所有者权益"是最基本的会计等式，表明了会计主体在某一特
定时期所拥有的各种资产与债权人、所有者之间的动态关系

    B．"收入－费用=利润"这一等式动态地反映经营成果与相应期间的收入和费用
之间的关系，是企业编制利润表的基础

    C．"资产=负债+所有者权益"这一会计等式说明了企业经营成果对资产和所有
者权益所产生的影响，体现了会计六要素之间的内在联系

    D．企业各项经济业务的发生并不会破坏会计基本等式的平衡关系

（29）某项经济业务的发生引起负债的增加，则可能引起（　　　）。

    A．资产增加　　B．所有者权益增加　　C．收入增加　　　D．费用增加

## 三、判断题

（1）对于某一项财产，要成为企业的资产，其所有权必须属于企业。（　　）

（2）企业于本年5月15日与A公司签订了一份商品购销合同，计划于6月20日销售
一批商品给A公司，合同约定A公司于6月25日支付商品款给企业，则企业可以于5月

15 日确定资产的增加。（　）

（3）库存中已失效或已毁损的商品，由于企业对其拥有所有权并且能够实际控制，因此应该作为本企业的资产。（　）

（4）资产按实物形态可分为流动资产和非流动资产。（　）

（5）如果有确凿证据表明，与现实义务有关的经济利益很可能流出企业，就应当将其作为负债予以确认。

（6）5 月 10 日，企业计划于 8 月 10 日购入一台设备，设备款为 20 万元，因为可以准确预计，所以企业应于 5 月 10 日将应付的设备款确认为企业的负债。（　）

（7）长期负债包括长期借款、应付债券、应付股利和其他长期负债。（　）

（8）无论采用什么方式清偿负债，都将导致企业未来经济利益的流出。（　）

（9）所有者权益的确认主要依赖于资产、负债、收入、费用等其他会计要素的确认和计量，但所有者权益金额的确定主要取决于资产和负债的计量。（　）

（10）所有者权益不需要偿还，除非发生减资、清算或分配现金股利。（　）

（11）企业出租专利技术，收取的租金不得确认为收入。（　）

（12）收入一定表现为企业资产的增加。（　）

（13）企业非日常活动所形成的经济利益的流入不能确认为收入。（　）

（14）收入按照企业不同收入来源，可分为销售商品收入、提供劳务收入、让渡资产使用权收入。（　）

（15）企业非日常活动形成的经济利益的流出不能确认为费用，而应当计为损失。（　）

（16）利润是经营成果的最终要素。（　）

（17）利润是收入与成本配比相抵后的差额，是经营成果的最终要素。（　）

（18）所有者权益包括所有的利得和损失。（　）

（19）按照《公司法》的有关规定，公司应当按照当年净利润（抵减年初累计亏损后）的 10%提取盈余公积，提取的法定盈余公积累计额超过注册资本 50%以上的，可以不再提取。（　）

（20）企业的盈余公积，既可以用于弥补亏损，也可以用于转增资本，但不论用于弥补亏损还是用于转增资本，都不会改变企业的所有者权益总额。（　）

（21）企业收到投资者出资额超过在注册资本中所占份额的部分，应当计入盈余公积。（　）

（22）为了将符合确认条件的会计要素登记入账并列报于财务报表而确定其金额的过程，称为会计计量。（　）

（23）在现值计量下，资产、负债应当按照预计从其持续使用和最终处置中所产生的未来净现金流入量的折现额计量。（　）

（24）非流动资产可收回金额按照未来现金流量以恰当的折现率进行折现后的价值计

量，这是现值计量属性。（　　）

（25）在公允价值计量下，资产按照现在购买相同或者相似资产所需支付的现金或者现金等价物的金额计量。（　　）

（26）投入单位的资金包括投资者投入的资金和向债权人借入的资金，前者形成所有者权益，后者形成债权人权益，两者统称为权益。（　　）

（27）经济业务的发生，可能引起资产与权益总额发生变化，但是不会破坏会计基本等式的平衡关系。（　　）

（28）任何一项经济业务的发生都不会破坏会计等式的平衡关系，只会使资产和权益总额发生同增或同减的变化。（　　）

# 第三章 会计科目与账户

本章主要针对会计科目与账户内容进行详细讲解，是本门课程中十分重要的一个章节，是会计核算的理论基础，对熟练使用账户核算业务起着至关重要的作用。

本章考点分布较广，几乎涉及所有考试题型。本章内容考生一定要重点掌握，首先要熟悉和认识会计科目，然后多思考多总结，能正确且快速地判断出会计科目所属的分类，厘清会计要素与会计科目的关系，以及账户与会计科目的关系等。

## 第一节 会 计 科 目

### 一、会计科目的概念与分类

#### （一）会计科目的概念

会计要素是对会计对象的基本分类。单位发生的交易或事项，必然引起各个会计要素具体内容发生数量、金额的增减变化。即使只涉及同一会计要素，其具体内容也往往不同。例如，作为经营管理者要想知道企业各种资产的数量和金额，就必须对各类资产的增减变动及其结果单独进行记录。为了全面系统地对各项会计要素的具体内容及其增减变化情况进行核算和监督，需要对会计要素按其经济内容进一步分类，这就有必要设置会计科目。

会计科目，简称科目，是对会计要素的具体内容进行分类核算的项目。会计要素是对会计对象的基本分类，会计科目是指对会计要素的具体内容进行分类核算的项目，是进行会计核算和提供会计信息的基础，是对资金运动第三层次的划分，会计对象三个层次之间的关系如图 3-1 所示。

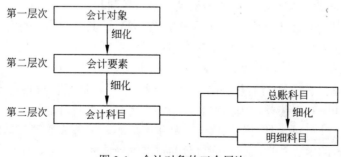

图 3-1 会计对象的三个层次

### （二）会计科目的分类

会计科目可按其反映的经济内容（即所属会计要素）、所提供信息的详细程度及其统驭关系分类。

**1. 按反映的经济内容分类**

会计科目按其反映的经济内容不同，可以分为资产类科目、负债类科目、共同类科目、所有者权益类科目、成本类科目和损益类科目。除共同类科目外，各要素与科目之间的关系如图 3-2 所示。

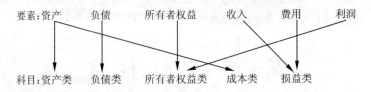

图 3-2　各要素与科目关系图

（1）资产类会计科目，是对资产要素的具体内容进行分类核算的项目。按资产的流动性分为反映流动资产的科目和反映非流动资产的科目。

反映流动资产的科目有"库存现金""银行存款""原材料""应收账款""库存商品"等；反映非流动资产的科目有"长期股权投资""长期应收款""固定资产""无形资产""长期待摊费用"等。

（2）负债类会计科目，是对负债要素的具体内容进行分类核算的项目。按负债的偿还期限分为反映流动负债的科目和反映非流动负债的科目。反映流动负债的科目有"短期借款""应付账款""应付职工薪酬""应交税费"等；反映长期负债的科目有"长期借款""应付债券""长期应付款"等。

（3）共同类会计科目，是既有资产性质又有负债性质的科目，主要有"清算资金往来""外汇买卖""衍生工具""套期工具""被套期项目"等科目。

（4）所有者权益类会计科目，是对所有者权益要素的具体内容进行分类核算的项目。按所有者权益的形成和性质可分为反映资本的科目和反映留存收益的科目。反映资本的科目有"实收资本"（或"股本"）、"资本公积"等；反映留存收益的科目有"盈余公积""本年利润""利润分配"等。所有者权益类的"本年利润"科目归属于利润会计要素，由于企业实现利润会增加所有者权益，因而将其作为所有者权益类科目。

（5）成本类会计科目，是对可归属于产品生产成本、劳务成本等具体内容进行分类核算的项目。按成本的内容和性质的不同可分为反映制造成本、劳务成本的科目等。反映制造成本的科目有"生产成本""制造费用";反映劳务成本的科目有"劳务成本"等。企业产品销售后,其生产成本就转换为销售当期的费用,实质属于费用要素。

(6)损益类会计科目,是对收入、费用要素的具体内容进行分类核算的项目。按损益的不同内容可以分为反映收入的科目和反映费用的科目。反映收入的科目有"主营业务收入""其他业务收入""营业外收入"等;反映费用的科目有"主营业务成本""其他业务成本""管理费用""财务费用""销售费用""所得税费用""营业外支出"等。损益类科目分别归属于收入要素和费用要素。

【例3-1】(单选题)会计科目按反映的经济内容分类,"本年利润"科目属于(  )。

A. 成本类科目　　　　　　　　　B. 资产类科目

C. 负债类科目　　　　　　　　　D. 所有者权益类科目

【答案】D

【解析】本题考查"会计科目的分类"知识点。"本年利润"科目属于所有者权益类科目中反映留存收益的科目。

2. 按提供信息的详细程度及其统驭关系分类

会计科目按其提供信息的详细程度及其统驭关系,可以分为总分类科目和明细分类科目。

(1)总分类科目,又称总账科目或一级科目,它是对会计要素具体内容进行总括分类、提供总括信息的会计科目,如"应收账款""应付账款""原材料"等。总分类科目反映各种经济业务的概括情况,是进行总分类核算的依据。

(2)明细分类科目,又称明细科目,是对总分类科目作进一步分类,提供更详细和具体会计信息的科目。如"应收账款"科目按债务人名称或姓名设置明细科目,反映应收账款的具体对象。如果某一总分类科目所属的明细分类科目较多,可在总分类科目下设置二级明细科目,在二级明细科目下设置三级明细科目。

总分类科目概括地反映会计对象的具体内容,明细分类科目详细地反映会计对象的具体内容。总分类科目对明细分类科目具有统驭和控制作用,而明细分类科目是对其所属的总分类科目的补充和说明。

【注意】明细科目除会计准则有明确规定外,会计主体可根据自身经济管理需求进行设置。但是,并不是所有科目都有明细科目,如"库存现金"科目。另外,科目一般分到三级为宜,不是越多越好;二级科目和三级科目统称为明细分类科目。

## 二、会计科目的设置

### (一)会计科目设置的原则

各单位由于经济业务活动的具体内容、规模大小与业务繁简程度等情况不尽相同,在具体设置会计科目时，应考虑其自身特点和具体情况，但设置会计科目时都应遵循以下原则。

**1. 合法性原则**

为了保证会计信息的可比性，所设置的会计科目应当符合国家有关法律法规的规定。对于国家统一的会计制度规定的会计科目，企业可以根据自身的生产经营特点，在不影响会计核算要求以及对外提供统一财务会计报表的前提下，自行增设、减少或合并某些会计科目。

**2. 相关性原则**

会计科目的设置，应为提供有关各方所需要的会计信息服务，满足对外报告与对内管理的要求。还要根据会计信息使用者对本企业会计信息的需求来设置会计科目，以便满足各方的信息需求。

**3. 实用性原则**

在合法性的基础上，企业应当根据组织形式、所处行业、经营内容、业务种类等自身特点，设置符合企业需要的会计科目。例如，对于制造业，由于主要的经营活动是制造产品，因而需要设置反映生产耗费的科目，如"生产成本"；还需要设置反映生产成果的科目，如"库存商品"等。而对于商品流通企业而言，由于主要的经营活动是购进和销售商品，不进行产品生产，因而一般不需要设置"生产成本"科目，但需要设置反映商品采购、商品销售，以及在购、销、存等环节发生的各项费用的会计科目。

**（二）常用会计科目**

在我国《企业会计准则——应用指南》中，依据会计准则中关于确认和计量的规定，规定了企业的会计科目，其中常用的会计科目见表3-1。

表3-1　常用会计科目参照表

| 编　号 | 名　称 | 编　号 | 名　称 |
|--------|--------|--------|--------|
|  | 一、资产类 |  | 二、负债类 |
| 1001 | 库存现金 | 2001 | 短期借款 |
| 1002 | 银行存款 | 2201 | 应付票据 |
| 1012 | 其他货币资金 | 2202 | 应付账款 |
| 1101 | 交易性金融资产 | 2203 | 预收账款 |
| 1121 | 应收票据 | 2211 | 应付职工薪酬 |
| 1122 | 应收账款 | 2221 | 应交税费 |
| 1123 | 预付账款 | 2231 | 应付利息 |

续表

| 编 号 | 名 称 | 编 号 | 名 称 |
|---|---|---|---|
| | 一、资产类 | | 二、负债类 |
| 1131 | 应收股利 | 2232 | 应付股利 |
| 1132 | 应收利息 | 2241 | 其他应付款 |
| 1221 | 其他应收款 | 2501 | 长期借款 |
| 1231 | 坏账准备 | 2502 | 应付债券 |
| 1401 | 材料采购 | 2701 | 长期应付款 |
| 1402 | 在途物资 | 2711 | 专项应付款 |
| 1403 | 原材料 | 2801 | 预计负债 |
| 1404 | 材料成本差异 | 2901 | 递延所得税负债 |
| 1405 | 库存商品 | | 三、共同类（略） |
| 1406 | 发出商品 | | 四、所有者权益 |
| 1407 | 商品进销差价 | 4001 | 实收资本 |
| 1408 | 委托加工物资 | 4002 | 资本公积 |
| 1471 | 存款跌价准备 | 4101 | 盈余公积 |
| 1501 | 持有至到期投资 | 4103 | 本年利润 |
| 1502 | 持有至到期投资减值准备 | 4104 | 利润分配 |
| 1503 | 可供出售金融资产 | | 五、成本类 |
| 1511 | 长期股权投资 | 5001 | 生产成本 |
| 1512 | 长期股权投资减值准备 | 5101 | 制造费用 |
| 1521 | 投资性房地产 | 5201 | 劳务成本 |
| 1531 | 长期应收款 | 5301 | 研发支出 |
| 1601 | 固定资产 | | 六、损益类 |
| 1602 | 累计折旧 | 6001 | 主营业务收入 |
| 1603 | 固定资产减值准备 | 6051 | 其他业务收入 |
| 1604 | 在建工程 | 6101 | 公允价值变动损益 |
| 1605 | 工程物资 | 6111 | 投资收益 |
| 1606 | 固定资产清理 | 6301 | 营业外收入 |
| 1701 | 无形资产 | 6401 | 主营业务成本 |
| 1702 | 累计摊销 | 6402 | 其他业务成本 |
| 1703 | 无形资产减值准备 | 6403 | 营业税金及附加 |
| 1711 | 商券 | 6601 | 销售费用 |
| 1801 | 长期待摊费用 | 6602 | 管理费用 |
| 1811 | 递延所得税资产 | 6603 | 财务费用 |
| 1901 | 待处理资产损益 | 6701 | 资产减值损失 |
| | | 6711 | 营业外支出 |
| | | 6801 | 所得税费用 |
| | | 6901 | 以前年度损益调整 |

【**例 3-2**】（多选题）下列属于所有者权益类科目的有（　　　）。

　A. 实收资本　　　　　　　　　　B. 盈余公积

　C. 以前年度损益调整　　　　　　D. 投资收益

【**答案**】AB

【**解析**】本题考查常用会计科目的分类。"实收资本"和"盈余公积"都属于所有者权益类科目；"投资收益"和"以前年度损益调整"属于损益类科目。

# 第二节　账　　户

## 一、账户的概念与分类

### （一）账户的概念

　　账户是根据会计科目设置的，具有一定的格式和结构，用于分类反映会计要素增减变动情况及其结果的载体。

　　会计科目只是对会计对象具体内容进行分类的项目或名称，还不能进行具体的会计核算。为了全面、序时、连续、系统地反映和监督会计要素的增减变动，在设置会计科目后，还需要根据会计科目开设相应的账户，以便对各交易或事项进行系统、连续的记录，并向有关方面提供有用的会计信息。

【**例 3-3**】（多选题）下列关于账户的叙述，正确的有（　　　）。

　A. 账户以会计科目作为名称

　B. 具有一定的格式和结构

　C. 是用于反映会计要素增减变动情况和结果的载体

　D. 进行会计核算前需要设置账户

【**答案**】ABCD

【**解析**】本题考查账户的概念。根据账户的定义，所有选项的说法均正确。

### （二）账户的分类

　　账户可根据其核算的经济内容、提供信息的详细程度及其统驭关系进行分类。

#### 1. 根据核算的经济内容分类

　　根据核算的经济内容，账户分为资产类账户、负债类账户、共同类账户、所有者权益类账户、成本类账户和损益类账户 6 类。各类账户的核算内容见表 3-2。

**表 3-2 根据核算的经济内容分类的账户表**

| 账　　户 | 内　　容 |
|---|---|
| 资产类账户 | ① 反映企业资产的增减变动及其结存情况的账户<br>② 按资产类的流动性和经营管理核算的需要，资产类账户又可分为反映流动资产的账户和反映非流动资产的账户<br>③ 反映流动资产的账户如"银行存款""库存现金"等账户；反映非流动资产的账户如"长期股权投资""固定资产"等账户 |
| 负债类账户 | ① 反映企业负债增减变动及其结存情况的账户<br>② 按负债的流动性和偿还期限又可分为反映流动负债账户和反映非流动负债账户<br>③ 反映流动负债账户如"短期借款""应付账款"等账户；反映非流动负债的账户如"长期借款""长期应付款"等账户 |
| 所有者权益类账户 | ① 反映所有者权益的增减变动及其结存情况的账户<br>② 按所有者权益来源不同又可分为反映投入资本账户和反映留存收益账户<br>③ 反映投入资本的账户如"实收资本""资本公积"等账户；反映留存收益的账户有"盈余公积""本年利润"等账户 |
| 成本类账户 | 反映企业在生产经营过程中发生的各项耗费并计算产品或劳务成本的账户，如"生产成本""制造费用""劳务成本"等账户 |
| 损益类账户 | ① 反映企业收入和费用的账户<br>② 按损益与企业的生产经营活动是否有关，损益类账户又可分为反映营业损益的账户和反映非经常性损益的账户<br>③ 反映营业损益的账户如"主营业务收入""主营业务成本""营业税金及附加"等账户；反映非经常性损益的账户如"营业外收入""营业外支出"等账户 |

其中，有些资产类账户、负债类账户和所有者权益类账户存在备抵账户。备抵账户，又称抵减账户，是指用来抵减被调整账户余额，以确定被调整账户实有数额而设置的独立账户。例如，坏账准备、累计摊销等账户。

**2. 根据提供信息的详细程度及其统驭关系分类**

根据提供信息的详细程度及其统驭关系，账户分为总分类账户和明细分类账户。

（1）总分类账户，又称一级账户，它是根据总分类会计科目设置的，是提供总括分类核算资料指标的账户，在总分类账户中只使用货币计量单位反映经济业务。它是提供概括性的指标，是对其所属明细分类账户资料的综合。总账以下的账户称为明细账。

（2）明细分类账户，又称明细账，是根据明细分类科目设置的，明细账提供明细核算资料的指标，是对其总账资料的具体化和补充说明，对明细账的核算，除用货币计量反映经济业务外，必要时还需要用实物计量或劳动计量单位从数量和时间上进行反映，以满足经营管理的需要。

总分类账户和所属明细分类账户核算的内容相同，只是反映内容的详细程度有所不同，两者相互补充，相互制约，相互核对。总分类账户统驭和控制明细分类账户，明细分类账户从属于总分类账户。

## 二、账户的功能与结构

### （一）账户的功能

账户的功能在于连续、系统、完整地提供企业经济活动中各会计要素增减变动及其结果的具体信息。

（1）会计要素在特定会计期间增加和减少的金额，分别称为账户的"本期增加发生额"和"本期减少发生额"，二者统称为账户的"本期发生额"。

（2）会计要素在会计期末的增减变动结果，称为账户的"余额"，具体表现为期初余额和期末余额，账户上期的期末余额转入本期，即为本期的期初余额；账户本期的期末余额转入下期，即为下期的期初余额。

账户的期初余额、期末余额、本期增加发生额和本期减少发生额统称为账户的 4 个金额要素。对于同一账户而言，它们之间的基本关系为：

期末余额=期初余额+本期增加发生额−本期减少发生额

其中，账户的本期发生额说明特定资金项目在某一会计期间增加或减少变动状况，提供"动态"经济指标；账户余额说明特定资金项目在某一时日或某一时刻的存在状况，提供"静态"经济指标。

### （二）账户的结构

账户以会计科目作为名称，同时又具备一定的格式，即结构，账户的结构是指账户的组成部分及其相互关系。

账户的基本结构应同时具备以下内容：

（1）账户名称，即会计科目；

（2）日期，即所依据记账凭证中注明的日期；

（3）凭证字号，即所依据记账凭证的编号；

（4）摘要，即经济业务的简要说明；

（5）金额，即增加额、减少额和余额。

账户一般格式见表 3-3。

表 3-3　账户名称（会计科目）

| 年 | | 凭证编号 | 摘　　要 | 发生额 | | 借或贷 | 余额 |
|---|---|---|---|---|---|---|---|
| 月 | 日 | | | 借方 | 贷方 | | |
| | | | | | | | |
| | | | | | | | |
| | | | | | | | |

账户所记载的各项经济业务所引起的会计要素在数量上的变动只有增加和减少两种，因此账户也应划分为两部分，分别记录账户的增加额和减少额。账户通常分为左右两方，其中一方记增加，另一方记减少。

从账户名称、记录增加额和减少额的左右两方来看，账户结构在整体上类似于汉字"丁"和大写的英文字母"T"，因此，账户的基本结构在实务中被形象地称为"丁"字账户或者"T"型账户。T型账户的基本结构如图3-3所示。

图3-3　账户的基本结构

## 三、账户与会计科目的关系

从理论上讲，会计科目与账户是两个不同的概念，二者既有联系，又有区别。

会计科目与账户的联系主要体现在以下几点：

（1）会计科目与账户都是对会计对象具体内容的分类，两者核算内容一致，性质相同；

（2）会计科目是账户的名称，也是设置账户的依据；

（3）账户是根据会计科目设置的，是会计科目的具体运用。

因此，会计科目的性质决定了账户的性质，会计科目的分类决定了账户的分类，如"固定资产"科目与"固定资产"账户核算的内容、范围完全相同。没有会计科目，账户便失去了设置的依据；没有账户，会计科目就无法发挥作用。

会计科目与账户的区别主要体现在以下几点：

（1）会计科目仅仅是账户的名称，不存在结构，而账户则具有一定的格式和结构；

（2）会计科目仅反映经济内容是什么，而账户不仅反映经济内容是什么，而且系统地反映某项经济内容的增减变动及其余额；

（3）会计科目的作用主要是为了开设账户、填制凭证所运用，而账户的作用主要是提供某一具体会计对象的会计资料，为编制财务报表所运用。

【考场指示灯】账户与会计科目的关系是常考点，题型主要以单选题和多选题为主，需要熟练掌握。

【例3-4】（单选题）有关会计科目和账户之间的关系，下列说法不正确的是（　　）。

A. 二者口径一致，性质相同

B. 没有会计科目，账户就缺少了设置的依据

C. 会计科目是账户的具体运用

D. 在实际工作中，会计科目和账户是相互通用的

【答案】C

【解析】本题考查会计科目和账户之间的关系。会计科目与账户都是对会计对象具体内容的项目分类，两者核算内容一致，性质相同，会计科目是账户的名称，也是设置账户的依据，账户是会计科目的具体运用。故选项 C 说法错误。

# 本 章 习 题

## 一、单项选择题

（1）通过（　　），可以反映和监督生产经营过程中发生的各项费用是否节约或超支，并据以确定企业经营成果。

　　A. 收入计算　　　B. 费用计算　　　C. 成本计算　　　D. 利润计算

（2）按资产的流动性，资产的会计科目分为（　　）。

　　A. 流动资产和长期资产　　　　　　B. 流动资产和非流动资产

　　C. 短期资产和长期资产　　　　　　D. 短期资产和流动资产

（3）"预付账款"科目按其所归属的会计要素不同，属于（　　）类科目。

　　A. 资产　　　　B. 负债　　　　C. 所有者权益　　　D. 成本

（4）以下关于"应交税费"账户，说法正确的是（　　）。

　　A. 属于费用类账户

　　B. 借方登记各种应交未交税费的增加额

　　C. 贷方登记实际缴纳的各种税费

　　D. 期末余额若在贷方，反映企业尚未缴纳的税费

（5）企业收到投资方以库存现金投入的资本，实际投入的金额超过其在注册资本中所占份额的部分，应记入（　　）科目。

　　A. 实收资本　　　B. 资本公积　　　C. 盈余公积　　　D. 投资收益

（6）下列会计科目中，属于损益类科目的是（　　）。

　　A. 主营业务成本　B. 生产成本　　　C. 制造费用　　　D. 其他应收款

（7）下列各项中，既属于费用要素又属于损益类科目的是（　　）。

　　A. 劳务成本　　　B. 制造费用　　　C. 生产成本　　　D. 财务费用

（8）在我国，总分类科目制定的权威部门是（　　）。

　　A. 银监会　　　　B. 国家税务总局　C. 保监会　　　　D. 财政部

（9）二级科目是介于（　　）之间的科目。

  A．总分类科目和三级科目   B．总账与明细账

  C．总分类科目       D．明细分类科目

（10）关于会计科目的设置，下列说法正确的是（　　）。

  A．企业必须严格遵守《企业会计准则——应用指南》的规定设置科目，不得增加和减少，更不得合并和分拆

  B．企业必须使用全部的会计科目

  C．企业可以根据实际需要，按照自己的意愿和需要设置会计科目，只要按照国家规定的格式和项目编制财务报表即可

  D．企业在合法性的基础上，可以根据实际情况增设、分拆、合并会计科目

## 二、多项选择题

（1）会计科目按其反映的经济内容不同，通常分为资产类科目、负债类科目、共同类科目、所有者权益类科目和（　　）科目。

  A．收入类   B．费用类   C．成本类   D．损益类

（2）下列会计科目中，属于资产类科目的有（　　）。

  A．存货跌价准备 B．营业外收入 C．预收账款  D．长期应收款

（3）下列属于资产类科目的有（　　）。

  A．原材料   B．存货跌价准备 C．坏账准备  D．固定资产清理

（4）下列属于负债类科目的有（　　）。

  A．应付票据  B．应交税费  C．材料成本差异  D．其他应付款

（5）下列会计科目中，属于损益类科目的有（　　）。

  A．营业外支出 B．本年利润  C．销售费用   D．营业税金及附加

（6）我国新颁布的《企业会计准则应用指南》中规定的共同类会计科目有（　　）。

  A．衍生工具  B．套期工具  C．被套期项目   D．交易性金融资产

（7）下列属于总账科目的有（　　）。

  A．原材料   B．本年利润  C．应收账款   D．工行存款

（8）下列各项中，属于总分类科目的有（　　）。

  A．累计折旧  B．累计摊销  C．待处理财产损溢 D．持有至到期投资

（9）企业在设置会计科目时，应遵循的原则有（　　）。

  A．合法性原则 B．相关性原则  C．实用性原则   D．合理性原则

## 三、判断题

（1）"生产成本"属于成本类科目，但属于费用要素。（　　）

（2）"坏账准备""累计折旧"科目均属于资产类科目。（　　）

（3）反映企业成本的科目有"生产成本""制造费用"等。（　　）

（4）"坏账准备""长期股权投资减值准备""累计折旧""无形资产减值准备"科目均属于资产类科目。（　　）

（5）反映企业资本的科目有"实收资本""资本公积"等。（　　）

（6）损益类科目用于核算收入、费用、成本的发生和归集，提供一定期间与损益相关的会计信息的会计科目。（　　）

（7）企业可以根据自身的需要来设置明细科目，并不是所有总账科目都需要设置明细科目。（　　）

（8）明细分类科目是对总分类科目进一步分类、提供更详细、更具体的会计信息的科目。（　　）

（9）二级明细科目是对明细科目进一步分类的科目。（　　）

（10）企业可以根据需要自由选择单位的会计科目。（　　）

（11）企业在不违背国家统一会计制度规定的前提下，可以根据需要增设某些会计科目。（　　）

（12）账户是会计科目的具体应用，具有一定的结构和格式，并通过其结构反映某项经济内容的增减变动及其余额。（　　）

（13）会计科目和账户都可以反映交易或事项的发生所引起的会计要素各项目的增减变动情况和结果。（　　）

（14）从账户名称、记录增加额和减少额的左右两方来看，账户结构在整体上类似于汉字"丁"和大写的英文字母"T"，因此，账户的基本结构在实务中被形象地称为"丁"字账户或者"T"形账户。（　　）

# 第四章　会计记账方法

会计记账方法是掌握会计核算技能的重要操作之一，需要重点掌握借贷记账法下不同性质账户的结构和记账规则、借贷记账法下的试算平衡。

本章的考点可以以各种题型的方式出现，所占分值大约为 4 分，但是计算分析题结合第五章的知识点，通过会计分录的形式进行考查的概率比较大。学习本章时注重理解和应用，重点掌握借贷记账法的账户结构，然后运用借贷记账法将经济业务内容转化为会计信息，最后熟练掌握借贷记账法下的试算平衡方法。

## 第一节　会计记账方法的种类

所谓记账方法，就是指在会计科目中记录经济交易与事项的具体手段及方式。记账方法按记账方式的不同，分为单式记账法和复式记账法。

### 一、单式记账法

单式记账法是指对发生的每一项经济业务，只在一个账户中加以登记的记账方法。单式记账法不能全面、系统地反映各项会计要素的增减变动情况和经济业务的来龙去脉，也不便于检查账户记录的正确性和完整性，只适用于业务简单或单一的经济个体和家庭。因为单式记账法的种种缺点，这种方法早已被淘汰，现代会计使用的是复式记账法。

【例 4-1】（判断题）单式记账法由于记账方法简单，因此适用于小型企业。（　　　）

【答案】×

【解析】本题考查单式记账法的适用范围。由于单式记账法的缺点，只适用于业务简单或单一的经济个体和家庭，不适用于小型企业，所以说法错误。

### 二、复式记账法

#### （一）复式记账法的概念

复式记账法是指对于每一笔经济业务，都必须用相等的金额在两个或两个以上相互联系的账户中进行登记，全面系统地反映会计要素增减变化的记账方法。现代会计采用复式记账法。

### （二）复式记账法的优点

复式记账法是以会计的基本等式"资产=负债+所有者权益"为依据建立起来的一种科学记账方法。复式记账法与单式记账法相比，具有以下两个明显的优点。

（1）能够全面反映经济业务内容和资金运动的来龙去脉。复式记账法对于发生的每一项经济业务，都要在两个或两个以上相互联系的账户中同时登记。这样，通过账户记录不仅可以全面、清晰地反映出经济业务的来龙去脉，而且还能通过会计要素的增减变动，全面、系统地反映经济活动的过程和结果。

（2）能够进行试算平衡，便于查账和对账。复式记账法对于每一项经济业务，都以相等金额进行对应记录，便于核对和检查。

正是因为复式记账法具有以上优点，因此被公认为是一种科学的记账方法，并被各国广泛采用。

### （三）复式记账法的种类

复式记账法根据记账符号的不同，可分为借贷记账法、增减记账法和收付记账法 3 种。借贷记账法是目前国际上通用的记账方法，我国《企业会计准则》规定企业应当采用借贷记账法记账。

# 第二节　借贷记账法

## 一、借贷记账法的概念

借贷记账法是以"借"和"贷"为记账符号的一种复式记账方法，即将发生的经济交易与事项所引起会计要素的增减变动以相等的金额，同时在相互关联的两个或者两个以上的会计科目中进行相互联系、相互制约的记录。借贷记账法起源于意大利，是世界上普遍采用的记账方法。

【注意】"借""贷"二字最初是用来表示债权和债务的增减变动，随着时间的推移，"借""贷"二字已经逐渐失去了最初的含义，而演变成纯粹的记账符号。

## 二、借贷记账法下账户的结构

### （一）借贷记账法下账户的基本结构

借贷记账法下，账户的左方称为借方，右方称为贷方。所有账户的借方和贷方按相反方向记录增加数和减少数，即一方登记增加额，另一方就登记减少额。至于是"借"表示增加，还是"贷"表示增加，则取决于账户的性质与所记录经济内容的性质。

通常而言，资产、成本和费用类账户的增加用"借"表示，减少用"贷"表示；负债、所有者权益和收入类账户的增加用"贷"表示，减少用"借"表示。备抵账户的结构与所调整账户的结构正好相反。

### （二）资产和成本类账户的结构

在借贷记账法下，资产类、成本类账户的借方登记增加额；贷方登记减少额；期末余额一般在借方，有些账户可能无余额，如制造费用账户。其余额计算公式为：

期末借方余额=期初借方余额+本期借方发生额−本期贷方发生额

资产、成本类账户的结构如图 4-1 所示。

| 借方 | 资产、成本类 | 贷方 |
|---|---|---|
| 期初余额 | | |
| 本期增加发生额 | 本期减少发生额 | |
| 本期借方发生额合计 | 本期贷方发生额合计 | |
| 期末余额 | | |

图 4-1 资产、成本类账户结构

【例 4-2】（单选题）某企业银行存款期初借方余额是 1000000 元，本期借方发生额为 800000 元，贷方发生额是 700000 元，那么期末银行存款余额是（　　）元。

A. 借方 1100000　　　B. 贷方 1100000　　　C. 借方 900000　　　D. 贷方 900000

【答案】A

【解析】本题考查资产类账户结构。"银行存款"属于资产类账户，期末余额应记入借方。期末银行存款余额=期初借方余额+借方发生额−贷方发生额=1000000+800000−700000=1100000（元）。

### （三）负债和所有者权益类账户的结构

"资产=负债+所有者权益"会计等式，决定了负债及所有者权益类账户的结构与资产类账户的结构正好相反，在借贷记账法下，负债类、所有者权益类账户的借方登记减少额；贷方登记增加额；期末余额一般在贷方，有些账户可能无余额，如本年利润账户。其余额计算公式为：

期末贷方余额=期初贷方余额+本期贷方发生额−本期借方发生额

负债、所有者权益类账户的结构如图 4-2 所示。

| 借方 | 负债、所有者权益类 | 贷方 |
|---|---|---|
| | 期初余额 | |
| 本期减少发生额 | 本期增加发生额 | |
| 本期借方发生额合计 | 本期贷方发生额合计 | |
| | 期末余额 | |

图 4-2    负债、所有者权益类账户结构

**【例 4-3】**（单选题）所有者权益类账户的借方记录（　　　）。

A. 增加发生额　　　　B. 减少发生额　　C. 增加或减少发生额　　D. 以上都不对

**【答案】**B

**【解析】**本题考查所有者权益类账户的结构。所有者权益类账户中，借方表示本期减少额和本期借方发生额，贷方表示本期增加额和本期贷方发生额，其中，期初余额和期末余额都位于贷方。

### （四）损益类账户的结构

损益类账户主要包括收入类账户和费用类账户。损益类账户反映会计主体某一会计期间取得收入和发生费用支出的情况。一定会计期间结束后，收入、费用均从"本年利润"账户转出，故损益类账户期末一般没有余额。

下面分别介绍收入和费用类账户的结构。

#### 1. 收入类账户的结构

收入的增加将导致企业利润的增加，利润在未分配之前可以将其看作是所有者权益的增加。因此，收入类账户的结构与所有者权益类账户的结构类似。在借贷记账法下，收入类账户的借方登记减少额，贷方登记增加额。本期收入净额在期末转入"本年利润"账户，用以计算当期损益，结转后无余额。

收入类账户的结构如图 4-3 所示。

| 借方 | 收入类 | 贷方 |
|---|---|---|
| 本期减少发生额或转销额 | 本期增加发生额 | |
| 本期借方发生额合计 | 本期贷方发生额合计 | |

图 4-3    输入类账户结构

#### 2. 费用类账户的结构

费用类账户的结构与资产类会计科目的结构基本相同，即在借贷记账法下，费用类账

户的借方登记增加额，贷方登记减少额。本期费用净额在期末转入"本年利润"账户，用以计算当期损益，结转后无余额。

费用类账户的结构如图 4-4 所示。

| 借方 | 收入类 | 贷方 |
|------|--------|------|
| 本期增加发生额 | 本期减少发生额或转销额 | |
| 本期借方发生额合计 | 本期贷方发生额合计 | |

图 4-4 费用类账户结构

**【考场指示灯】** 本考点是常考内容，常以单选题或多选题的形式出现，出题重点侧重于各会计科目的借方或贷方登记的具体内容和各会计科目在期末是否有余额，需要考生理解并熟练掌握。

**【例 4-4】**（多选题）根据借贷记账法下的账户结构，账户贷方登记的内容有（ ）。

A．收入的增加  B．资产的减少  C．负债的减少  D．所有者权益的增加

**【答案】** ABD

**【解析】** 本题考查借贷记账法下，不同账户的结构组成。一般情况下，资产、成本和费用类账户的增加用"借"表示，减少用"贷"表示；负债、所有者权益和收入类账户的增加用"贷"表示，减少用"借"表示。所以，上述选项中，账户贷方记录的内容有收入的增加、资产的减少和所有者权益的增加。

## 三、借贷记账法的记账规则

记账规则是指采用某种记账方法登记具体经济业务时应当遵循的规律。

借贷记账法的记账规则是"有借必有贷，借贷必相等"。即当发生经济业务时，企业必须按照相同的金额，一方面记入一个或多个账户的借方，另一方面同时记入一个或多个账户的贷方，借方金额合计与贷方金额合计必须相等。

**【例 4-5】** 甲公司收到投资者投入现金 80000 元存入银行。

此项经济业务一方面使资产类账户"银行存款"增加 80000 元，记入该账户的借方；另一方面使权益类账户"实收资本"增加 80000 元，记入该账户的贷方，借贷金额相等。

**【例 4-6】** 甲公司用银行存款偿还应付账款 60000 元。

此项经济业务一方面使资产类账户"银行存款"减少 60000 元，记入该账户的贷方；另一方面使负债类账户"应付账款"减少 60000 元，记入该账户的借方，借贷金额相等。

**【例 4-7】** 甲公司使用银行存款 30000 元购买固定资产（假设不考虑增值税）。

此项经济业务使资产类账户"银行存款"减少 30000 元，记入该账户的贷方；另一方

面使资产类账户"固定资产"增加 30000 元，记入该账户借方，借贷金额相等，资产总额不变。

**【例 4-8】**甲公司按当年实现净利润的 10％计提法定盈余公积，金额为 5000 元。

此项经济业务一方面使权益类账户"盈余公积"增加 5000 元，记入该账户的贷方；另一方面使权益类账户"利润分配"减少 5000 元，记入该账户的借方，借贷金额相等，权益总额不变。

**【例 4-9】**（单选题）2015 年 1 月，某企业向银行借款购买固定资产，表现为（　　　）。

A．一项资产增加，另一项资产减少　　　　B．一项资产增加，另一项负债增加

C．一项资产减少，另一项负债增加　　　　D．一项资产减少，另一项负债减少

**【答案】**B

**【解析】**本题考查借贷记账法的记账规则。企业向银行借款表现为企业负债增加，而购买固定资产表现为资产增加，故选项 B 说法正确。

## 四、借贷记账法下的账户对应关系与会计分录

### （一）账户的对应关系

账户的对应关系是指采用借贷记账法对每笔交易或事项进行记录时，相关账户之间形成的应借、应贷的相互关系。存在对应关系的账户称为对应账户。

例如，A 公司从银行提取现金 7000 元，由于现金增加，按借贷记账法应记入"库存现金"账户借方，银行存款减少，按借贷记账法应记入"银行存款"账户贷方。在该项经济业务中，"库存现金"和"银行存款"账户形成应借、应贷的关系，即账户的对应关系。

### （二）会计分录

#### 1. 会计分录的含义

会计分录，简称分录，是对每项经济业务列示出应借、应贷的账户名称及其金额的一种记录。会计分录由应借应贷方向、相互对应的科目及其金额三个要素构成。

在会计工作中，会计分录记载于记账凭证中。编制会计分录是会计工作的初始阶段，它是记账的直接依据，分录错了，就会影响整个会计记录的正确性。所以，会计分录必须如实地反映经济业务的内容，正确判断应借、应贷的会计科目和金额。

**【考场指示灯】**"编制会计分录是会计工作的初始阶段，它是记账的直接依据"的描述，常以选择题的形式出现，需要考生注意。

2. 会计分录的分类

按照所涉及账户的多少，会计分录分为简单会计分录和复合会计分录两种。

（1）简单会计分录指只涉及一个账户借方和另一个账户贷方的会计分录，即一借一贷的会计分录。

下面根据【例4-5】～【例4-8】说明运用借贷记账法编制简单会计分录。编制会计分录时，习惯上采用"上借下贷，左右错开"的列示方式。

依据【例4-5】业务编制会计分录如下：

借：银行存款　　　　　　　　　　　　80000
　　贷：实收资本　　　　　　　　　　80000

依据【例4-6】业务编制会计分录如下：

借：应付账款　　　　　　　　　　　　60000
　　贷：银行存款　　　　　　　　　　60000

依据【例4-7】业务编制会计分录如下：

借：固定资产　　　　　　　　　　　　30000
　　贷：银行存款　　　　　　　　　　30000

依据【例4-8】业务编制会计分录如下：

借：利润分配　　　　　　　　　　　　5000
　　贷：盈余公积　　　　　　　　　　5000

（2）复合会计分录指由两个以上（不含两个）对应账户所组成的会计分录，即一借多贷、一贷多借或多借多贷的会计分录。

【注意】企业不能将两项或两项以上不同类型的经济业务合在一起编制多借多贷的复合会计分录。

3. 会计分录的书写格式

一般情况下，会计分录的书写格式如下。

（1）先借后贷，分行列示。"借"字和"贷"字后均加冒号，其后紧跟会计科目，各科目的金额列在其后适当位置。"贷"字与借方科目的首个文字对齐，贷方金额与借方金额适当错开。

（2）在一个复合会计分录中，"借""贷"通常只列示在第一个借方科目可第一个贷方科目前，其他科目前不再列示。所有借方、贷方一级科目的首个文字各自保持对齐；所有借方、贷方金额的个位数各自保持右对齐。

（3）当分录中需要列示明细科目时，应按科目级别高低从左向右列示，二级科目前加破折号，三级科目放在一对小圆括号中，即"一级科目——二级科目（三级科目）"。

（4）借方或贷方会计科目中有两个或两个以上的二级科目同属于一个一级科目时，所属一级科目只在第一个二级科目前列出，其余省略，每个二级科目各占一行，其前均应保留破折号，且保持左对齐。需要注意的是，如果这些二级科目分别列示于借方和贷方，应在借方和贷方分别列出一个该一级科目；处于同一个方向的每两个二级科目之间均不能列示其他一级科目。

会计分录的书写格式如图 4-5 所示。

| | |
|---|---|
| 借：一级科目 | ××× |
| 　一级科目——二级科目 | ××× |
| 　　——二级科目 | ××× |
| 贷：一级科目——二级科目 | ××× |
| 　　——二级科目 | ××× |
| 一级科目——二级科目（三级科目） | ××× |

图 4-5　多个明细科目的会计分录格式

### 4. 会计分录的编制步骤

编制会计分录时，需要按照以下 4 个步骤进行。

（1）分析经济业务事项所涉及的会计科目。

（2）根据经济业务引起的会计要素的增减变化，确定涉及的会计科目是增还是减。

（3）根据会计科目的性质和结构，确定哪些应记入账户的借方，哪些记入账户的贷方。

（4）根据借贷记账法的记账规则，确定应借应贷会计科目是否正确，其金额是否相等。如果有误，需要进一步更正。

【考场指示灯】关于会计分录知识点，是必考内容，需要考生熟练掌握。

## 五、借贷记账法下的试算平衡

### （一）试算平衡的含义

试算平衡是指根据借贷记账法的记账规则和资产与权益的恒等关系，通过对所有账户的发生额和余额的汇总计算和比较，来检查记录是否正确的一种方法。

## （二）试算平衡的分类

试算平衡的方法包括发生额试算平衡和余额试算平衡两种。

### 1. 发生额试算平衡

由于发生额试算平衡法是根据借贷记账法"有借必有贷，借贷必相等"的记账规则，所以账户的借方发生额合计与贷方发生额合计也必然是相等的。

发生额试算平衡是指全部账户本期借方发生额合计与全部账户本期贷方发生额合计保持平衡，即

全部账户本期借方发生额合计＝全部账户本期贷方发生额合计

发生额试算平衡的直接依据是借贷记账法的记账规则。

发生额试算平衡是通过编制"发生额试算平衡表"来进行的。其格式见表4-1。

**表4-1 本期发生额试算平衡表**

年 月 日 单位：元

| 会计科目 | 借方发生额 | 贷方发生额 |
| --- | --- | --- |
|  |  |  |
|  |  |  |
| 合 计 |  |  |

### 2. 余额试算平衡

借贷记账法以"资产＝负债+所有者权益"这一会计基本等式作为记账原理，因此，在某一特定时日，全部账户的期末借方余额之和，必然等于全部账户期末贷方余额之和。

余额试算平衡是指全部账户借方期末（初）余额合计与全部账户贷方期末（初）余额合计保持平衡，即

全部账户的借方期初余额合计＝全部账户的贷方期初余额合计

全部账户的借方期末余额合计＝全部账户的贷方期末余额合计

余额试算平衡的直接依据是财务状况等式。

余额试算平衡是通过编制"余额试算平衡表"来进行的。其格式见表4-2。

**表4-2 余额试算平衡表**

年 月 日 单位：元

| 会计科目 | 借方余额 | 贷方余额 |
| --- | --- | --- |
|  |  |  |
|  |  |  |
| 合 计 |  |  |

**【例4-10】**（单选题）余额试算平衡的理论依据是（    ）。

A．会计恒等式　　　　　　　　B．借贷记账法的记账规则

C．账户对应关系　　　　　　　D．收入－费用＝利润

**【答案】**A

**【解析】**本题考查余额试算平衡法的理论依据。余额试算平衡的直接语句是财务状况等式，即"资产＝负债＋所有者权益"，又称会计恒等式，故答案选择A。

#### （三）试算平衡表的编制

试算平衡是通过编制试算平衡表进行的。试算平衡表通常是在期末结出各账户的本期发生额合计和期末余额后编制的，试算平衡表中一般应设置"期初余额"、"本期发生额"和"期末余额"三大栏目，其下分设"借方"和"贷方"两个小栏。各大栏中的借方合计与贷方合计应该平衡相等，否则，便存在记账错误。为了简化表格，试算平衡表也可只根据各个账户的本期发生额编制，不填列各账户的期初余额和期末余额。

在日常会计核算中，通常是在月末进行一次试算平衡，既可以分别编制发生额试算平衡表和余额试算平衡表，也可以将二者合并编制成一张发生额及余额试算平衡表。

**【例4-11】**甲有限责任公司（以下简称甲公司）2015年3月份发生以下经济业务（所有账户的期初余额均为已知条件）。

（1）3月1日，甲公司获得乙公司追加投资100000元，存入开户银行。

该经济业务属于资产和所有者权益同时增加的类型，此业务使甲公司的"银行存款"增加100000元，同时使"实收资本"增加100000元，会计等式两边的金额同增。银行存款属于资产类账户，增加记借方；实收资本属于所有者权益类账户，增加记贷方。如图4-6所示。

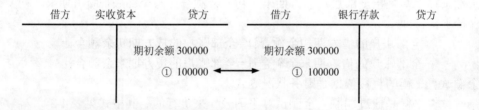

图4-6　收到投资者投入的资本金

（2）3月3日，甲公司向供应商购入原材料一批，价值20000元，货款暂欠，材料已验收入库（假设不考虑增值税）。

该经济业务属于资产和负债同时增加的类型，此业务使甲公司的"原材料"增加20000元，同时"应付账款"增加20000元。"原材料"属于资产类账户，增加记入借方；"应付

账款"属于负债类账户,增加记入贷方。如图 4-7 所示。

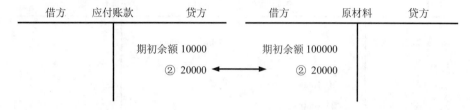

图 4-7 欠款购入原材料

(3) 3 月 10 日,甲公司以银行存款支付上月所欠购原材料款 10000 元。

该经济业务属于资产和负债同时减少的类型,此业务使甲公司的"银行存款"减少 10000 元,同时"应付账款"减少 10000 元,"银行存款"属于资产类账户,减少记入贷方;"应付账款"属于负债类账户,减少记入借方。如图 4-8 所示。

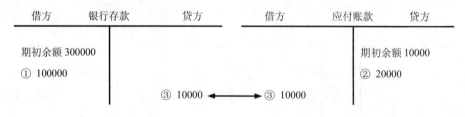

图 4-8 以银行存款支付应付账款

(4) 投资者丙收回投资 100000 元,甲公司用银行存款向其支付。

该经济业务属于资产和所有者权益同时减少的类型,此业务使甲公司的"银行存款"减少 100000 元,同时"实收资本"减少 100000 元,"银行存款"属于资产类账户,减少记入贷方;"实收资本"属于所有者权益类账户,减少记入借方。如图 4-9 所示。

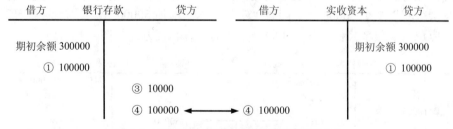

图 4-9 以银行存款支付投资者收回的资本金

(5) 3 月 16 日,甲公司从银行提取现金 2000 元备用。

该经济业务属于一项资产增加,另一项资产减少的类型。此项业务使甲公司的"库存现金"增加 2000 元,同时又使"银行存款"减少 2000 元。二者都属于资产类账户,应记入"库存现金"的借方和"银行存款"的贷方。如图 4-10 所示。

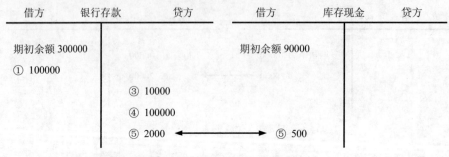

图 4-10 把银行存款转为现金

（6）3 月 24 日，甲公司向工商银行借入一年期借款 20000 元用于归还前欠料款。

该经济业务属于一项负债增加，另一项负债减少的类型。此业务使甲公司的"短期借款"增加 20000 元，同时"应付账款"减少 20000 元，二者都属于负债类账户，应记入"应付账款"和"短期借款"的借方和贷方。如图 4-11 所示。

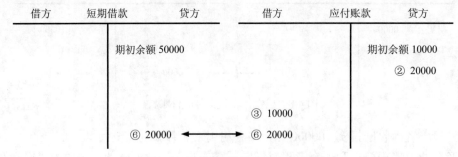

图 4-11 以短期借款支付应付账款

（7）经批准，甲公司企业用盈余公积 50000 元转增资本。

该经济业务属于一项所有者权益增加，另一项所有者权益减少的类型。此业务使甲公司的"盈余公积"减少 50000 元，同时"实收资本"增加 50000 元。二者都属于所有者权益账户，应记入"盈余公积"和"实收资本"的借方和贷方。如图 4-12 所示。

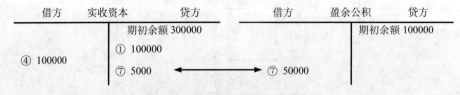

图 4-12 以盈余公积转为实收资本

（8）甲公司以盈余公积 10000 元向所有者分配现金股利。

该经济业务属于一项负债增加，一项所有者权益减少的类型。此业务使甲公司的"盈余公积"减少 10000 元，同时"应付股利"增加 10000 元。"盈余公积"属于所有者权益类账户，减少记入借方，"应付股利"属于负债类账户，增加记入贷方。如图 4-13 所示。

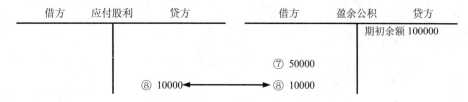

图 4-13 以盈余公积向所有者分配现金股利

（9）经批准将企业原发行的 10000 元应付债券转为实收资本。

该经济业务属于一项负债减少，一项所有者权益增加的类型。此业务使甲公司的"应付债券"减少 10000 元，同时"实收资本"增加 10000 元。"实收资本"属于所有者权益类账户，增加记入贷方，"应付债券"属于负债类账户，减少记入借方。如图 4-14 所示。

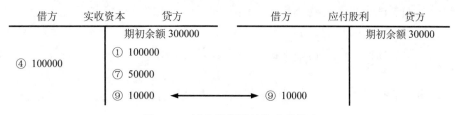

图 4-14 以应付债券转为实收资本

上例中编制试算平衡表见表 4-3 和表 4-4。

**表 4-3 本期发生额试算平衡表**

2015 年 3 月 31 日                    单位：元

| 会计科目 | 本期发生额 | |
| --- | --- | --- |
| | 借方 | 贷方 |
| 库存现金 | ⑤ 2000 | |
| 银行存款 | ① 100000 | ③ 10000；④ 100000；⑤ 2000 |
| 原材料 | ② 20000 | |
| 短期借款 | | ⑥ 20000 |
| 应付账款 | ③ 10000；② 20000 | ② 20000 |
| 应付股利 | | ⑧ 10000 |
| 应付债券 | ⑨ 10000 | |
| 实收资本 | ④ 100000 | ① 100000；⑦ 50000；⑨ 10000 |
| 盈余公积 | ⑦ 60000；⑧ 10000 | |
| 合计 | 322000 | 322000 |

**表 4-4 余额试算平衡表**

2015 年 3 月 31 日 单位：元

| 会计科目 | 期初余额 | | 本期发生额 | | 期末余额 | |
|---|---|---|---|---|---|---|
| | 借方 | 贷方 | 借方 | 贷方 | 借方 | 贷方 |
| 库存现金 | 90000 | | 2000 | | 92000 | |
| 银行存款 | 300000 | | 100000 | 112000 | 288000 | |
| 原材料 | 100000 | | 20000 | | 120000 | |
| 短期借款 | | 50000 | | 20000 | | 70000 |
| 应付账款 | | 10000 | 30000 | 20000 | | |
| 应付股利 | | | | 10000 | | 10000 |
| 应付债券 | | 30000 | 10000 | | | 20000 |
| 实收资本 | | 300000 | 100000 | 160000 | | 360000 |
| 盈余公积 | | 100000 | 60000 | | | 40000 |
| 合计 | 490000 | 190000 | 322000 | 322000 | 500000 | 500000 |

总结以上编制试算平衡表的过程，在编制试算平衡表时应注意以下几点。

（1）必须保证所有账户的余额均已记入试算平衡表。因为会计等式是对六项会计要素整体而言的，缺少任何一个账户的余额，都会造成期初或期末借方余额合计与贷方余额合计不相等。

（2）如果试算平衡表借贷不相等，则肯定账户记录有错误，应认真查找，直到实现平衡为止。

（3）即便实现了试算平衡，也不能说明账户记录绝对正确，因为有些错误并不会影响借贷双方的平衡关系。例如：

①漏记某项经济业务，将使本期借贷双方的发生额发生等额减少，借贷仍然平衡；

②重记某项经济业务，将使本期借贷双方的发生额发生等额虚增，借贷仍然平衡；

③某项经济业务记错有关账户，借贷仍然平衡；

④某项经济业务在账户记录中，颠倒了记账方向，借贷仍然平衡；

⑤借方或贷方发生额中，偶然发生多记少记并相互抵销，借贷仍然平衡等。

**【考场指示灯】** 关于试算平衡这一考点，常以选择题或计算分析题的形式出现。选择题的考查重点为试算平衡的具体内容和通过试算平衡方法不能检查到的错误类型，而计算分析题主要是让学生进行试算平衡练习。

**【例 4-12】**（单选题）下列可以通过试算平衡方法查找到的错误是（    ）。

A．漏记的经济业务 B．弄错借贷方向的经济业务

C．重复记录的经济业务 D．借贷两边的金额合计数不相等

【答案】D

【解析】本题考查编制试算平衡表的注意事项。很显然借贷金额合计数不相等时就不能达到平衡，所以答案选择 D。

# 本 章 习 题

## 一、单项选择题

（1）复式记账要求对每一笔经济业务，都必须以（　　）进行登记。

    A．相等的金额同时在一个或一个以上相互联系的科目中

    B．相等的金额同时在两个或两个以上相互联系的科目中

    C．不等的金额同时在两个或两个以上相互联系的科目中

    D．相等的金额在总分类科目和两个以上相应的明细科目中

（2）下列关于复式记账法建立依据的说法中，正确的是（　　）。

    A．有借必有贷，借贷必相等　　　　　B．资产增加记借方，权益增加记贷方

    C．资产＝负债＋所有者权益　　　　　D．收入－费用＝利润

（3）某企业 2014 年 6 月初资产总额为 600 万元，6 月份发生以下经济业务：向银行借款 50 万元；归还 80 万元的欠款；用银行存款购买 40 万元的原材料。假定不考虑其他因素，6 月 30 日，该企业资产总额为（　　）万元。

    A．470　　　　　　　B．500　　　　　　　C．510　　　　　　　D．570

（4）下列关于"贷方"的表述中，正确的是（　　）。

    A．费用的减少　　　B．负债的减少　　　C．资产的增加　　　D．收入的减少

（5）在借贷记账法下，成本类会计科目的期末余额等于（　　）。

    A．期初余额＋本期借方发生额＋本期贷方发生额

    B．期初余额＋本期借方发生额－本期贷方发生额

    C．期初余额－本期借方发生额＋本期贷方发生额

    D．期初余额－本期借方发生额－本期贷方发生额

（6）在借贷记账法下，账户哪一方登记增加数取决于（　　）。

    A．账户的类别　　　　　　　　　　　B．会计人员的习惯

    C．账户的结构　　　　　　　　　　　D．账户的性质

（7）在借贷记账法下，借方登记（　　）。

    A．资产减少或权益增加　　　　　　　B．资产增加或权益增加

　　C. 资产减少或权益减少　　　　　　　　D. 资产增加或权益减少

（8）"预付账款"科目的期末余额等于（　　　）。

　　A. 期初余额＋本期借方发生额－本期贷方发生额

　　B. 期初余额＋本期借方发生额＋本期贷方发生额

　　C. 期初余额－本期借方发生额＋本期贷方发生额

　　D. 期初余额－本期借方发生额－本期贷方发生额

（9）"实收资本"科目的期末余额等于（　　　）。

　　A. 期初余额＋本期借方发生额－本期贷方发生额

　　B. 期初余额－本期借方发生额－本期贷方发生额

　　C. 期初余额－本期借方发生额＋本期贷方发生额

　　D. 期初余额＋本期借方发生额＋本期贷方发生额

（10）在借贷记账法下，成本类账户的贷方登记（　　　）。

　　A. 增加数或结转数　　　　　　　　B. 增加数

　　C. 减少数或结转数　　　　　　　　D. 结转数

（11）下列账户中，与"制造费用"账户不可能发生对应关系的是（　　　）。

　　A. 生产成本　　　　B. 本年利润　　　　C. 原材料　　　　D. 应付职工薪酬

（12）下列关于会计分录的表述中，不正确的是（　　　）。

　　A. 应借应贷方向、科目名称和金额构成了会计分录的三要素

　　B. 会计分录按涉及账户多少，可以分为简单会计分录和复合会计分录

　　C. 复合会计分录是指涉及两个以上（不含两个）对应科目所组成的会计分录

　　D. 会计实际工作中，最常用的会计分录为一借一贷、多借多贷分录

（13）复合会计分录中的对应关系不包括（　　）。

　　A. 一借一贷　　　　B. 一借多贷　　　　C. 一贷多借　　　　D. 多借多贷

（14）购入原材料 5000 元，用银行存款 2000 元支付部分货款，剩余款项暂欠。该项经济业务中与"原材料"存在对应关系的是（　　　）。

　　　　A. 应付账款　　　　B. 其他应付款　　　C. 预付账款　　　　D. 生产成本

（15）某企业月末在编制试算平衡表时，全部账户的本月贷方发生额合计为 6 万元，除应收账款外的本月借方发生额合计为 4.2 万元，下列关于应收账款账户的表述中，正确的是（　　　）。

　　A. 本月贷方余额为 1.8 万元　　　　B. 本月借方余额为 1.8 万元

　　C. 本月借方发生额为 1.8 万元　　　　D. 本月贷方发生额为 1.8 万元

（16）下列关于试算平衡法的说法，正确的是（　　　）。

　　A. 漏记某项经济业务影响试算平衡

B. 包括发生额试算平衡法和余额试算平衡法

C. 试算平衡了，账户记录一定正确

D. 发生额试算平衡法理论的依据是会计等式

（17）甲公司月末编制的试算平衡表中，全部科目的本月贷方发生额合计为 120 万元，除银行存款外的本月借方发生额合计 104 万元，则银行存款科目（　　）。

A. 本月借方余额为 16 万元　　　　　B. 本月贷方余额为 16 万元

C. 本月贷方发生额为 16 万元　　　　D. 本月借方发生额为 16 万元

（18）在试算平衡表中，如果试算平衡，下列表述中，正确的是（　　）。

A. 说明每一个账户的借方数一定等于贷方数

B. 不一定说明账簿记录正确

C. 说明本期增加数一定等于本期减少数

D. 说明期初余额一定等于期末余额

## 二、多项选择题

（1）下列有关复式记账法的表述中，正确的有（　　）。

A. 复式记账法一般应在两个或两个以上会计科目中登记，但有时也在一个会计科目中登记

B. 复式记账法能如实反映资金运动的来龙去脉

C. 复式记账法便于检查会计科目的记录是否正确

D. 我国所有企事业单位都必须统一采用复式记账法中的借贷记账法进行会计核算

（2）某项经济业务发生后，一项负债记借方，则可能（　　）。

A. 一项资产记贷方　　　　　　　　　B. 另一项负债记贷方

C. 一项资产记借方　　　　　　　　　D. 一项所有者权益记贷方

（3）下列会计科目在借方核算增加额的有（　　）。

A. 原材料　　　　B. 管理费用　　　　C. 应付账款　　　　D. 实收资本

（4）在产品销售业务的核算中，期末结转后，下列账户应无余额的有（　　）。

A. 主营业务收入　　B. 主营业务成本　　C. 销售费用　　　　D. 应交税费

（5）经济业务发生后，可以编制的会计分录有（　　）。

A. 多借多贷　　　　B. 一借多贷　　　　C. 多借一贷　　　　D. 一借一贷

（6）下列会计分录属于复合会计分录的有（　　）。

A. 一借一贷　　　　B. 一借多贷　　　　C. 一贷多借　　　　D. 多借多贷

（7）购进商品 10000 元，用银行存款 6000 元支付部分货款，剩余款项暂欠。该项经济业务中与"库存商品"存在对应关系的有（　　）。

　　A．应付账款　　　　B．其他应付款　　　C．银行存款　　　　D．采购成本

　　（8）某企业月末编制试算平衡表时，因"原材料"账户的余额计算不正确，导致试算平衡表中月末借方余额合计为 65000 元，而全部账户月末贷方余额合计为 60000 元，则"原材料"账户（　　　）。

　　A．余额多记 5000 元　　　　　　　B．余额少记 5000 元

　　C．为贷方余额　　　　　　　　　　D．为借方余额

　　（9）在编制试算平衡表时，应注意（　　　）。

　　A．必须保证所有账户的余额均已记入试算平衡表

　　B．如果试算平衡，说明账户记录正确无误

　　C．如果试算不平衡，账户记录肯定有错误，应认真查找，直到平衡为止

　　D．即使试算平衡，也不能说明账户记录绝对正确

　　（10）用公式表示试算平衡关系，正确的有（　　　）。

　　A．全部账户本期借方发生额合计＝全部账户本期贷方发生额合计

　　B．全部账户的借方期初余额合计＝全部账户的贷方期初余额合计

　　C．负债类账户借方发生额合计＝负债类账户贷方发生额合计

　　D．资产类账户借方发生额合计＝资产类账户贷方发生额合计

　　（11）下列说法中，错误的有（　　　）。

　　A．企业不能编制多借多贷的会计分录

　　B．从某一会计分录看，借方账户与贷方账户互为对应账户

　　C．通过试算平衡，若全部账户的借贷金额相等，则账户记录是正确的

　　D．从某个企业看，全部借方账户与全部贷方账户互为对应账户

## 三、判断题

　　（1）复式记账法是唯一的记账方法，它能够对全部经济交易与事项进行完整的记录。（　　　）

　　（2）运用单式记账法记录经济业务，可以反映每项经济业务的来龙去脉，可以检查每笔业务是否合理、合法。（　　　）

　　（3）损益类账户中的收入类账户与费用类账户的结构相反，借方登记减少，贷方登记增加，期末通常没有余额。（　　　）

　　（4）收入类账户结构与资产类账户结构相同，费用类账户结构与负债类账户结构相同。（　　　）

　　（5）借贷记账法下账户的借方记录资产的增加或权益的减少，贷方记录资产的减少或权益的增加。（　　　）

（6）费用类账户的结构与所有者权益类账户的结构相反。（　　　）

（7）简单会计分录只涉及一项经济业务，复合会计分录涉及多项经济业务。（　　　）

（8）在会计处理中，只能编制一借一贷、一借多贷、一贷多借的会计分录，而不能编制多借多贷的会计分录，以避免对应关系混乱。（　　　）

（9）若企业所有总分类科目期初余额是平衡的，即使本期发生额试算不平衡，期末余额试算也有可能会平衡。（　　　）

（10）所有账户的余额不必全部记入试算平衡表。缺少一个或几个账户余额，不会造成期初或期末借方余额合计与贷方余额合计不相等。（　　　）

（11）试算平衡表可以只根据各个账户的本期发生额编制，不填列各账户的期初余额和期末余额。（　　　）

（12）发生额试算平衡是根据资产与权益的恒等关系，检验本期发生额记录是否正确的方法。（　　　）

# 第五章　借贷记账法下主要经济业务的账务处理

　　本章内容是全书的重点，主要介绍了会计核算的具体内容，学习本章时，要准确掌握所涉及账户的用途、性质和结构，对于企业常见经济业务能够做出正确的会计处理。

　　本章考点比较多，涉及考试的所有题型。本章在考试中所占分值是最高的，大约为30分。本章虽为理论内容，但它结合了前面几章的内容进行综合应用，考试较为灵活，出题的重点是考查学生的账务处理能力，即题目会给出相关的经济业务，然后让考生写出会计分录。学习本章时，要重点关注企业主要经济业务所涉及的会计科目，并掌握主要账户借贷记账法的具体运用方法，还要学会计算和分配企业净利润。

## 第一节　企业的主要经济业务

　　不同企业的经济业务各有特点，其生产经营业务流程也不尽相同，本章主要介绍企业的资金筹集、设备购置、材料采购、产品生产、商品销售和利润分配等经济业务。

　　针对企业生产经营过程中发生的上述经济业务，账务处理的主要内容有：

　　（1）资金筹集业务的账务处理；

　　（2）固定资产业务的账务处理；

　　（3）材料采购业务的账务处理；

　　（4）生产业务的账务处理；

　　（5）销售业务的账务处理；

　　（6）期间费用的账务处理；

　　（7）利润形成与分配业务的账务处理。

## 第二节　资金筹集业务的账务处理

　　企业的资金筹集业务按其资金来源通常分为所有者权益筹资和负债筹资。

（1）所有者权益筹资形成所有者的权益（通常称为权益资本），包括投资者的投资及其增值，这部分资本的所有者既享有企业的经营收益，也承担企业的经营风险。

（2）负债筹资形成债权人的权益（通常称为债务资本），主要包括企业向债权人借入的资金和结算形成的负债资金等，这部分资本的所有者享有按约定收回本金和利息的权利。

## 一、所有者权益筹资业务

### （一）所有者投入资本的构成

所有者投入资本按照投资主体的不同可以分为国家资本金、法人资本金、个人资本金和外商资本金等。

所有者投入的资本主要包括实收资本（或股本）和资本公积。

（1）实收资本（或股本）。实收资本（或股本）是指企业的投资者按照企业章程、合同或协议的约定，实际投入企业的资本金以及按照有关规定由资本公积、盈余公积等转增资本的资金。我国目前实行的是注册资本制度，要求企业的实际资本与其注册资本相一致。

（2）资本公积。资本公积是企业收到投资者投入的超出其在企业注册资本（或股本）中所占份额的投资，以及直接计入所有者权益的利得和损失等。对于新成立的企业，投资者的出资额一般全部作为实收资本入账，投资者按出资比例享有权利并承担义务。但在企业重组并有新的投资者加入时，为了维护原有投资者的权益，新加入的投资者的出资额通常要大于其在注册资本中所占份额，这部分多出的数额称为资本溢价（股本溢价）。资本公积作为企业所有者权益的重要组成部分，主要用于转增资本。

### （二）账户设置

企业通常设置以下账户对所有者权益筹资业务进行核算。

1. "实收资本（或股本）"账户

"实收资本"账户（股份有限公司一般设置"股本"账户）属于所有者权益类账户，用以核算企业接受投资者投入的实收资本。

该账户贷方登记所有者投入企业资本金的增加额，借方登记所有者投入企业资本金的减少额。期末余额在贷方，反映企业期末实收资本（或股本）总额。

该账户可按投资者的不同设置明细账户，进行明细核算。

"实收资本"或"股本"的结构如图 5-1 所示。

| 借方 | "实收资本（股本）"账户 | 贷方 |
| --- | --- | --- |
| | 期初余额 | |
| 按法定程序报经批准减少的注册资本减少额 | 投资者投入到注册资本增加额 | |
| | 以资本公积或盈余公积转增资本的金额 | |
| | 期末企业实收资本或股本总额 | |

图 5-1 "实收资本（股本）"账户的结构

2. "资本公积"账户

"资本公积"账户属于所有者权益类账户，用以核算企业收到投资者出资额超出其在注册资本或股本中所占份额的部分，以及直接计入所有者权益的利得和损失等。

该账户借方登记资本公积的减少额，如股东大会或类似机构决议用资本公积转增资本的金额；贷方登记资本公积的增加额，如企业收到投资者出资额超出其在注册资本或股本中所占份额的部分。期末余额在贷方，反映企业期末资本公积的结余数额。

该账户可按资本公积的来源不同，分别设置"资本溢价（或股本溢价）""其他资本公积"进行明细核算。

"资本公积"账户的结构如图 5-2 所示。

| 借方 | "资本公积"账户 | 贷方 |
| --- | --- | --- |
| | 期初余额 | |
| 以资本公积转增资本的金额 | 出资额中资本溢价或股本溢价金额 | |
| | 增加的其他资本公积 | |
| | 期末企业的资本公积结余数额 | |

图 5-2 "资本公积"账户的结构

3. "银行存款"账户

"银行存款"账户属于资产类账户，用以核算企业存入银行或其他金融机构的各种款项的增减变动情况。

该账户借方登记存入的款项，贷方登记提取或支出的存款。期末余额在借方，反映企业存在银行或其他金融机构的各种款项。

该账户应当按照开户银行、存款种类等分别进行明细核算。

"银行存款"账户的结构如图 5-3 所示。

| 借方 | "银行存款"账户 | 贷方 |
|---|---|---|
| 期初余额 | | |
| 企业存入的款项 | | 企业提取或支出的款项 |
| 期末实存款项 | | |

图 5-3 "银行存款"账户的结构

【注意】银行汇票存款、银行本票存款、信用卡存款、信用证保证金存款、存出投资款、外埠存款等，不是通过"银行存款"账户核算，而是通过"其他货币资金"账户核算。

【例 5-1】（单选题）下列关于所有者权益筹资业务账户设置的描述，正确的是（　　）。

A."实收资本"账户的贷方登记实收资本的减少数额

B."资本公积"账户的期末余额在借方，反映企业期末资本公积的结余数额

C."银行存款"账户为所有者权益账户，用以核算企业存入银行或其他金融机构的各项款项

D. 银行汇票存款、银行本票存款，不通过"银行存款"账户核算

【答案】D

【解析】本题考查所有者权益筹资业务的相关账户。选项 A 中，"实收资本"账户借方登记实收资本的减少数额，选项 A 说法错误；选项 B 中，"资本公积"账户的期末余额在贷方，选项 B 说法错误；选项 C 中，"银行存款"账户为资产类账户，选项 C 说法错误。选项 D 说法正确，答案选 D。

### （三）账务处理

企业接受投资者投入的资本，借记"银行存款""固定资产""无形资产""长期股权投资"等科目，按其在注册资本或股本中所占份额，贷记"实收资本（或股本）"科目，按其差额，贷记"资本公积——资本溢价（或股本溢价）"科目。

1. 接受现金资产投资的账务处理

（1）除股份有限公司以外的公司接受货币资金投资，应该按照实际收到或者存入企业开户银行的金额借记"银行存款"科目，按照双方约定的份额贷记"实收资本"科目，两者之间差额应当记入"资本公积——资本溢价"科目。

【例 5-2】甲公司（有限责任公司）收到乙公司投资 50000 元，款项已存入银行。

这项经济业务的发生，一方面使甲公司的银行存款增加 50000 元，另一方面使乙公司对甲公司的投资也增加 50000 元。因此，这项经济业务涉及到"银行存款"和"实收资本"两个账户。银行存款增加是资产的增加，应记入"银行存款"账户的借方；乙公司对甲公司投资的增加是所有者权益的增加，应记入甲公司"实收资本"账户的贷方。这项业务应

编制会计分录如下：

　　借：银行存款　　　　　　　　　　　　　　　　50000
　　　　贷：实收资本　　　　　　　　　　　　　　　　50000

　　（2）股份有限公司发行股票，在溢价发行的情况下，企业发行股票取得的收入，按照发行收入借记"银行存款"科目，股票面值部分作为股本增加，贷记"股本"科目，超出面值的溢价收入应作为资本公积（股本溢价）处理，记入"资本公积——股本溢价"科目。

　　发行股票支付的手续费、佣金等发行费用，如股票溢价发行的，从发行股票的溢价中抵扣；股票发行没有溢价或溢价金额不足以抵扣支付发行费用的，应将不足以抵扣支付的发行费用的部分冲减"盈余公积"和"未分配利润"。

　　2. 接受非现金资产投资的账务处理

　　非现金资产主要包括原材料、固定资产和无形资产等。企业接受非现金资产投资时，非现金资产入账价值按投资合同或协议约定的价值确定，不公允的除外。借记相应的资产类账户，按照应享有的份额贷记"实收资本"或"股本"科目，二者之间差额记入"资本公积——资本（股本）溢价"科目。

　　【例5-3】乙公司（有限责任公司）收到丙公司作为投资投入的设备一台，该设备所确认的价值为80000元（假设不产生溢价）。

　　这项经济业务的发生，一方面使乙公司的固定资产增加80000元，另一方面使丙公司对乙公司的投资也增加80000元。因此，这项经济业务涉及到"固定资产"和"实收资本"两个科目。固定资产增加是资产的增加，应记入"固定资产"科目的借方；丙公司对乙公司投资的增加是所有者权益的增加，应记入"实收资本"科目的贷方。这项业务应编制会计分录如下：

　　借：固定资产　　　　　　　　　　　　　　　　80000
　　　　贷：实收资本　　　　　　　　　　　　　　　　80000

　　3. 实收资本（或股本）的减少

　　（1）除股份公司以外的公司实收资本减少的账务处理。

　　企业因某些原因需要减少实收资本，或者投资者因为某些原因需要撤出投资的。应按注销的注册资本，借记"实收资本"科目，按照实际支付的金额贷记"银行存款"等科目，差额记入"资本公积"科目。

　　（2）股份有限公司股本减少的账务处理。

　　股份有限公司采用收购本公司股票方式减资的，按股票面值和注销股数计算的股票面值总额冲减股本，按注销库存股的账面余额与所冲减股本的差额冲减股本溢价，股本溢价不足冲减的，应冲减"盈余公积"和"利润分配——未分配利润"科目。如果购回股票支付的价款低于面值总额的，所注销库存股的账面余额与所冲减股本的差额作为增加股本溢价处理。

【例5-4】甲公司2015年1月31日的股本为10000万股，面值为1元，资本公积（股本溢价）3000元，盈余公积4000万元。经股东大会批准，甲公司以银行存款回购本公司股票2000万股并注销。假定甲公司按每股2元回购股票，不考虑其他因素。

甲公司的会计处理如下：

（1）回购本公司股票时：

借：库存股　　　　　　　　　　　　　　　　　4000
　　贷：银行存款　　　　　　　　　　　　　　　　　4000

库存股成本＝2000×2＝4000（万元）

（2）注销本公司股票时：

借：股本　　　　　　　　　　　　　　　　　　2000
　　资本公积——股本溢价　　　　　　　　　　　2000
　　　贷：库存股　　　　　　　　　　　　　　　　　4000

应冲减的资本公积＝2000×2－2000×1＝2000（万元）

## 二、负债筹资业务

### （一）负债筹资的构成

负债筹资主要包括短期借款、长期借款以及结算形成的负债等。

（1）短期借款是指企业为了满足其生产经营对资金的临时性需要而向银行或其他金融机构等借入的偿还期限在一年以内（含一年）的各种借款。

（2）长期借款是指企业向银行或其他金融机构等借入的偿还期限在一年以上（不含一年）的各种借款。

（3）结算形成的负债主要有应付账款、应付职工薪酬、应交税费等。

### （二）账户设置

企业通常设置以下账户对负债筹资业务进行会计核算。

1. "短期借款"账户

"短期借款"账户属于负债类账户，用以核算企业的短期借款。

该账户贷方登记短期借款本金的增加额，借方登记短期借款本金的减少额。期末余额在贷方，反映企业期末尚未偿还的短期借款。

该账户可按借款种类、贷款人和币种进行明细核算。

"短期借款"账户的结构如图5-4所示。

| 借方 | "短期借款"账户 | 贷方 |
|---|---|---|
| 企业归还的短期借款本金额 | 期初余额 | |
| | 企业借入的各种短期借款 | |
| | 期末企业尚未偿还的短期借款 | |

图5-4 "短期借款"账户的结构

2. "长期借款"账户

"长期借款"账户属于负债类账户,用以核算企业的长期借款。

该账户贷方登记企业借入的长期借款本金,借方登记归还的本金和利息。期末余额在贷方,反映企业期末尚未偿还的长期借款。

该账户可按贷款单位和贷款种类分别按"本金""利息调整"等进行明细核算。

"长期借款"账户的结构如图5-5所示。

| 借方 | "长期借款"账户 | 贷方 |
|---|---|---|
| 企业归还的长期借款的本金和利息 | 期初余额 | |
| | 企业借入的长期借款的本金和计提的长期借款利息 | |
| | 期末企业尚未偿还的长期借款 | |

图5-5 "长期借款"账户的结构

3. "应付利息"账户

"应付利息"账户属于负债类账户,用以核算企业按照合同约定应支付的利息,包括吸收存款、分期付息到期还本的长期借款、企业债券等应支付的利息。

该账户贷方登记企业按合同利率计算确定的应付未付利息,借方登记归还的利息。期末余额在贷方,反映企业应付未付的利息。

该账户可按存款人或债权人进行明细核算。

"应付利息"账户的结构如图5-6所示。

| 借方 | "应付利息"账户 | 贷方 |
|---|---|---|
| 企业实际归还利息 | 期初余额 | |
| | 企业按合同利率计算的应付未付利息 | |
| | 期末企业应付未付利息 | |

图5-6 "应付利息"账户的结构

4. "财务费用"账户

"财务费用"账户属于损益类账户,用以核算企业为筹集生产经营所需资金等而发生的筹资费用,包括利息支出(减利息收入)、汇兑损益以及相关的手续费、企业发生的现金折扣或收到的现金折扣等。

该账户借方登记手续费、利息费用等的增加额,贷方登记应冲减财务费用的利息收入等。期末结转后,该账户无余额。

该账户可按费用项目进行明细核算。

"财务费用"账户的结构如图5-7所示。

| 借方 | "财务费用"账户 | 贷方 |
|---|---|---|
| 企业发生的各种筹资费用 | 发生的应冲减财务费用的利息收入<br>期末结转到"本年利润"账户的金额 | |

图 5-7　"财务费用"账户的结构

【注意】为购建或生产满足资本化条件的资产时发生的应予资本化的借款费用,通过"在建工程""制造费用"等账户核算。

(三)账务处理

1. 短期借款的账务处理

(1)短期借款借入和归还的账务处理。

企业从银行或其他金融机构取得短期借款时,借记"银行存款"科目,贷记"短期借款"科目。归还借款时做相反的会计分录。

(2)计提短期借款利息以及支付利息的账务处理。

企业的短期借款利息一般采用月末预提的方式进行核算。短期借款利息属于筹资费用,应记入"财务费用"科目。

企业应当在资产负债表日按照计算确定的短期借款利息费用,借记"财务费用"科目,贷记"应付利息"科目。

实际支付利息时,分以下两种情况。

① 如果支付的是已经计提的利息,借记"应付利息"科目,贷记"银行存款"科目。

② 如果支付的是尚未计提的利息,借记"财务费用"科目,贷记"银行存款"科目。

【例5-5】甲公司于2014年1月1日向银行借入一笔生产经营用短期借款,共计120000元,期限为9个月,年利率为4%。根据与银行签署的借款协议,该项借款的本金到期后一次归还，利息分月预提，按季支付。甲公司的有关会计处理如下：

（1）1 月 1 日借入短期借款：

借：银行存款　　　　　　　　　　　　　　　　　120000

　　贷：短期借款　　　　　　　　　　　　　　　　　　120000

（2）1 月末，计提 1 月份应付利息：

借：财务费用　　　　　　　　　　　　　　　　　　400

　　贷：应付利息　　　　　　　　　　　　　　　　　　　400

本月应计提的利息金额＝120000×4%/12＝400（元）

2 月末计提当月利息费用的处理与 1 月份相同。

（3）3 月末支付第一季度银行借款利息：

借：财务费用　　　　　　　　　　　　　　　　　　400

　　应付利息　　　　　　　　　　　　　　　　　　800

　　贷：银行存款　　　　　　　　　　　　　　　　　　1200

第二、三季度的会计处理同上。

（4）10 月 1 日偿还银行借款本金：

借：短期借款　　　　　　　　　　　　　　　　120000

　　贷：银行存款　　　　　　　　　　　　　　　　　120000

【考场指示灯】短期借款的借入期限常以判断题的形式出现，需要考生牢记。

**2.　长期借款的账务处理**

企业借入长期借款，应按实际收到的金额借记"银行存款"科目，按借款本金贷记"长期借款——本金"科目，如存在差额，还应借记"长期借款——利息调整"科目。

资产负债表，应按确定的长期借款的利息费用，借记"在建工程""制造费用""财务费用""研发支出"等科目，按确定的应付未付利息，贷记"应付利息"或者"长期借款——应付利息"科目，按其差额，贷记"长期借款——利息调整"等科目。如果是分期付息到期还本的长期借款，贷记"应付利息"科目，如果是到期一次还本付息的长期借款，贷记"长期借款——应计利息"科目。

【注意】按借入长期借款费用的用途不同，企业在计提利息时所设置的会计科目也会有所差异。如长期借款用于构建固定资产，在固定资产尚未达到预定可使用状态前，将资本化的利息支出数记入"在建工程"科目；固定资产达到预定可使用状态后发生的利息支出，以及不予资本化的利息支出，则应记入"财务费用"科目。除此之外，如果长期借款费用化的利息支出发生在生产经营期间，则应记入"财务费用"科目；发生在筹建期间的，则应记入"管理费用"科目。

【例 5-6】甲公司为增值税一般纳税人，于 2014 年 11 月 30 日从银行借入资金 4000000 元，借款期限为 3 年，年利率为 8.4%（到期一次还本付息，不计复利）。所借款项已存入银行。甲公司用该借款于当日购买不需安装的设备一台，价款 3000000 元，增值税税额 510000 元（增值税可以抵扣），另支付运杂费及保险等费用 100000 元，设备已于当日投入使用。甲公司应编制会计分录如下：

（1）取得借款时：

借：银行存款　　　　　　　　　　　　　4000000
　　贷：长期借款——本金　　　　　　　　　4000000

（2）支付设备款和运杂费、保险费时：

借：固定资产　　　　　　　　　　　　　3100000
　　应交税费——应交增值税（进项税额）　510000
　　贷：银行存款　　　　　　　　　　　　3610000

【例 5-7】承【例 5-6】，甲公司于 2014 年 12 月 31 日计提长期借款利息。该公司应编制会计分录如下：

借：财务费用　　　　　　　　　　　　　28000
　　贷：长期借款——应计利息　　　　　　28000

2014 年 12 月 31 日计提的长期借款利息＝4000000×8.4%/12＝28000（元）

2015 年 1 月—2017 年 10 月月末预提利息分录同上。

【例 5-8】承【例 5-6】与【例 5-7】，2017 年 11 月 30 日，公司偿还该笔银行借款本息。该公司的有关会计分录如下：

借：财务费用　　　　　　　　　　　　　28000
　　长期借款——本金　　　　　　　　　4000000
　　　　　　——应计利息　（28000×35）980000
　　贷：银行存款　　　　　　　　　　　　5008000

# 第三节　固定资产业务的账务处理

## 一、固定资产的概念与特征

固定资产是指为生产商品、提供劳务、出租或经营管理而持有、使用年限超过一个会计年度的有形资产。

固定资产同时具有以下特征。

（1）属于一种有形资产。固定资产具有实物形态，这一特征将固定资产与无形资产区别开来。

（2）为生产商品、提供劳务、出租或者经营管理而持有。企业持有固定资产的主要目的，是为了生产商品、提供劳务、出租或经营管理，而不是为了出售，这一特征，有利于将其与企业所持有的存货区别开来。

（3）使用寿命超过一个会计年度。固定资产的使用寿命是指企业使用固定资产的预计期间，或者该固定资产所能生产产品和提供劳务的数量。固定资产的使用寿命至少超过一年或者大于一年的一个生产经营周期，并随着使用、磨损和损耗，最终将其废弃或重置。

## 二、固定资产的成本

（1）概念。固定资产的成本是指企业购建某项固定资产达到预定可使用状态前所发生的一切合理、必要的支出。

（2）取得。企业可以通过外购、自行建造、投资者投入、非货币性资产交换、债务重组、企业合并和融资租赁等方式取得固定资产。不同取得方式下，固定资产成本的具体构成内容及其确定方法也不尽相同。

（3）外购固定资产的成本，包括购买价款、相关税费、使固定资产达到预定可使用状态前所发生的可归属于该项资产的运输费、装卸费、安装费和专业人员服务费等。

【注意】2009 年 1 月 1 日增值税转型改革后，企业购建（包括购进、接受捐赠、实物投资、自制、改扩建和安装）生产用固定资产发生的增值税进项税额可以从销项税额中抵扣。

【考场指示灯】以一笔款项购入多项没有单独标价的固定资产，其各项固定资产的成本该如何确定，可能会以判断题的形式进行考核，需要考生注意。

## 三、固定资产的折旧

### 1. 固定资产折旧的概念

固定资产折旧是固定资产由于磨损和损耗而逐渐转移的价值。这部分转移的价值以折旧费的形式计入相关成本费用，并从企业的营业收入中得到补偿。

企业应当在固定资产的使用寿命内，按照确定的方法对应计折旧额进行系统分摊。其中，应计折旧额是指应当计提折旧的固定资产的原价扣除其预计净残值后的金额。已计提减值准备的固定资产，还应当扣除已计提的固定资产减值准备累计金额。

### 2. 影响固定资产折旧的因素

影响折旧的因素主要有以下几个方面。

（1）固定资产原价，即固定资产的成本。

（2）固定资产的预计净残值是指假定固定资产预计使用寿命已满并处于使用寿命终了时的预期状态，企业目前从该项资产处置中获得的扣除预计处置费用以后的金额。

预计净残值率指固定资产预计净残值额占其原价的比率。企业应当根据固定资产的性质和使用情况，合理确定固定资产的预计净残值。预计净残值一经确定，不得随意变更。

（3）固定资产减值准备是指固定资产已计提的固定资产减值准备累计金额。

（4）固定资产的使用寿命是指企业使用固定资产的预计期间，或者该固定资产所能生产产品或提供劳务的数量。固定资产使用寿命的长短直接影响各期应计提的折旧额。

企业对固定资产计提折旧时，应当遵守以下规定：

（1）企业应当按月对所有的固定资产计提折旧；

（2）已提足折旧仍继续使用的固定资产、单独计价入账的土地和持有待售的固定资产不计提折旧；

（3）提足折旧是指已经提足该项固定资产的应计折旧额；

（4）当月增加的固定资产，当月不计提折旧，从下月起计提折旧；当月减少的固定资产，当月仍计提折旧，从下月起不计提折旧；

（5）提前报废的固定资产，不再补提折旧。

**【考场指示灯】** 哪些固定资产需要计提折旧，哪些固定资产不需要计提折旧常以选择题的形式进行考核；固定资产何时计提折旧常以判断题的形式进行考核。

**【例5-9】**（多选题）下列选项中，需要计提折旧的固定资产有（　　　）。

A．未使用的机器设备

B．以融资租赁方式租入的机器设备

C．以经营租赁方式租出的生产线

D．按照规定单独估价入账的土地

**【答案】** ABC

**【解析】** 本题考查固定资产的折旧范围。按规定单独估价作为固定资产入账的土地不计提折旧。需要注意的是，以融资租赁方式租入的固定资产和以经营租赁方式租出的固定资产，应当计提折旧；而以融资租赁方式租出的固定资产和以经营租赁方式租入的固定资产，则不应计提折旧。

**【例5-10】**（单选题）关于固定资产的折旧，下列说法正确的是（　　　）。

A．企业应按年对所有固定资产计提折旧

B．当月增加的固定资产，当月不计提折旧，从下月起计提折旧

C．当月减少的固定资产，当月不计提折旧

D．提前报废的固定资产，仍需计提折旧至提足折旧额

【答案】B

【解析】本题考查对固定资产折旧的计提内容。企业应按月对所有的固定资产计提折旧，选项A错误；当月减少的固定资产，当月仍计提折旧，从下月起不计提折旧，选项C错误；提前报废的固定资产，不再计提折旧，选项D错误。

3．固定资产的折旧方法

企业应当根据与固定资产有关的经济利益的预期实现方式，合理选择固定资产折旧方法。企业可选用的折旧方法有年限平均法、工作量法、双倍余额递减法和年数总和法等。本书重点介绍年限平均法和工作量法。

（1）年限平均法

年限平均法，又称直线法，是将固定资产的应计折旧额均衡地分摊到固定资产预计使用寿命内的一种方法。使用这种方法计算的每期折旧额是相等的，各月应计提折旧额的计算公式为：

$$月折旧额＝（固定资产原价－预计净残值）×月折旧率$$

其中：月折旧率＝年折旧率÷12

$$年折旧率＝\frac{1}{预计使用寿命（年）}×100\%$$

【例5-11】甲公司有一幢厂房，原价为5000000元，预计可使用20年，预计报废时的净残值率为2％。该厂房的月折旧率和月折旧额的计算如下：

$$年折旧率＝1/20×100\%＝5\%$$

$$月折旧率＝5\%/12＝0.42\%$$

$$月折旧额＝（5000000－5000000×2\%）×0.42\%＝20800（元）$$

（2）工作量法

工作量法是根据实际工作量计提固定资产折旧额的一种方法。这种方法弥补了年限平均法只考虑使用时间不考虑使用强度的缺点，计算公式为

$$某项固定资产月折旧额＝该项固定资产当月工作量×单位工作量折旧额$$

其中：
$$单位工作量折旧额＝\frac{固定资产原价×（1－预算净残值率）}{预计总工作量}$$

【例5-12】某企业的一辆运货卡车的原价为600000元，预计总行驶里程为500000千米，预计报废时的净残值率为5％，本月行驶4000千米。该辆汽车的月折旧额计算如下：

单位里程折旧额＝600000×(1－5％)/500000＝1.14(元/千米)

本月折旧额＝4000×1.14＝4560（元）

不同的固定资产折旧方法，将影响固定资产使用寿命期间内不同时期的折旧费用。企业应当根据与固定资产有关的经济利益的预期实现方式合理选择折旧方法，固定资产的折

旧方法一经确定，不得随意变更。

　　固定资产在其使用过程中，因为所处经济环境、技术环境以及其他环境均有可能发生很大变化，所以企业至少应当于每年年终，对固定资产的使用寿命、预计净残值和折旧方法进行复核。固定资产使用寿命、预计净残值和折旧方法的改变，应当作为会计估计变更。

## 四、账户设置

　　企业通常设置以下账户对固定资产业务进行会计核算。

　　1. "在建工程"账户

　　"在建工程"账户属于资产类账户，用以核算企业基建、更新改造等在建工程发生的支出。

　　该账户借方登记企业各项在建工程的实际支出，贷方登记工程达到预定可使用状态时转出的成本等。期末余额在借方，反映企业期末尚未达到预定可使用状态的在建工程的成本。

　　该账户可按"建筑工程""安装工程""在安装设备""待摊支出"以及单项工程等进行明细核算。

　　"在建工程"账户的结构如图 5-8 所示。

| 借方 | "在建工程"账户 | 贷方 |
| --- | --- | --- |
| 期初余额 | | |
| 企业各项在建工程的实际支出 | 工程达到预定可使用状态时转出的成本 | |
| 期末企业尚未达到预定可使用状态的工程成本 | | |

图 5-8　"在建工程"账户的结构

　　2. "工程物资"账户

　　"工程物资"账户属于资产类账户，用以核算企业为在建工程准备的各种物资的成本，包括工程用材料、尚未安装的设备以及为生产准备的工器具等。

　　该账户借方登记企业购入工程物资的成本，贷方登记领用工程物资的成本。期末余额在借方，反映企业期末为在建工程准备的各种物资的成本。

　　该账户可按"专用材料""专用设备""工器具"等进行明细核算。

　　"工程物资"账户的结构如图 5-9 所示。

| 借方 | "工程物资"账户 | 贷方 |
|---|---|---|
| 期初余额 | | |
| 购入工程物资的成本 | 领用工程物资的成本 | |
| 期末为在建工程准备的各种物资成本 | | |

图 5-9 "工程物资"账户的结构

### 3. "固定资产"账户

"固定资产"账户属于资产类账户，用以核算企业持有的固定资产原价。

该账户的借方登记固定资产原价的增加，贷方登记固定资产原价的减少。期末余额在借方，反映企业期末固定资产的原价。

该账户可按固定资产类别和项目进行明细核算。

"固定资产"账户的结构如图 5-10 所示。

| 借方 | "固定资产"账户 | 贷方 |
|---|---|---|
| 期初余额 | | |
| 企业增加的固定资产原价 | 企业因处置固定资产等而减少的原价 | |
| 期末固定资产的原价 | | |

图 5-10 "固定资产"账户的结构

### 4. "累计折旧"账户

"累计折旧"账户属于资产类备抵账户，用以核算企业固定资产计提的累计折旧。

该账户贷方登记按月提取的折旧额，即累计折旧的增加额，借方登记因减少固定资产而转出的累计折旧额。期末余额在贷方，反映期末固定资产的累计折旧额。

该账户可按固定资产的类别或项目进行明细核算。

"累计折旧"账户的结构如图 5-11 所示。

| 借方 | "累计折旧"账户 | 贷方 |
|---|---|---|
| | 期初余额 | |
| 因减少固定资产而转出的金额 | 企业按月提取的折旧额 | |
| | 期末固定资产的累计折旧额 | |

图 5-11 "累计折旧"账户的结构

【注意】在核算固定资产业务时，往往会涉及"应交税费"账户，该账户属于负债类，期末余额一般在贷方。

【例5-13】（单选题）下列选项中，对账户期末余额的描述，正确的是（　　）。

A. "在建工程"账户无期末余额

B. "工程物资"账户的期末余额在贷方

C. "固定资产"账户的期末余额在借方，反映企业期末固定资产的减少额

D. "累计折旧"账户的期末余额在贷方，反映期末固定资产的累计折旧额

【答案】D

【解析】本题考查与固定资产业务核算相关的账户结构。"在建工程"账户的期末余额在借方，反映企业期末尚未达到预定可使用状态的在建工程的成本，选项 A 错误；"工程物资"账户的期末余额在借方，反映企业期末为在建工程准备的各种物资的成本，选项 B 错误；"固定资产"账户的期末余额反映企业期末固定资产的原价，选项 C 错误。

## 五、账务处理

### （一）固定资产的购入

1. 购入不需要安装的固定资产的账务处理

企业购入的不需要安装的固定资产是指企业购置的不需要安装直接达到预定可使用状态的固定资产。购入不需要安装的固定资产，按应计入固定资产成本的金额，借记"固定资产""应交税费——应交增值税（进项税额）"科目，贷记"银行存款"等科目。

【例5-14】甲公司于 2014 年 12 月购入不需要安装的生产设备一台，价款 10000 元，支付的增值税 1700 元（符合增值税抵扣条件），另支付运杂费 500 元，包装费 300 元。款项以银行存款支付。

该固定资产的入账价值＝10000＋500＋300＝10800（元）

该企业应编制会计分录如下：

借：固定资产　　　　　　　　　　　　　　10800
　　应交税费——应交增值税（进项税额）　　1700
　　　贷：银行存款　　　　　　　　　　　　　　　12500

2. 购入需要安装的固定资产的账务处理

企业购入需要安装的固定资产，应将购入时发生的成本和安装过程中发生的相关支出，先通过"在建工程"科目核算，待安装完毕达到预定可使用状态时，再由"在建工程"科目转入"固定资产"科目。

## （二）固定资产的折旧

企业按月计提的固定资产折旧，根据固定资产的用途计入相关资产的成本或者当期损益，借记"制造费用""销售费用""管理费用""研发支出""其他业务成本"等科目，贷记"累计折旧"科目。

【考场指示灯】固定资产折旧业务的会计分录要牢记，有时会以单项选择题的形式出现在考题中。研发部门使用的固定资产计提折旧应记入"研发支出"科目；经营性出租设备计提折旧应记入"其他业务成本"科目，需要考生牢记掌握。

【例 5-15】某企业采用年限平均法提取固定资产折旧。2014 年 8 月份"固定资产折旧计算表"中确定的应提折旧额为：车间 20000 元，行政管理部门 6000 元，销售部门 4000 元。该企业应编制会计分录如下：

```
借：制造费用                          20000
    管理费用                           6000
    销售费用                           4000
    贷：累计折旧                                30000
```

# 第四节　材料采购业务的账务处理

## 一、材料的采购成本

材料的采购成本是指企业物资从采购到入库前所发生的全部支出，包括购买价款、相关税费、运输费、装卸费、保险费以及其他可归属于采购成本的费用。

在实务中，企业也可以将发生的运输费、装卸费、保险费以及其他可归属于采购成本的费用等先进行归集，期末，按照所购材料的存销情况进行分摊。

## 二、账户设置

根据材料采购业务的内容，企业通常设置以下账户对材料采购业务进行会计核算。

1."原材料"账户

原材料是指企业购入或从其他来源取得的、直接用于制造产品并构成产品主要实体的各种原料及主要材料、辅助材料、外购半成品（外购件）、修理用备件（备品备件）、包装材料、燃料等的计划成本或实际成本。

"原材料"账户属于资产类账户，用以核算企业库存的各种材料，包括原料及主要材料、辅助材料、外购半成品（外购件）、修理用备件（备品备件）、包装材料、燃料等的计划成本或实际成本。企业收到来料加工装配业务的原料、零件等，应当设置备查簿进行登记。

该账户借方登记已验收入库材料的成本，贷方登记发出材料的成本。期末余额在借方，反映企业库存材料的计划成本或实际成本。

该账户可按材料的保管地点（仓库）、材料的类别、品种和规格等进行明细核算。

"原材料"账户的结构和内容如图 5-12 所示。

| 借方 | "原材料"账户 | 贷方 |
|---|---|---|
| 期初余额 | | |
| 企业购入并已验收入库的材料成本 | 生产经营领用发出的材料成本 | |
| 期末库存材料的成本 | | |

图 5-12　"原材料"账户的结构

2. "材料采购"账户

"材料采购"账户属于资产类账户，用以核算企业采用计划成本进行材料日常核算而购入材料的采购成本。

该账户借方登记企业采用计划成本进行核算时，采购材料的实际成本以及材料入库时结转的节约差异，贷方登记入库材料的计划成本以及材料入库时结转的超支差异。期末余额在借方，反映企业在途材料的采购成本。

该账户可按供应单位和材料品种进行明细核算。

"材料采购"账户的结构如图 5-13 所示。

| 借方 | "材料采购"账户 | 贷方 |
|---|---|---|
| 期初余额 | | |
| 企业采购材料的实际成本 | 企业入库材料的计划成本 | |
| 材料入库时结转的节约差异 | 材料入库时结转的超支差异 | |
| 期末企业在途材料的采购成本 | | |

图 5-13　"材料采购"账户的结构

3. "材料成本差异"账户

"材料成本差异"账户属于资产类账户，用以核算企业采用计划成本进行日常核算的材料计划成本与实际成本的差额。

该账户借方登记入库材料形成的超支差异以及转出的发出材料应负担的节约差异，贷方登记入库材料形成的节约差异以及转出的发出材料应负担的超支差异。期末余额在借方，反映企业库存材料等的实际成本大于计划成本的差异；期末余额在贷方，反映企业库存材料等的实际成本小于计划成本的差异。

该账户可以分别"原材料""周转材料"等，按照类别或品种进行明细核算。

"材料成本差异"账户的结构如图 5-14 所示。

| 借方 | "材料成本差异"账户 | 贷方 |
|---|---|---|
| 期初余额 | | |
| 入库材料形成的超支差异 | 企业入库材料形成的节约差异 | |
| 转出的发出材料应负担的节约差异 | 转出的发出材料应负担的超支差异 | |
| 企业库存材料等的实际成本大于计划成本差异 | 企业库存材料等的实际成本小于计划成本差异 | |

图 5-14 "材料成本差异"账户的结构

### 4. "在途物资"账户

"在途物资"账户属于资产类账户，用以核算企业采用实际成本（或进价）进行材料、商品等物资的日常核算、货款已付但尚未验收入库的在途物资的采购成本。

该账户借方登记购入材料、商品等物资的买价和采购费用（采购实际成本），贷方登记已验收入库材料、商品等物资应结转的实际采购成本。期末余额在借方，反映企业期末在途材料、商品等物资的采购成本。

该账户可按供应单位和物资品种进行明细核算。

"在途物资"账户的结构如图 5-15 所示。

| 借方 | "在途物资"账户 | 贷方 |
|---|---|---|
| 期初余额 | | |
| 企业购入在途材料的实际采购成本 | 验收入库材料的实际采购成本 | |
| 期末尚未验收入库的在途材料的实际采购成本 | | |

图 5-15 "在途物资"账户的结构

### 5. "应付账款"账户

"应付账款"账户属于负债类账户，用以核算企业因购买材料、商品和接受劳务等经营活动应支付的款项。

　　该账户贷方登记企业因购入材料、商品和接受劳务等尚未支付的款项，借方登记偿还的应付账款，或开出商业汇票抵付应付账款的款项，或已冲销的无法支付的应付账款。期末余额一般在贷方，反映企业期末尚未支付的应付账款余额；如果在借方，则反映企业期末预付账款余额。

　　该账户可按债权人进行明细核算。

　　"应付账款"账户的结构如图 5-16 所示。

| 借方 | "应付账款"账户 | 贷方 |
| --- | --- | --- |
|  | 期初余额 |  |
| 实际归还供应单位的款项 | 购买材料、商品而应付未付的款项 |  |
| 开出商业汇票抵付应付账款的款项 |  |  |
| 已冲销的无法支付的应付账款 |  |  |
| 期末尚未验收入库的在途材料的实际采购成本 | 期末企业尚未支付的应付款余额 |  |

图 5-16　"应付账款"账户的结构

6. "应付票据"账户

　　"应付票据"账户属于负债类账户，用以核算企业购买材料、商品和接受劳务等开出、承兑的商业汇票，包括银行承兑汇票和商业承兑汇票。

　　该账户贷方登记企业开出、承兑的商业汇票，借方登记企业已经支付或者到期无力支付的商业汇票。期末余额在贷方，反映企业尚未到期的商业汇票的票面金额。

　　该账户可按债权人进行明细核算。

　　"应付票据"账户的结构如图 5-17 所示。

| 借方 | "应付票据"账户 | 贷方 |
| --- | --- | --- |
|  | 期初余额 |  |
| 企业已经支付或者到期无力支付的商业汇票 | 企业开出、承兑的商业汇票 |  |
|  | 企业尚未到期的商业汇票的票面金额 |  |

图 5-17　"应付票据"账户的结构

7. "预付账款"账户

　　"预付账款"账户属于资产类账户，用以核算企业按照合同规定预付的款项。预付款项情况不多时，也可以不设置该账户，将预付的款项直接记入"应付账款"账户。

　　该账户的借方登记企业因购货等业务预付的款项，贷方登记企业收到货物后应支付的款项等。如果预付款项小于应支付的金额，则将补付的款项记入该账户借方；反之，如果预付款项大于应支付的金额，则将退回的款项记入该账户贷方。该账户期末余额在借方，反映企业预付的款项；期末余额在贷方，反映企业尚需补付的款项。

该账户可按供货单位进行明细核算。

"预付账款"账户的结构如图 5-18 所示。

| 借方 | "预付账款"账户 | 贷方 |
| --- | --- | --- |
| 企业因购货而预付的款项 | 收到所购货物时应付金额 | |
| 补付少付的款项 | 退回多付的款项 | |
| 期末企业预付的款项 | 期末企业尚需补付的款项 | |

图 5-18 "预付账款"账户的结构

### 8. "应交税费"账户

"应交税费"账户属于负债类账户，用以核算企业按照税法等规定计算应缴纳的各种税费，包括增值税、消费税、营业税、所得税、资源税、土地增值税、城市维护建设税、房产税、土地使用税、车船使用税、教育费附加、矿产资源补偿费等，企业代扣代缴的个人所得税等，也通过本账户核算。

"应交税费"账户贷方登记各种应交未交税费的增加额，借方登记实际缴纳的各种税费。期末余额在贷方，反映企业尚未缴纳的税费；期末余额在借方，反映企业多交或尚未抵扣的税费。

该账户可按应交的税费项目进行明细核算。

"应交税费"账户的结构如图 5-19 所示。

| 借方 | "应交税费"账户 | 贷方 |
| --- | --- | --- |
| 企业实际缴纳的各种税费 | 企业各种应交未交税费的增加额 | |
| 期末企业多交或尚未抵扣的税费 | 期末企业尚未缴纳的税费 | |

图 5-19 "应交税费"账户的结构

【例 5-16】（多选题）下列关于账户结构的描述，正确的有（　　　）。

A. "原材料"账户的借方登记已验收入库材料的成本，贷方登记发出材料的成本

B. "在途物资"账户的期末余额在借方，反映企业期末在途材料、商品等物资的采购成本

C. "应付票据"账户的期末余额在贷方，反映企业尚未到期的商业汇票的票面金额

D. "预付账款"账户属于负债类账户，期末余额在借方，反映企业预付的款项

【答案】ABC

【解析】本题考查材料收发结存业务所涉及账户的结构。"预付账款"账户属于资产类账户，期末余额在借方，反映企业预付的款项；期末余额在贷方，反映企业尚需补付的款项。

## 三、账务处理

原材料的日常收发及结存，可以采用计划成本核算，也可以采用实际成本核算。

### （一）实际成本法核算的账务处理

实际成本法下，一般通过"原材料"和"在途物资"等科目进行核算。企业外购材料时，按材料是否验收入库分为以下两种情况。

1. 材料已验收入库

（1）货款已经支付，发票账单已到，材料已验收入库，按支付的实际金额，借记"原材料""应交税费——应交增值税（进项税额）"等科目，贷记"银行存款""预付账款"等科目。

【例 5-17】A 企业从 B 企业购入 A 材料一批，专用发票（指增值税专用发票，下同）上记载的货款为 60000 元，增值税 10200 元，B 企业替甲企业代垫运杂费 200 元（假定运费不考虑增值税抵扣问题，下同），全部欠款已用转账支票付讫，材料已验收入库。

A 企业应编制会计分录如下：

借：原材料——A 材料　　　　　　　　　　　60200
　　应交税费——应交增值税（进项税额）　　10200
　　贷：银行存款　　　　　　　　　　　　　　　70400

对于可以抵扣的增值税进项税额，一般纳税人企业应根据收到的增值税专用发票上注明的增值税额，借记"应交税费——应交增值税（进项税额）"科目。对于小规模纳税人，其购进货物或接受应税劳务支付的增值税不可以抵扣，所以直接计入有关货物或劳务的成本。

【例 5-18】某小规模纳税企业购入材料一批，取得的专用发票中注明货款 20000 元，增值税 3400 元，款项以银行存款支付，材料已验收入库（该企业按实际成本计价核算）。该企业应编制会计分录如下：

借：原材料　　　　　　　　　　　　　　　23400
　　贷：银行存款　　　　　　　　　　　　　　23400

（2）货款尚未支付，材料已验收入库，按相关发票凭证上应付的金额，借记"原材料"

"应交税费——应交增值税（进项税额）"等科目，贷记"应付账款""应付票据"等科目。

【例5-19】某企业采用托收承付结算方式从丁公司购入C材料一批，货款460000元，增值税78200元，对方代垫运费1800元，银行转来的结算凭证已到，材料已验收入库。

该企业应编制会计分录如下：

借：原材料——C材料　　　　　　　　　　　　461800
　　应交税费——应交增值税（进项税额）　　　 78200
　　贷：应付账款——丁公司　　　　　　　　　　　　540000

（3）如果货款尚未支付，材料已经验收入库，但月末仍未收到相关发票凭证，按照暂估价入账，即借记"原材料"科目，贷记"应付账款"等科目。下月初做相反分录予以冲回，收到相关发票账单后再编制会计分录。

【例5-20】某企业从甲公司购入D材料一批，材料已验收入库，月末发票账单尚未收到，暂估价为110000元。

该企业应编制会计分录如下：

借：原材料——D材料　　　　　　　　　　　　110000
　　贷：应付账款——暂估应付账款　　　　　　　　 110000

下月初用红字编制会计分录冲回（以下分录中，方框内数字表示红字，下同）：

借：原材料——D材料　　　　　　　　　　　　$\boxed{110000}$
　　贷：应付账款——暂估应付账款　　　　　　　　 $\boxed{110000}$

【例5-21】承【例5-20】，该企业购入的D材料于次月收到发票账单，货款100000元，增值税17000元，对方代垫运杂费3000元，款项已用银行存款支付。

该企业应编制会计分录如下：

借：原材料——D材料　　　　　　　　　103000
　　应交税费——应交增值税（进项税额）　 17000
　　贷：银行存款　　　　　　　　　　　　　120000

2. 材料尚未验收入库

货款已经支付，发票账单已到，材料尚未验收入库，按支付的实际金额，借记"在途物资""应交税费——应交增值税（进项税额）"等科目，贷记"银行存款"等科目。待验收入库时再做后续分录。

【例5-22】某企业采用汇兑结算方式向丙工厂购入B材料一批，发票及账单已收到。货款50000元，增值税8500元，运费500元，全部款项已支付，材料尚未到达。

该企业应编制会计分录如下：

借：在途物资——B材料　　　　　　　　　50500
　　应交税费——应交增值税（进项税额）　 8500

    贷：银行存款          59000

  **【例 5-23】**承【例 5-22】，该企业购入的 B 材料已收到，并验收入库。

  该企业应编制会计分录如下：

  借：原材料——B 材料      50500

   贷：在途物资——B 材料    50500

  **【注意】**对于可以抵扣的增值税进项税额，一般纳税人企业应根据收到的增值税专用发票上注明的增值税额，借记"应交税费——应交增值税（进项税额）"科目。

  **【例 5-24】**根据购销合同，某企业为购买 E 材料向乙公司预付预计货款 500000 元的 80%，共计 400000 元。

  该企业应编制会计分录如下：

  借：预付账款——乙公司    400000

   贷：银行存款       400000

  **【例 5-25】**承【例 5-24】，该企业收到乙公司发运来的 E 材料，已验收入库。有关发票账单记载，该批货物的货款 400000 元，增值税 68000 元，对方代垫运杂费 2200 元，剩余款项以银行存款支付。

  该企业应编制会计分录如下：

  （1）材料入库时：

  借：原材料——E 材料     402200

   应交税费——应交增值税（进项税额） 68000

    贷：预付账款——乙公司   470200

  （2）补付货款时：

  借：预付账款——乙公司    70200

   贷：银行存款       70200

    **【考场指示灯】**原材料入账具体记入哪个会计科目关键看资金的结算方式，若是现购，则贷方应记"银行存款""其他货币资金"科目；若是赊购，则应记"应付账款""应付票据"等科目。

**（二）计划成本法核算的账务处理**

  计划成本法下，一般通过"材料采购"、"原材料""材料成本差异"等科目进行核算。企业外购材料时，按材料是否验收入库分为以下两种情况。

  1. 材料已验收入库

  （1）货款已经支付，发票账单已收到，同时材料验收入库，按支付的实际金额，借记

"材料采购"科目，贷记"银行存款"科目；按计划成本金额，借记"原材料"科目，贷记"材料采购"科目；按计划成本与实际成本之间的差额，借记（或贷记）"材料采购"科目，贷记（或借记）"材料成本差异"科目。

【例5-26】A公司购入甲材料一批，货款200000元，增值税34000元，发票账单已收到，计划成本为220000元，材料已验收入库，款项已用银行存款支付。

A公司应编制会计分录如下：

借：材料采购——甲材料　　　　　　　　　　　　　200000
　　应交税费——应交增值税（进项税额）　　　　　34000
　　贷：银行存款　　　　　　　　　　　　　　　　　　234000
借：原材料——甲材料　　　　　　　　　　　　　　220000
　　贷：材料采购——甲材料　　　　　　　　　　　　　220000
借：材料采购——甲材料　　　　　　　　　　　　　20000
　　贷：材料成本差异——甲材料　　　　　　　　　　　20000

（2）货款尚未支付，材料已经验收入库，按相关发票凭证上应付的金额，借记"材料采购"科目，贷记"应付账款""应付票据"等科目；按计划成本金额，借记"原材料"科目，贷记"材料采购"科目；按计划成本与实际成本之间的差额，借记（或贷记）"材料采购"科目，贷记（或借记）"材料成本差异"科目。

【例5-27】A公司开出商业承兑汇票购入乙材料一批，货款50000元，增值税8500元，发票账单已收到，计划成本40000元，材料已验收入库。

A公司应编制会计分录如下：

借：材料采购——乙材料　　　　　　　　　　50000
　　应交税费——应交增值税（进项税额）　　8500
　　贷：应付票据　　　　　　　　　　　　　　　58500
借：原材料——乙材料　　　　　　　　　　40000
　　贷：材料采购——乙材料　　　　　　　　　40000
借：材料成本差异——乙材料　　　　　　　10000
　　贷：材料采购——乙材料　　　　　　　　　10000

（3）如果材料已经验收入库，货款尚未支付，月末仍未收到相关发票凭证，按照计划成本暂估入账，即借记"原材料"科目，贷记"应付账款"等科目。下月初做相反分录予以冲回，收到账单后再编制会计分录。

【例5-28】2014年11月A公司购入丙材料一批，材料已验收入库，发票账单未到，月末按照计划成本500000元估价入账。

A公司应编制会计分录如下：

借：原材料——丙材料　　　　　　　　　　500000

  贷：应付账款——暂估应付账款　　　　　　500000

  下月初做相反的会计分录予以冲回：

  借：应付账款——暂估应付账款　　　　　　500000

   贷：原材料——丙材料　　　　　　　　　　　　500000

  **【例5-29】**承**【例5-28】**，2014 年 12 月 15 日 A 公司上月购入的丙材料收到发票账单，货款 520000 元，增值税 88400 元，计划成本 500000 元，款项已用银行存款支付。

  A 公司应编制会计分录如下：

  借：材料采购——丙材料　　　　　　　　　520000

   应交税费——应交增值税（进项税额）　　88400

   贷：银行存款　　　　　　　　　　　　　　　608400

  借：原材料——丙材料　　　　　　　　　　500000

   贷：材料采购——丙材料　　　　　　　　　　500000

  借：材料成本差异——丙材料　　　　　　　20000

   贷：材料采购——丙材料　　　　　　　　　　20000

  2. 材料尚未验收入库

  如果相关发票凭证已到，但材料尚未验收入库，按支付或应付的实际金额，借记"材料采购"科目，贷记"银行存款""应付账款"等科目；待验收入库时再做后续分录。

  对于可以抵扣的增值税进项税额，一般纳税人企业应根据收到的增值税专用发票上注明的增值税额，借记"应交税费——应交增值税（进项税额）"科目。

  **【例5-30】**A 公司购入乙材料一批，货款 10000 元，增值税 1700 元，发票账单已收到，计划成本为 12000 元，款项已用银行存款支付，材料尚未入库。

  A 公司应编制会计分录如下：

  借：材料采购——乙材料　　　　　　　　　10000

   应交税费——应交增值税（进项税额）　　1700

   贷：银行存款　　　　　　　　　　　　　　　11700

# 第五节　生产业务的账务处理

  企业产品的生产过程同时也是生产资料的耗费过程。企业在生产过程中发生的各种生产费用，是企业为获得收入而预先垫支并需要得到补偿的资金耗费。这些费用最终都要归集、分配给特定的产品，形成产品的成本。

产品成本的核算是指把一定时期内企业生产过程中所发生的费用，按其性质和发生地点，分类归集、汇总、核算，计算出该时期内生产费用发生总额，并按适当方法分别计算出各种产品的实际成本和单位成本等。

## 一、生产费用的构成

生产费用是指与企业日常生产经营活动有关的费用，按其经济用途可分为直接材料、直接人工和制造费用。

### 1. 直接材料

直接材料是指企业在生产产品和提供劳务过程中所消耗的直接用于产品生产并构成产品实体的原料、主要材料、外购半成品以及有助于产品形成的辅助材料等。

### 2. 直接人工

直接人工是指企业在生产产品和提供劳务过程中，直接参加产品生产的工人工资以及其他各种形式的职工薪酬。

### 3. 制造费用

制造费用是指企业为生产产品和提供劳务而发生的各项间接费用，包括生产车间管理人员的工资等职工薪酬、折旧费、办公费、水电费、机物料消耗、劳动保护费、季节性和修理期间的停工损失等。

## 二、账户设置

根据生产业务的内容，企业通常设置以下账户对生产业务进行核算。

### 1. "生产成本"账户

"生产成本"账户属于成本类账户，用以核算企业生产各种产品（产成品、自制半成品等）、自制材料、自制工具、自制设备等发生的各项生产成本。

该账户借方登记应计入产品生产成本的各项费用，包括直接计入产品生产成本的直接材料费、直接人工费和其他直接支出，以及期末按照一定的方法分配计入产品生产成本的制造费用；贷方登记完工入库成品应结转的生产成本。期末余额在借方，反映企业期末尚未加工完成的在产品成本。

该账户可按基本生产成本和辅助生产成本进行明细分类核算。基本生产成本是企业为生产主要产品而进行的生产，辅助生产成本是为基本生产提供服务而进行的生产。基本生产成本应当分别按照基本生产车间和成本核算对象（如产品的品种、类别、定单、批别、生产阶段等）设置明细账（或成本计算单），并按照规定的成本项目设置专栏。

"生产成本"账户的结构如图5-20所示。

| 借方 | "生产成本"账户 | 贷方 |
| --- | --- | --- |
| 期初余额<br>生产过程中发生的直接材料、直接人工和分配计入有关成本计算对象的制造费用成本 | 已经完成生产并验收入库的产成品的生产成本 | |
| 期末尚未加工完成的在产品成本 | | |

图 5-20　"生产成本"账户的结构

### 2. "制造费用"账户

"制造费用"账户属于成本类账户，用以核算企业生产车间（部门）为生产产品和提供劳务而发生的各项间接费用。

该账户借方登记实际发生的各项制造费用，贷方登记期末按照一定标准分配转入"生产成本"账户借方的应计入产品成本的制造费用。期末结转后，该账户一般无余额。

该账户可按不同的生产车间、部门和费用项目进行明细核算。

"制造费用"账户的结构如图5-21所示。

| 借方 | "制造费用"账户 | 贷方 |
| --- | --- | --- |
| 企业为生产产品而发生的各项间接费用分配 | 转出计入有关成本计算对象的制造费用 | |

图 5-21　"制造费用"账户的结构

### 3. "库存商品"账户

"库存商品"账户属于资产类账户，用以核算企业库存的各种商品的实际成本（或进价）或计划成本（或售价），包括库存产成品、外购商品、存放在门市部准备出售的商品、发出展览的商品以及寄存在外的商品等。

该账户借方登记验收入库的库存商品成本，贷方登记发出的库存商品成本。期末余额在借方，反映企业期末库存商品的实际成本（或进价）或计划成本（或售价）。

该账户可按库存商品的种类、品种和规格等进行明细核算。

"库存商品"账户的结构如图5-22所示。

| 借方 | "库存商品"账户 | 贷方 |
|---|---|---|
| 期初余额 | | |
| 企业已经生产完成并验收入库的产成品成本 | 对外销售产品而结转的产品销售成本 | |
| 期末企业库存产成品的成本 | | |

图 5-22 "库存商品"账户的结构

4. "应付职工薪酬"账户

"应付职工薪酬"账户属于负债类账户,用以核算企业根据有关规定应付给职工的各种薪酬。

该账户借方登记本月实际支付的职工薪酬数额;贷方登记本月计算的应付职工薪酬总额,包括各种工资、奖金、津贴和福利费等。期末余额在贷方,反映企业应付未付的职工薪酬。

该账户可按"工资""职工福利""社会保险费""住房公积金""工会经费""职工教育经费""非货币性福利""辞退福利""股份支付"等进行明细核算。

"应付职工薪酬"账户的结构如图 5-23 所示。

| 借方 | "应付职工薪酬"账户 | 贷方 |
|---|---|---|
| | 期初余额 | |
| 企业实际支付的各种职工薪酬 | 企业应支付给职工的各种职工薪酬 | |
| | 期末企业应付未付的职工薪酬 | |

图 5-23 "应付职工薪酬"账户的结构

【例 5-31】(多选题)以下账户中,属于成本类账户的有(    )。

A. "生产成本"账户        B. "制造费用"账户

C. "库存商品"账户        D. "应付职工薪酬"账户

【答案】AB

【解析】本题考查与生产业务账户处理相关的账户结构。"库存商品"账户属于资产类账户,"应付职工薪酬"账户属于负债类账户。

## 三、账务处理

### (一)材料费用的归集与分配

在确定材料费用时,应根据领料凭证区分车间、部门和不同用途后,按照确定的结果将发出材料的成本借记"生产成本""制造费用""管理费用"等科目,贷记"原材料"等科目。

对于直接用于某种产品生产的材料费用，应直接计入该产品生产成本明细账中的直接材料费用项目；对于由多种产品共同耗用、应由这些产品共同负担的材料费用，应选择适当的标准在这些产品之间进行分配，按分担的金额计入相应的成本计算对象（生产产品的品种、类别等）；对于为提供生产条件等间接消耗的各种材料费用，应先通过"制造费用"科目进行归集，期末再同其他间接费用一起按照一定的标准分配计入有关产品成本；对于行政管理部门为组织和管理生产经营所领用的材料费用，应记入"管理费用"科目。

【例 5-32】甲公司会计部门根据本月的领料单编制发料凭证汇总表，见表 5-1。

表 5-1　发料凭证汇总表　　　　　　　　　　　　单位:元

| 用途及领料部门 | | 甲材料 | 乙材料 | 丙材料 | 会计 |
|---|---|---|---|---|---|
| 生产领用 | A 产品 | 200000 | 100000 | | 300000 |
| | B 产品 | 80000 | 120000 | | 200000 |
| 车间一般耗用 | | | 70000 | | 70000 |
| 行政管理部门耗用 | | | | 10000 | 10000 |
| 合计 | | 280000 | 290000 | 10000 | 580000 |

根据表 5-1，本月领用材料应编制的会计分录如下：

借：生产成本——A 产品　　　　　　　　　300000

　　　　　　——B 产品　　　　　　　　　200000

　　制造费用　　　　　　　　　　　　　　70000

　　管理费用　　　　　　　　　　　　　　10000

　　贷：原材料　　　　　　　　　　　　　　　580000

（二）职工薪酬的归集与分配

职工薪酬是指企业为获得职工提供的服务或解除劳动关系而给予各种形式的报酬或补偿，具体包括短期薪酬、离职后福利、辞退福利和其他长期职工福利。企业提供给职工配偶、子女、受赡养人、已故员工遗属及其他受益人等的福利，也属于职工薪酬。

短期薪酬是指企业在职工提供相关服务的年度报告期间结束后 12 个月内需要全部予以支付的职工薪酬，因解除与职工的劳动关系而给予的补偿除外。短期薪酬具体包括职工工资、奖金、津贴和补贴、职工福利费、医疗保险费、工伤保险费和生育保险费等社会保险费、住房公积金、工会经费和职工教育经费等。

离职后福利是指企业为获得职工提供的服务而在职工退休或与企业解除劳动关系后，提供的各种形式的报酬和福利，短期薪酬和辞退福利除外。

辞退福利是指企业在职工劳动合同到期之前解除与职工的劳动关系，或者为鼓励职工自愿接受裁减而给予职工的补偿。

其他长期职工福利是指除短期薪酬、离职后福利、辞退福利之外所有的职工薪酬，包括长期带薪缺勤、长期残疾福利等。

对于短期职工薪酬，企业应当在职工为其提供服务的会计期间，按实际发生额确认为负债，并计入当期损益或相关资产成本。企业应当根据职工提供服务的受益对象，分下列情况进行处理。

（1）应由生产产品、提供劳务负担的短期职工薪酬，计入产品成本或劳务成本。其中，生产工人的短期职工薪酬应借记"生产成本"科目，贷记"应付职工薪酬"科目；生产车间管理人员的短期职工薪酬属于间接费用，应借记"制造费用"科目，贷记"应付职工薪酬"科目。

当企业采用计件工资制时，生产工人的短期职工薪酬属于直接费用，应直接计入有关产品的成本。当企业采用计时工资制时，对于只生产一种产品的生产工人的短期职工薪酬也属于直接费用，应直接计入产品成本；对于同时生产多种产品的生产工人的短期职工薪酬，则需采用一定的分配标准（实际生产工时或定额生产工时等）分配计入产品成本。

【例5-33】A工厂生产甲、乙两种产品，生产工人工资共计98380元，其中计件工资为甲产品15472元，乙产品8517.60元，计时工资为74390.40元。根据车间的产量工时记录，第一车间甲产品实际生产工时32800小时，乙产品耗用26240小时。则计时工资部分分配计算如下：

计时工资薪酬分配率=74390.40/（32800+26240）=1.26（元/小时）

甲产品应分担的计时工资=32800×1.26=41328（元）

生产甲产品应分担的直接人工费用=计件工资+计时工资=15472+41328=56800（元）

乙产品应分担的计时工资=26240×1.26=33062.4（元）

生产乙产品应分担的直接人工费用=计件工资+计时工资=8517.60+33062.40=41580（元）

编制会计分录如下：

| | |
|---|---|
| 借：生产成本——甲成品 | 56800 |
| ——乙产品 | 41580 |
| 贷：应付职工薪酬 | 98380 |

（2）应由在建工程、无形资产负担的短期职工薪酬，计入建造固定资产或无形资产成本。

（3）除上述两种情况之外的其他短期职工薪酬应计入当期损益。如企业行政管理部门人员和专设销售机构销售人员的短期职工薪酬均属于期间费用，应分别借记"管理费用""销售费用"等科目，贷记"应付职工薪酬"科目。

【例5-34】乙企业本月应付职工薪酬总额482000元，工资费用分配汇总表中列示生产工人工资为 320000 元，车间管理人员工资为 70000 元，为在建固定资产项目发生的人员工资为 20000 元，企业行政管理人员工资为 60400 元，销售人员工资为 11600 元。

乙企业应编制会计分录为：

借：生产成本　　　　　　　　　　　　　　　　320000
　　制造费用　　　　　　　　　　　　　　　　70000
　　在建工程　　　　　　　　　　　　　　　　20000
　　管理费用　　　　　　　　　　　　　　　　60400
　　销售费用　　　　　　　　　　　　　　　　11600
　　贷：应付职工薪酬　　　　　　　　　　　　　　　482000

### （三）制造费用的归集和分配

企业发生的制造费用，应当按照合理的分配标准按月分配计入各成本核算对象的生产成本。企业可以采取的分配标准包括机器工时、人工工时、计划分配率等。

企业发生制造费用时，借记"制造费用"科目，贷记"累计折旧""银行存款""应付职工薪酬"等科目；结转或分摊时，借记"生产成本"等科目，贷记"制造费用"科目。

（1）机器工时比例法是指按照生产各种产品所用机器设备运转时间的比例分配制造费用的方法。这种方法适用于产品生产的机械化程度较高的车间。采用这种方法，必须具备各种产品所用机器工时的原始记录。计算公式为：

$$制造费用分配率=制造费用总额/机器运转总时数$$
$$某产品应负担的制造费用=该产品的机器运转时数×制造费用分配率$$

【例 5-35】某企业本月生产 A 产品耗用机器工时 120 小时，生产 B 产品耗用机器工时 180 小时。本月发生车间管理人员工资 3 万元，产品生产人员工资 30 万元。该企业按机器工时比例分配制造费用。假设不考虑其他因素，要求在 A、B 产品之间分配制造费用，并编制会计分录。

该题中本月发生车间管理人员工资计入到制造费用中，金额为 3 万元。因此，在机器工时比例法下：

制造费用分配率=制造费用总额/机器运转总时数
　　　　　　　　=3/(120+180)=0.01
A 产品应负担的制造费用=0.01×120=1.2（万元）
B 产品应负担的制造费用=0.01×180=1.8（万元）

借：生产成本——基本生产成本（A 产品）　　　1.2
　　　　　　——基本生产成本（B 产品）　　　1.8
　　贷：制造费用　　　　　　　　　　　　　　　　3

（2）人工工时比例法是指按照各种产品所用生产工人实际工时数的比例分配制造费用

的方法。计算公式为：

制造费用分配率=制造费用总额/车间生产工人实际工时总数

某产品应负担的制造费用=该产品的生产工人实际工时数×制造费用分配率

（3）年度计划分配率法是指按照年度开始前确定的全年度适用的计划分配率分配制造费用的方法。假定以定额工时作为分配标准，其计算公式为：

年度计划分配率=年度制造费用计划总额/年度各种产品计划产量的定额工时总数

某种产品应负担的制造费用=该期该产品实际产量的定额工时数×年度计划分配率

【例5-36】企业只有一个车间，全年制造费用计划为792000元，全年各种产品的计划产量为：甲产品1000件，乙产品900件，单件产品的工时定额为：甲产品3小时，乙产品4小时；5月份实际产量为：甲产品200件，乙产品160件；该月实际制造费用为60000元，"制造费用"科目月初余额为贷方15000元。

（1）计算年度计划分配率：

甲产品年度计划产量的定额工时=1000×3=3000（小时）

乙产品年度计划产量的定额工时=900×4=3600（小时）

年度计划分配率=年度制造费用计划总额/年度各种产品计划产量的定额工时总数

=792000/（3000+3600）=120

（2）该月应分配转出的制造费用：

该月甲产品实际产量的定额工时=200×3=600（小时）

该月乙产品实际产量的定额工时=160×4=640（小时）

该月甲产品应分配制造费用=600×120=72000（元）

该月乙产品应分配制造费用=640×120=76800（元）

该月应分配转出的制造费用=72000+76800=148800（元）

（3）编制会计分录：

借：生产成本——基本生产成本（甲产品）　　　72000

　　　　　　——基本生产成本（乙产品）　　　76800

　　贷：制造费用　　　　　　　　　　　　　　　　　148800

企业具体选用哪种分配方法，由企业自行决定。分配方法一经确定，不得随意变更，如需变更，应当在附注中予以说明。

### （四）完工产品生产成本的计算与结转

产品生产成本计算是指将企业生产过程中为制造产品所发生的各种费用按照成本计算对象进行归集和分配，以便计算各种产品的总成本和单位成本。有关产品成本信息是进行库存商品计价和确定销售成本的依据，产品生产成本计算是会计核算的一项重要内容。

企业应设置产品生产成本明细账，用来归集应计入各种产品的生产费用。通过对材料费用、职工薪酬和制造费用的归集和分配，企业将各月生产产品所发生的生产费用记入"生产成本"科目中。

如果月末某种产品全部完工，该种产品生产成本明细账所归集的费用总额，就是该种完工产品的总成本，用完工产品总成本除以该种产品的完工总产量即可计算出该种产品的单位成本。

如果月末某种产品全部未完工，则该种产品生产成本明细账所归集的费用总额就是该种产品在产品的总成本。

如果月末某种产品一部分完工，一部分未完工，这时归集在产品成本明细账中的费用总额还要采取适当的分配方法在完工产品和在产品之间进行分配，然后才能计算出完工产品的总成本和单位成本。

完工产品成本的基本计算公式为：

完工产品生产成本=期初在产品成本+本期发生的生产费用−期末在产品成本

单位产品成本=完工产品总成本/产品产量

当产品生产完成并验收入库时，借记"库存商品"科目，贷记"生产成本"科目。

【例 5-37】丁公司生产 A、B 两种产品，期末 A、B 产品计算表见表 5-2 和表 5-3，假设期末 A 产品月末全部没有完工，B 产品月末全部完工，完工产量为 5000 件。

**表 5-2　A 产品成本计算**

单位：元

| 项目 | 期初在产品 | 本期放生成本 | 总成本 |
| --- | --- | --- | --- |
| 直接材料 | 31000 | 36000 | 67000 |
| 直接人工 | 22000 | 30000 | 52000 |
| 制造费用 | 50000 | 26000 | 76000 |
| 合计 | 103000 | 92000 | 195000 |

由于 A 产品期末尚未完工，"生产成本——A 产品"的期末余额，即为 A 产品的期末在产品实际成本。

**表 5-3　B 产品成本计算**

单位：元

| 项目 | 期初在产品 | 本期放生成本 | 总成本 |
| --- | --- | --- | --- |
| 直接材料 | 58240 | 42730 | 100970 |
| 直接人工 | 24300 | 17732 | 42032 |
| 制造费用 | 13740 | 8892 | 22632 |
| 合计 | 96280 | 69354 | 165634 |

B 产品期末全部完工，期末产品成本费用之和就是该产品的成本。

B产品单位产品成本=完工产品总成本/产品产量=165634/5000≈33.13（元/件）

期末，应编制的会计分录如下：

借：库存商——B产品　　　　　　　　　　165634

　　贷：生产成本——B产品　　　　　　　　165634

【例5-38】（单选题）某企业"生产成本"科目的期初余额为10万元，本期为生产产品发生直接材料费用20万元，燃料动力费用10万元，生产工人工资30万元，生产工人福利费5万元，制造费用40万元，企业生产车间发生的固定资产修理费用为10万元，本期结转完工产品成本为60万元。假定该企业只生产一种产品，期末"生产成本"科目的余额为（　　　）万元。

A. 55　　　　　　　B. 115　　　　　　　C. 65　　　　　　　D. 60

【答案】A

【解析】本题考查对完工产品成本的结转。"生产成本"科目的余额为55万元(10+20+10+30+5+40-60)，企业生产车间发生的固定资产修理费用属于期间费用，应直接记入"管理费用"科目，不记入"生产成本"科目。

# 第六节　销售业务的账务处理

销售业务的账务处理涉及商品销售、其他销售等业务收入、成本、费用和相关税费的确认与计量等内容。

## 一、商品销售收入的确认与计量

在销售过程中，要根据企业会计准则规定确认销售收入，企业销售商品收入的确认，必须同时符合以下条件：

（1）企业已将商品所有权上的主要风险和报酬转移给购货方；

（2）企业既没有保留通常与商品所有权相联系的继续管理权，也没有对已售出的商品实施控制；

（3）收入的金额能够可靠地计量；

（4）相关的经济利益很可能流入企业；

（5）相关的已发生或将发生的成本能够可靠地计量。

## 二、账户设置

企业通常设置以下账户对销售业务进行会计核算。

1.“主营业务收入”账户

“主营业务收入”账户属于损益类账户，用以核算企业确认的销售商品、提供劳务等主营业务的收入。

该账户贷方登记企业实现的主营业务收入，即主营业务收入的增加额；借方登记期末转入“本年利润”账户的主营业务收入（按净额结转），以及发生销售退回和销售折让时应冲减本期的主营业务收入。期末结转后，该账户无余额。

该账户应按照主营业务的种类设置明细账户，进行明细分类核算。

“主营业务收入”账户的结构如图 5-24 所示。

| 借方　　　　　　　　　　　　　　“主营业务收入”账户　　　　　　　　　　　　　　贷方 |
| --- |
| 本期发生销售退回或销售折让时应冲减的销售收入　　　　企业销售产品实现的销售收入 |
| 期末结转到“本年利润”账户的金额 |

图 5-24 “主营业务收入”账户的结构

【注意】转让无形资产所有权的收入与出售固定资产的收入都不属于主营业收入。

2.“其他业务收入”账户

“其他业务收入”账户属于损益类账户，用以核算企业确认的除主营业务活动以外的其他经营活动实现的收入，包括出租固定资产、出租无形资产、出租包装物和商品、销售材料等。

该账户贷方登记企业实现的其他业务收入，即其他业务收入的增加额；借方登记期末转入“本年利润”账户的其他业务收入。期末结转后，该账户无余额。

该账户可按其他业务的种类设置明细账户，进行明细分类核算。

“其他业务收入”账户的结构如图 5-25 所示。

| 借方　　　　　　　　　　　　　　“其他业务收入”账户　　　　　　　　　　　　　　贷方 |
| --- |
| 期末结转到“本年利润”账户的金额　　　　企业销售材料等非主营业务实现的销售收入 |

图 5-25 “其他业务收入”账户的结构

3.“应收账款”账户

“应收账款”账户属于资产类账户，用以核算企业因销售商品、提供劳务等经营活动应收取的款项。

该账户借方登记由于销售商品以及提供劳务等发生的应收账款，包括应收取的价款、税款和代垫款等；贷方登记已经收回的应收账款。期末余额通常在借方，反映企业尚未收回的应收账款；期末余额如果在贷方，反映企业预收的账款。

该账户应按不同的债务人进行明细分类核算。

"应收账款"账户的结构如图5-26所示。

| 借方 | "应收账款"账户 | 贷方 |
| --- | --- | --- |
| 期初余额 | | |
| 企业销售产品及提供劳务应收的金额 | 已经收回的应收账款 | |
| 代购货单位垫付的运杂费和包装费 | | |
| 期末尚未收回的应收账款 | 企业预收的账款 | |

图5-26　"应收账款"账户的结构

4. "应收票据"账户

"应收票据"账户属于资产类账户，用以核算企业因销售商品、提供劳务等而收到的商业汇票。

该账户借方登记企业收到的应收票据，贷方登记票据到期收回的应收票据；期末余额在借方，反映企业持有的商业汇票的票面金额。

"应收票据"账户的结构如图5-27所示。

| 借方 | "应收票据"账户 | 贷方 |
| --- | --- | --- |
| 期初余额 | | |
| 企业销售产品及提供劳务而收到的应收票据 | 票据到期收回的应收票据 | |
| 期末企业持有的商业汇票的票面金额 | | |

图5-27　"应收票据"账户的结构

5. "预收账款"账户

"预收账款"账户属于负债类账户，用以核算企业按照合同规定预收的款项。预收账款情况不多时，也可以不设置本账户，将预收的款项直接记入"应收账款"账户。

该账户贷方登记企业向购货单位预收的款项等，借方登记销售实现时按实现的收入转销的预收款项等。期末余额在贷方，反映企业预收的款项；期末余额在借方，反映企业已转销但尚未收取的款项。

该账户可按购货单位进行明细核算。

"预收账款"账户的结构如图 5-28 所示。

| 借方 | "预收账款"账户 | 贷方 |
|---|---|---|
| | 期初余额 | |
| 企业销售实现时按实现的收入转销的预收款项 | 企业向购货单位预收的款项 | |
| 期末企业已转销但尚未收取的款项 | 企业预收的款项 | |

图 5-28　"预收账款"账户的结构

**6. "主营业务成本"账户**

"主营业务成本"账户属于损益类账户，用以核算企业确认销售商品、提供劳务等主营业务收入时应结转的成本。

该账户借方登记主营业务发生的实际成本，贷方登记期末转入"本年利润"账户的主营业务成本。期末结转后，该账户无余额。

该账户可按主营业务的种类设置明细账户，进行明细分类核算。

"主营业务成本"账户的结构如图 5-29 所示。

| 借方 | "主营业务成本"账户 | 贷方 |
|---|---|---|
| 企业销售商品发生的实际成本 | 期末结转到"本年利润"账户的金额 | |

图 5-29　"主营业务成本"账户的结构

**7. "其他业务成本"账户**

"其他业务成本"账户属于损益类账户，用以核算企业确认的除主营业务活动以外的其他经营活动所发生的支出，包括销售材料的成本、出租固定资产的折旧额、出租无形资产的摊销额、出租包装物的成本或摊销额等。

该账户借方登记其他业务的支出额，贷方登记期末转入"本年利润"账户的其他业务支出额。期末结转后，该账户无余额。

该账户可按其他业务的种类设置明细账户，进行明细分类核算。

"其他业务成本"账户的结构如图 5-30 所示。

| 借方 | "其他业务成本"账户 | 贷方 |
|---|---|---|
| 企业销售材料等非主营业务发生的实际成本 | 期末结转到"本年利润"账户的金额 | |

图 5-30　"其他业务成本"账户的结构

8. "营业税金及附加"账户

"营业税金及附加"账户属于损益类账户，用以核算企业经营活动发生的营业税、消费税、城市维护建设税、资源税和教育附加费等相关税费。

该账户借方登记企业应按规定计算确定的与经营活动相关的税费，贷方登记期末转入"本年利润"账户的与经营活动相关的税费。期末结转后，该账户无余额。

"营业税金及附加"账户的结构如图 5-31 所示。

| 借方 | "营业税金及附加"账户 | 贷方 |
|---|---|---|
| 企业应按规定计算确定的与经营活动相关的税费 | 期末结转到"本年利润"账户的金额 | |

图 5-31 "营业税金及附加"账户的结构

【注意】房产税、车船使用税、土地使用税、印花税通过"管理费用"账户核算，但与投资性房地产相关的房产税、土地使用税通过"营业税金及附加"账户核算。

## 三、账务处理

### （一）主营业务收入的账务处理

企业销售商品或提供劳务实现的收入，应按实际收到、应收或者预收的金额，借记"银行存款""应收账款""应收票据""预收账款"等科目，按确认的营业收入，贷记"主营业务收入"科目。

对于增值税销项税额，一般纳税人应贷记"应交税费——应交增值税（销项税额）"科目；小规模纳税人应贷记"应交税费——应交增值税"科目。

如果企业销售货物或者提供劳务采用销售额和销项税额合并定价方法，则按公式"销售额=含税销售额/（1+征收率）"还原为不含税销售额，并按不含税销售额计算销项税额。

【例 5-39】甲公司 2014 年 3 月 1 日向乙公司销售一批商品，货款为 1000000 元，款项尚未收到，已办妥托收程序，适用的增值税税率为 17%。

甲公司应编制会计分录如下：

借：应收账款　　　　　　　　　　　　　　1170000
　　贷：主营业务收入　　　　　　　　　　　　1000000
　　　　应交税费——应交增值税（销项税额）　　170000

### （二）主营业务成本的账务处理

期（月）末，企业应根据本期（月）销售各种商品、提供各种劳务等实际成本，计算应结转的主营业务成本，借记"主营业务成本"科目，贷记"库存商品""劳务成本"等科目。

【注意】采用计划成本或售价核算库存商品的，平时的营业成本按计划成本或售价结转，月末，还应结转本月销售商品应分摊的产品成本差异或商品进销差价。

1. 生产型企业

企业销售商品、确认收入时，应结转其销售成本，借记"主营业务成本"科目，贷记"库存商品"科目。

【例 5-40】甲公司月末汇总的发出商品中，当月已实现销售的 A 产品有 500 台，B 产品有 1000 台。该月 A 产品实际单位成本 4000 元，B 产品实际单位成本 1000 元。

甲公司在结转其销售成本时，应编制会计分录如下：

借：主营业务成本　　　　　　　　　　3000000
　　贷：库存商品——A 产品　　　　　　2000000
　　　　　　　　——B 产品　　　　　　1000000

2. 商品流通企业

商品流通企业库存商品，通常采用毛利率法和售价金额核算法进行核算，按确定后的核算方法计算的销售成本金额，借记"主营业务成本"科目，贷记"库存商品"科目。

（1）毛利率法

毛利率法是根据本期销售净额乘以上期实际（或本期计划）毛利率匡算本期销售毛利，并据以计算发出存货和期末存货成本的一种方法。计算公式为：

$$销售净额=商品销售收入-销售退回与折让$$
$$毛利率=销售毛利/销售净额×100\%$$
$$销售毛利=销售净额×毛利率$$
$$销售成本=销售净额-销售毛利=销售净额×（1-毛利率）$$
$$期末结存存货成本=期初结存存货成本+本期购货成本-本期销售成本$$

这一方法常用于商品批发等企业计算本期商品销售成本和期末库存商品成本。商品流通企业由于商品种类多，一般来讲，其同类商品的毛利率大致相同，采用毛利率法既能减轻工作量，也能满足对存货管理的需要。

【例 5-41】某批发公司 2014 年 4 月初 A 类商品库存 60000 元，本月购进 50000 元，本月销售收入 121000 元，发生的销售退回和销售折让为 11000 元，上月该类商品的毛利率为 20%，本月已销售商品和库存商品的成本计算如下：

本月销售净额=121000-11000=110000（元）

销售毛利=110000×20%=22000（元）

本月销售成本=110000−22000=88000（元）

库存商品成本=60000+50000−88000=22000（元）

结转销售商品成本会计分录如下：

借：主营业务成本　　　　　　　　　　　88000

　　贷：库存商品　　　　　　　　　　　　88000

（2）售价金额核算法

售价金额核算法下，平时商品的购入、加工、收回、销售均按售价记账，售价与进价的差额通过"商品进销差价"科目核算。期末计算进销差价率和本期已销商品应分摊的进销差价，将已销商品的销售成本调整为实际成本，借记"商品进销差价"科目，贷记"主营业务成本"科目。计算公式为：

商品进销差价率=（期初库存商品进销差价+本期购入商品进销差价）/（期初库存商品售价+本期购入商品售价）×100%

本期销售商品应分摊的商品进销差价=本期商品销售收入×商品进销差价率

本期销售商品的成本=本期商品销售收入−本期已销售商品应分摊的商品进销差价

期末结存商品的成本=期初库存商品的进价成本+本期购进商品的进价成本−本期销售商品的成本

【例 5-42】某商场采用金额核算法对库存商品进行核算。本月月初库存商品进价成本总额 30 万元，售价总额 45 万元；本月购进商品进价成本总额 40 万元，售价总额 55 万元；本月销售商品售价总额 80 万元。有关计算如下：

商品进销差价率=[（45−30）+（55−40）]/（45+55）×100%=30%

本期销售商品应分摊的商品进销差价=80×30%=24（万元）

本期销售商品的成本=80−24=56（万元）

期末结存商品的成本=30+40−56=14（万元）

结转销售商品成本会计分录如下（分录中的金额单位为万元）：

借：主营业务成本　　　　　　　　　　　80

　　贷：库存商品　　　　　　　　　　　　80

借：商品进销差价　　　　　　　　　　　24

　　贷：主营业务成本　　　　　　　　　　24

**（三）其他业务收入与成本的账务处理**

主营业务和其他业务的划分并不是绝对的，一个企业的主营业务可能是另一个企业的其他业务，即便在同一个企业，不同期间的主营业务和其他业务的内容也不是固定不变的。

当企业发生其他业务收入时，借记"银行存款""应收账款""应收票据"等科目，按确定的收入金额，贷记"其他业务收入"科目，同时确认有关税金；在结转其他业务收入的同一会计期间，企业应根据本期应结转的其他业务成本金额，借记"其他业务成本"科目，贷记"原材料""累计折旧""应付职工薪酬"等科目。

【例 5-43】2014 年 10 月，某公司销售商品领用单独计价的包装物成本 40000 元，增值税专用发票上注明销售收入 100000 元，增值税额为 17000 元，款项已存入银行。

假设不考虑材料成本差异，该公司应编制会计分录如下：

（1）出售包装物时：

借：银行存款　　　　　　　　　　　　　117000

　　贷：其他业务收入　　　　　　　　　　　　　100000

　　　　应交税费——应交增值税（销项税额）　17000

（2）结转出售包装物成本：

　　借：其他业务成本　　　　　　　　　　　40000

　　　　贷：周转材料——包装物　　　　　　　　40000

【例 5-44】2014 年 12 月，甲公司将自行研发完成的非专利技术出租给另外一家公司，该非专利技术成本为 240000 元，双方约定的租赁期限为 10 年，甲公司每月应摊销的金额是 2000 元（240000/10/12）。

甲公司应编制会计分录如下：

每月摊销时：

借：其他业务成本　　　　　　　　　　　2000

　　贷：累计摊销　　　　　　　　　　　　　2000

# 第七节　期间费用的账务处理

## 一、期间费用的构成

期间费用是指企业日常活动中不能直接归属于某个特定成本核算对象的，在发生时应直接计入当期损益的各种费用。期间费用包括管理费用、销售费用和财务费用。

（1）管理费用是指企业为组织和管理企业生产经营活动所发生的各种费用。

（2）销售费用是指企业销售商品和材料、提供劳务的过程中发生的各种费用。

（3）财务费用是指企业为筹集生产经营所需资金等而发生的筹资费用。

## 二、账户设置

企业通常设置以下账户对期间费用业务进行会计核算。

### 1. "管理费用"账户

"管理费用"账户属于损益类账户,用以核算企业为组织和管理企业生产经营所发生的管理费用。

该账户借方登记发生的各项管理费用,贷方登记期末转入"本年利润"账户的管理费用。期末结转后,该账户无余额。

该账户可按费用项目设置明细账户,进行明细分类核算。

"管理费用"账户的结构如图 5-32 所示。

| 借方 | "管理费用"账户 | 贷方 |
|---|---|---|
| 企业为组织和管理生产经营所发生的各种管理费用 | 期末结转到"本年利润"账户的金额 | |

图 5-32 "管理费用"账户的结构

### 2. "销售费用"账户

"销售费用"账户属于损益类账户,用以核算企业发生的各项销售费用。

该账户借方登记发生的各项销售费用,贷方登记期末转入"本年利润"账户的销售费用。期末结转后,该账户无余额。

该账户可按费用项目设置明细账户,进行明细分类核算。

"销售费用"账户的结构如图 5-33 所示。

| 借方 | "销售费用"账户 | 贷方 |
|---|---|---|
| 企业在销售产品过程中发生的各种销售费用 | 期末结转到"本年利润"账户的金额 | |

图 5-33 "销售费用"账户的结构

### 3. "财务费用"账户

"财务费用"账户属于损益类账户,用以核算企业为筹集生产经营所需资金等而发生的筹资费用,包括利息支出(减利息收入)、汇兑损益以及相关的手续费、企业发生的现金折扣或收到的现金折扣等。为购建或生产满足资本化条件的资产发生的应予资本化的借款费用,通过"在建工程""制造费用"等账户核算。

该账户借方登记手续费、利息费用等的增加额,贷方登记应冲减财务费用的利息收入及期末转入"本年利润"账户的销售费用等。期末结转后,该账户无余额。

该账户可按费用项目进行明细核算。

"财务费用"账户的结构如图 5-34 所示。

| 借方 | "财务费用"账户 | 贷方 |
| --- | --- | --- |
| 企业发生的各种筹资费用 | 冲减财务费用的利息收入<br>期末结转到"本年利润"账户的金额 | |

图 5-34　"财务费用"账户的结构

## 三、账务处理

### （一）管理费用的账务处理

管理费用是指企业为组织和管理生产经营活动而发生的各种管理费用，包括企业在筹建期间发生的开办费、董事会和行政管理部门在企业的经营管理中发生的或者应由企业统一负担的公司经费、工会经费、董事会费、聘请中介机构费、咨询费、诉讼费、业务招待费、房产税、车船税、土地使用税、印花税、技术转让费、矿产资源补偿费、研究费用、排污费等。

企业应通过"管理费用"科目，核算管理费用的发生和结转情况。具体核算如下：

（1）企业在筹建期间内发生的开办费，包括人员工资、办公费、培训费、差旅费、印刷费、注册登记费等，借记"管理费用"科目，贷记"应付利息""银行存款"等科目；

（2）企业行政管理部门人员的职工薪酬，借记"管理费用"科目，贷记"应付职工薪酬"科目；

（3）企业行政管理部门计提的固定资产折旧，借记"管理费用"科目，贷记"累计折旧"科目；企业生产车间（部门）和行政管理部门等发生的固定资产修理费用等后续支出，应在发生时计入管理费用；

（4）企业按规定计算确定的应交房产税、车船税、土地使用税、矿产资源补偿费，借记"管理费用"科目，贷记"应交税费"等科目；

（5）企业行政管理部门发生的办公费、水电费、差旅费等以及企业发生的业务招待费、聘请中介机构费、咨询费、诉讼费、技术转让费、企业研究费用等其他费用，借记"管理费用"科目，贷记"银行存款""研发支出"等科目。

【例 5-45】某公司 2014 年 7 月 22 日为拓展产品销售市场发生业务招待费 50000 元，用银行存款支付。

该公司支付招待费应编制会计分录如下：

借：管理费用——业务招待费　　　　　　　　50000
　　贷：银行存款　　　　　　　　　　　　　　50000

### （二）销售费用的账务处理

销售费用是指企业在销售商品和材料、提供劳务过程中发生的各项费用，包括保险费、包装费、展览费和广告费、商品维修费、预计产品质量保证损失、运输费、装卸费等以及为销售本企业商品而专设的销售机构的职工薪酬、业务费、折旧费等经营费用。企业发生的与专设销售机构相关的固定资产修理费用等后续支出，应在发生时计入销售费用。

企业应设置"销售费用"科目核算销售费用的发生和结转情况。具体核算如下：

（1）企业在销售商品过程中发生的包装费、保险费、展览费和广告费、运输费、装卸费等费用，借记"销售费用"科目，贷记"库存现金""银行存款"等科目；

（2）企业发生的为销售本企业商品而专设的销售机构的职工薪酬、业务费、折旧费、修理费等经营费用，借记"销售费用"科目，贷记"应付职工薪酬""银行存款""累计折旧"等科目。

【例5-46】某公司2015年1月12日销售一批产品，销售过程中发生运输费5000元、装卸费2000元，均用银行存款支付。

该公司应编制会计分录如下：

借：销售费用——运输费　　　　　　　　　　　5000

　　　　　　——装卸费　　　　　　　　　　　2000

　　贷：银行存款　　　　　　　　　　　　　　　　7000

【例5-47】（判断题）企业为销售本企业商品而专设的销售机构发生的职工薪酬、业务费、折旧费等，应通过"销售费用"科目核算。（　　　）

【答案】√

【解析】本题考查销售费用的确定。销售费用是指企业销售商品和材料、提供劳务的过程中发生的各种费用。

### （三）财务费用的账务处理

财务费用是指企业为筹集生产经营所需资金等而发生的筹资费用，包括利息支出（减利息收入）、汇兑差额以及相关的手续费、企业发生或收到的现金折扣等。

企业应设置"财务费用"科目核算财务费用的发生和结转情况。具体核算如下：

（1）企业发生的各项财务费用，借记"财务费用"科目，贷记"银行存款""应付利息"等科目；

（2）企业发生的应冲减财务费用的利息收入、汇兑差额、现金折扣，借记"银行存款""应付账款"等科目，贷记"财务费用"科目。

【例5-48】某公司2014年4月30日用银行存款支付本月应负担的短期借款利息24000元。该公司应编制会计分录如下：

借：财务费用——利息支出　　　　　　　　24000

　　贷：银行存款　　　　　　　　　　　　　　24000

【例5-49】(单选题)企业申请使用银行承兑汇票而向承兑银行缴纳的手续费应记入(　　)。

A. 管理费用　　　　　B. 财务费用　　　　　C. 生产成本　　　　　D. 销售费用

【答案】B

【解析】本题考查财务费用的内容。财务费用是指企业为筹集生产经营所需资金而发生的费用，包括生产经营期间发生的利息支出、金融机构手续费等。

# 第八节　利润形成与分配业务的账务处理

## 一、利润形成的账务处理

### （一）利润的形成

利润是指企业在一定会计期间的经营成果，包括收入减去费用后的净额、直接计入当期损益的利得和损失等。利润由营业利润、利润总额和净利润三个层次构成。

1. 营业利润

营业利润这一指标能够比较恰当地反映企业管理者的经营业绩，其计算公式为：

营业利润=营业收入-营业成本-营业税金及附加-销售费用-管理费用-财务费用-资产减值损失+公允价值变动收益（-公允价值变动损失）+投资收益（-投资损失）

其中：营业收入＝主营业务收入＋其他业务收入

　　　　营业成本＝主营业务成本＋其他业务成本

资产减值损失是企业计提各项资产减值准备所形成的损失；公允价值变动损益是企业交易性金融资产等公允价值变动形成的应计入当期损益的利得或损失；投资损益是企业确认的投资收益或投资损失。

2. 利润总额

利润总额，又称税前利润，是营业利润加上营业外收入减去营业外支出后的金额，其计算公式为：

$$利润总额=营业利润+营业外收入-营业外支出$$

其中：营业外收入是企业发生的应直接计入当期利润的利得，包括非流动资产处理利得、非货币性资产交换利得、债务重组利得、政府补助利得、盘盈利得、捐赠利得等；营业外支出是企业发生的应直接计入当期利润的损失，包括非流动资产处理损失、非货币性资产交换损失、债务重组损失、非常损失、公益性捐赠支出、盘亏损失等。

3. 净利润

净利润，又称税后利润，是利润总额扣除所得税费用后的净额，其计算公式为：

$$净利润=利润总额-所得税费用$$

### （二）账户设置

企业通常设置以下账户对利润形成业务进行会计核算。

1. "本年利润"账户

"本年利润"账户属于所有者权益类账户，用以核算企业当期实现的净利润（或发生的净亏损）。企业期（月）末结转利润时，应将各损益类账户的金额转入本账户，结平各损益类账户。

该账户贷方登记企业期（月）末转入的主营业务收入、其他业务收入、营业外收入和投资收益等；借方登记企业期（月）末转入的主营业务成本、营业税金及附加、其他业务成本、管理费用、财务费用、销售费用、营业外支出、投资损失和所得税费用等。上述结转完成后，余额如在贷方，即为当期实现的净利润；余额如在借方，即为当期发生的净亏损。年度终了，应将本年收入和支出相抵后结出的本年实现的净利润（或发生的净亏损），转入"利润分配——未分配利润"账户贷方（或借方），结转后本账户无余额。

"本年利润"账户的结构如图 5-35 所示。

| 借方　　　　　　　　　　　　　　　　　"本年利润"账户　　　　　　　　　　　　　　　　　贷方 | |
| --- | --- |
| 当期发生的净亏损 | 当期实现的净利润 |
| 期末结转到"利润分配"账户的净利润 | 期末结转到"利润分配"账户的净亏损 |

图 5-35 "本年利润"账户的结构

2. "投资收益"账户

"投资收益"账户属于损益类账户，用以核算企业确认的投资收益或投资损失。

该账户贷方登记实现的投资收益和期末转入"本年利润"账户的投资净损失；借方登记发生的投资损失和期末转入"本年利润"账户的投资净收益。期末结转后，该账户无余额。

该账户可按投资项目设置明细账户，进行明细分类核算。

"投资收益"账户的结构如图 5-36 所示。

| 借方 | "投资收益"账户 | 贷方 |
| --- | --- | --- |
| 企业发生的投资损失 | 企业实现的投资收益 | |
| 期末结转到"本年利润"账户的投资净收益 | 期末结转到"本年利润"账户的投资净损失 | |

图 5-36　"投资收益"账户的结构

3. "营业外收入"账户

"营业外收入"账户属于损益类账户，用以核算企业发生的各项营业外收入，主要包括非流动资产处置利得、非货币性资产交换利得、债务重组利得、政府补助、盘盈利得、捐赠利得等。

该账户贷方登记营业外收入的实现，即营业外收入的增加额；借方登记会计期末转入"本年利润"账户的营业外收入额。期末结转后，该账户无余额。

该账户可按营业外收入项目设置明细账户，进行明细分类核算。

"营业外收入"账户的结构如图 5-37 所示。

| 借方 | "营业外收入"账户 | 贷方 |
| --- | --- | --- |
| 期末结转到"本年利润"账户的营业外收入额 | 企业发生的各项营业外收入 | |

图 5-37　"营业外收入"账户的结构

4. "营业外支出"账户

"营业外支出"账户属于损益类账户，用以核算企业发生的各项营业外支出，包括非流动资产处置损失、非货币性资产交换损失、债务重组损失、公益性捐赠支出、非常损失、盘亏损失等。

该账户借方登记营业外支出的发生，即营业外支出的增加额；贷方登记期末转入"本年利润"账户的营业外支出额。期末结转后，该账户无余额。

该账户可按支出项目设置明细账户，进行明细分类核算。

"营业外支出"账户的结构如图 5-38 所示。

| 借方 | "营业外支出"账户 | 贷方 |
| --- | --- | --- |
| 企业发生的各项营业外支出 | 期末结转到"本年利润"账户的营业外支出额 | |

图 5-38　"营业外支出"账户的结构

【例 5-50】（单选题）企业因债务重组发生损失 8 万元，应借记（　　）账户核算。

A. 管理费用　　　B. 营业外支出　　　C. 财务费用　　　D. 本年利润

【答案】B

【解析】本题考查"营业外支出"账户的核算内容。债务重组损失属于企业发生的营业外支出，应通过"营业外支出"账户的借方核算。

5. "所得税费用"账户

"所得税费用"账户属于损益类账户，用以核算企业确认的应从当期利润总额中扣除的所得税费用。

该账户借方登记企业应计入当期损益的所得税；贷方登记企业期末转入"本年利润"账户的所得税。期末结转后，该账户无余额。

"所得税费用"账户的结构如图 5-39 所示。

| 借方 | "所得税费用"账户 | 贷方 |
| --- | --- | --- |
| 企业按税法规定计算确定的当期应交所得税 | 期末结转到"本年利润"账户的所得税 | |

图 5-39　"所得税费用"账户的结构

（三）账务处理

会计期末（月末或年末）结转各项收入时，借记"主营业务收入""其他业务收入""营业外收入"等科目，贷记"本年利润"科目；结转各项支出时，借记"本年利润"科目，贷记"主营业务成本""营业税金及附加""其他业务成本""管理费用""财务费用""销售费用""资产减值损失""营业外支出""所得税费用"等科目。

【例 5-51】乙公司 2014 年有关损益类科目的年末余额见表 5-4（该企业采用表结法年末一次结转损益类科目，所得税税率为 25%）。

表 5-4 损益类科目年末余额

| 科目名称 | 结账前余额（元） | |
|---|---|---|
| | 借方 | 贷方 |
| 主营业务收入 | | 6000000 |
| 其他业务收入 | | 700000 |
| 公允价值变动损益 | | 150000 |
| 投资收益 | | 600000 |
| 营业外收入 | | 50000 |
| 主营业务成本 | 4000000 | |
| 其他业务成本 | 400000 | |
| 营业税金及附加 | 80000 | |
| 销售费用 | 500000 | |
| 管理费用 | 770000 | |
| 财务费用 | 200000 | |
| 资产减值损失 | 100000 | |
| 营业外支出 | 250000 | |

乙公司 2014 年末结转本年利润的会计分录如下。

（1）将各损益类科目年末余额结转入"本年利润"科目：

① 结转各项收入、利得类科目。

借：主营业务收入　　　　　　　　6000000
　　其他业务收入　　　　　　　　700000
　　公允价值变动损益　　　　　　150000
　　投资收益　　　　　　　　　　600000
　　营业外收入　　　　　　　　　50000
　　　贷：本年利润　　　　　　　7500000

② 结转各项费用、损失类科目。

借：本年利润　　　　　　　　　　6300000
　　　贷：主营业务成本　　　　　4000000
　　　　其他业务成本　　　　　　400000
　　　　营业税金及附加　　　　　80000
　　　　销售费用　　　　　　　　500000
　　　　管理费用　　　　　　　　770000
　　　　财务费用　　　　　　　　200000
　　　　资产减值损失　　　　　　100000
　　　　营业外支出　　　　　　　250000

## 二、利润分配的账务处理

利润分配是指企业根据国家有关规定和企业章程、投资者协议等，对企业当年可供分配利润指定其特定用途和分配给投资者的行为。利润分配的过程和结果不仅关系到每个股东的合法权益是否得到保障，而且还关系到企业的未来发展。

### （一）利润分配的顺序

企业向投资者分配利润，应按一定的顺序进行。按照我国《公司法》的有关规定，利润分配应按下列顺序进行。

**1. 计算可供分配的利润**

企业在利润分配前，应根据本年净利润（或亏损）与年初未分配利润（或亏损）、其他转入的金额（如盈余公积弥补的亏损）等项目，计算可供分配的利润，即：

可供分配的利润=净利润（或亏损）+年初未分配利润−弥补以前年度的亏损+其他转入的金额

如果可供分配的利润为负数（即累计亏损），则不能进行后续分配；如果可供分配利润为正数（即累计盈利），则可进行后续分配。

**2. 提取法定盈余公积**

按照《公司法》的有关规定，公司应当按照当年净利润（抵减年初累计亏损后）的10%提取法定盈余公积，提取的法定盈余公积累计额超过注册资本50%以上的，可以不再提取。

**3. 提取任意盈余公积**

公司提取法定盈余公积后，经股东会或者股东大会决议，还可以从净利润中提取任意盈余公积。

**4. 向投资者分配利润（或股利）**

企业可供分配的利润扣除提取的盈余公积后，形成可供投资者分配的利润，即：

可供投资者分配的利润=可供分配的利润−提取的盈余公积

企业可采用现金股利、股票股利和财产股利等形式向投资者分配利润（或股利）。

**【例5-52】**（单选题）关于利润分配的表述，下列说法正确的是（　　　）。

A. 首先计算可供分配的利润，然后无论什么结果都继续进行后续分配

B. 提取法定盈余公积应在提取任意盈余公积之后进行

C. 提取法定盈余公积的金额=当年净利润×10%

D. 企业可采用现金股利、股票股利和财产股利等形式向投资者分配利润

【答案】D

【解析】首先应计算可供分配的利润，如果可供分配的利润为负数，则不能进行后续分配，选项 A 错误；此时应提取法定盈余公积，再提取任意盈余公积，选项 B 错误；提取法定盈余公积的金额=当年净利润×10%，其中当年净利润应是抵减了年初累计亏损后的金额，选项 C 错误。

## （二）账户设置

企业通常设置以下账户对利润分配业务进行会计核算。

1. "利润分配"账户

"利润分配"账户属于所有者权益类账户，用以核算企业利润的分配（或亏损的弥补）和历年分配（或弥补）后的余额。

该账户借方登记实际分配的利润额，包括提取的盈余公积和分配给投资者的利润，以及年末从"本年利润"账户转入的全年发生的净亏损；贷方登记用盈余公积弥补的亏损额等其他转入数，以及年末从"本年利润"账户转入的全年实现的净利润。年末，应将"利润分配"账户下的其他明细账户的余额转入"未分配利润"明细账户，结转后，除"未分配利润"明细账户可能有余额外，其他各个明细账户均无余额。"未分配利润"明细账户的贷方余额为历年累积的未分配利润（即可供以后年度分配的利润），借方余额为历年累积的未弥补亏损（即留待以后年度弥补的亏损）。

该账户应当分别"提取法定盈余公积""提取任意盈余公积""应付现金股利或利润""转作股本的股利""盈余公积补亏""未分配利润"等进行明细核算。

"利润分配"账户的结构如图 5-40 所示。

| 借方 | "利润分配"账户 | 贷方 |
|---|---|---|
| 企业提取的盈余公积 | | |
| 分配给投资者的利润 | 用盈余公积弥补的亏损额等其他转入 | |
| 转入的净亏损 | 转入的净利润 | |
| 企业历年累积的未弥补亏损 | 企业历年累积的未分配利润 | |

图 5-40　"利润分配"账户的结构

2. "盈余公积"账户

"盈余公积"账户属于所有者权益类账户，用以核算企业从净利润中提取的盈余公积。该账户贷方登记提取的盈余公积，即盈余公积的增加额，借方登记实际使用的盈余公

积，即盈余公积的减少额。期末余额在贷方，反映企业结余的盈余公积。

该账户应当分别"法定盈余公积""任意盈余公积"进行明细核算。

"盈余公积"账户的结构如图 5-41 所示。

| 借方 | "盈余公积"账户 | 贷方 |
|---|---|---|
| | 期初余额 | |
| 企业实际使用的盈余公积 | 企业提取的盈余公积 | |
| | 企业结余的盈余公积 | |

图 5-41 "盈余公积"账户的结构

3. "应付股利"账户

"应付股利"账户属于负债类账户，用以核算企业分配的现金股利或利润。

该账户贷方登记应付给投资者股利或利润的增加额；借方登记实际支付给投资者的股利或利润，即应付股利的减少额。期末余额在贷方，反映企业应付未付的现金股利或利润。

该账户可按投资者进行明细核算。

"应付股利"账户的结构如图 5-42 所示。

| 借方 | "应付股利"账户 | 贷方 |
|---|---|---|
| | 期初余额 | |
| 企业实际支付给投资者的股利或利润 | 企业应付给投资者的股利或利润 | |
| | 期末企业应付未付的现金股利或利润 | |

图 5-42 "应付股利"账户的结构

### （三）账务处理

1. 净利润转入利润分配

会计期末，企业应将当年实现的净利润转入"利润分配——未分配利润"科目，即借记"本年利润"科目，贷记"利润分配——未分配利润"科目，如为净亏损，则做相反会计分录。

结转前，如果"利润分配——未分配利润"明细科目的余额在借方，上述结转当年所实现净利润的分录同时反映了当年实现的净利润自动弥补以前年度亏损的情况。因此，在用当年实现的净利润弥补以前年度亏损时，不需另行编制会计分录。

【例 5-53】承【例 5-51】，期末，乙公司将 2014 年实现的净利润转入"利润分配"账户。

乙公司应编制的会计分录为：

借：本年利润　　　（7500000-6300000）　　　　　1200000
　　贷：利润分配——未分配利润　　　　　　　　　　　　1200000

## 2. 提取盈余公积

企业提取的法定盈余公积，借记"利润分配——提取法定盈余公积"科目，贷记"盈余公积——法定盈余公积"科目；提取的任意盈余公积，借记"利润分配——提取任意盈余公积"科目，贷记"盈余公积——任意盈余公积"科目。

【例5-54】D公司2014年实现税后利润为1800000元，公司股东大会决定按10%提取法定盈余公积，按25%提取任意盈余公积。

D公司应编制2014年有关利润分配的会计分录如下（盈余公积和利润分配的核算写出明细账户）：

借：利润分配——提取法定盈余公积　　　　180000
　　　　　　——提取任意盈余公积　　　　450000
　　贷：盈余公积——法定盈余公积　　　　　　　180000
　　　　　　——任意盈余公积　　　　　　　　450000

## 3. 向投资者分配利润或股利

企业根据股东大会或类似机构审议批准的利润分配方案，即应支付的现金股利或利润，借记"利润分配——应付现金股利"科目，贷记"应付股利"等科目；以股票股利转作股本的金额，借记"利润分配——转作股本股利"科目，贷记"股本"等科目。

董事会或类似机构通过的利润分配方案中拟分配的现金股利或利润，不做账务处理，但应在附注中披露。

## 4. 盈余公积补亏

企业发生的亏损，除用当年实现的净利润弥补外，还可使用累积的盈余公积弥补。以盈余公积弥补亏损时，借记"盈余公积"科目，贷记"利润分配——盈余公积补亏"科目。

## 5. 企业未分配利润的形成

年度终了，企业应将"利润分配"科目所属其他明细科目的余额转入该科目"未分配利润"明细科目，即借记"利润分配——未分配利润""利润分配——盈余公积补亏"等科目，贷记"利润分配——提取法定盈余公积""利润分配——提取任意盈余公积""利润分配——应付现金股利""利润分配——转作股本股利"等科目。

结转后，"利润分配"科目中除"未分配利润"明细科目外，所属其他明细科目无余额。"未分配利润"明细科目的贷方余额表示累积未分配的利润，该科目如果出现借方余额，则表示累积未弥补的亏损。

【例 5-55】 D 股份有限公司本年实现净利润 2000000 元，本年提取法定盈余公积 200000 元，宣告发放现金股利 800000 元。

假定不考虑其他因素，D 股份有限公司应编制的会计分录如下：

（1）结转本年利润：

借：本年利润 2000000

  贷：利润分配——未分配利润 2000000

（2）提取法定盈余公积、宣告发放现金股利：

借：利润分配——提取法定盈余公积 200000

    ——应付现金股利 800000

  贷：盈余公积——法定盈余公积 200000

    应付股利 800000

同时，

借：利润分配——未分配利润 1000000

  贷：利润分配——提取法定盈余公积 200000

    ——应付现金股利 800000

【例 5-56】（单选题）某企业 2014 年实现净利润 20 万元，年初为弥补亏损共 5 万元，另有其他转入 2 万元，该企业 2014 年可供分配的利润为（  ）万元。

A. 20      B. 17      C. 22      D. 15

【答案】B

【解析】本题考查利润分配的核算。根据利润分配顺序，首先弥补以前年度尚未弥补的亏损，因此，该企业 2014 年可供分配利润为 17 万元（20-5+2）。

# 本 章 习 题

## 一、单项选择题

（1）企业用盈余公积弥补亏损时，应贷记（  ）科目。

  A. 盈余公积      B. 资本公积    C. 本年利润    D. 利润分配

（2）长期借款的偿还期限为（  ）。

  A. 一年以上（不含一年）B. 二年以上    C. 三年以上     D. 半年以上

（3）企业以银行存款偿还上年计提的长期借款利息，此项业务应借记的科目可能是（  ）。

　　A．财务费用　　　　　B．长期借款　　　C．应付利息　　　D．管理费用

　　（4）2014 年 12 月 1 日，某企业取得期限为 3 个月的短期借款 50000 元，利率 6%，借款到期归还时应该借记"短期借款"金额是（　　　）。

　　A．50750　　　　　　B．50000　　　　　C．50500　　　　　D．50250

　　（5）固定资产处置的净收益应计入（　　　）。

　　A．其他业务收入　　B．投资收益　　　C．营业外收入　　D．主营业务收入

　　（6）下列关于"累计折旧"账户的表述中，不正确的是（　　　）。

　　A．用以核算企业固定资产计提的累计折旧

　　B．计提折旧应计入该科目的借方

　　C．该科目期末余额应为贷方余额

　　D．企业应每月计提固定资产折旧

　　（7）下列固定资产减少业务不应通过"固定资产清理"科目核算的是（　　　）。

　　A．固定资产的出售　　　　　　　　　　B．固定资产的报废

　　C．固定资产的毁损　　　　　　　　　　D．固定资产的盘亏

　　（8）（　　　）是固定资产的备抵账户。

　　A．累计摊销　　　　　　　　　　　　　B．累计折旧

　　C．存货跌价准备　　　　　　　　　　　D．无形资产减值准备

　　（9）下列各项中，需要计提折旧的是（　　　）。

　　A．经营租入的设备　　　　　　　　　　B．已交付但尚未使用的设备

　　C．提前报废的固定资产　　　　　　　　D．已提足折旧仍继续使用的设备

　　（10）某企业报废设备一台，原价 400 万元，已提折旧 389 万元，残料估价 10 万元（已入库），支付清理费用 3 万元，则记入营业外支出的金额为（　　　）万元。

　　A．13　　　　　　　　B．4　　　　　　　C．9　　　　　　　D．3

　　（11）某一般纳税人企业于 2014 年 1 月 15 日购入一台不需要安装的生产用设备，设备的买价为 10000 元，增值税为 1700 元，采购过程中发生运费、保险费 500 元，采购人员差旅费 900 元。设备预计可以使用 10 年，预计净残值为 0，采用年限平均法计提折旧。2014 年应该计提的折旧为（　　　）元。

　　A．1050　　　　　　　B．962.5　　　　　C．1045　　　　　D．1118.3

　　（12）某企业为增值税一般纳税人，外购一批原材料，实际支付的价款为 3000 元，支付增值税 510 元，取得增值税专用发票可以抵扣，同时发生运杂费 50 元，合理损耗 20 元，入库前的挑选整理费 30 元，则原材料的入账价值为（　　　）。

　　A．3080　　　　　　　B．3100　　　　　C．3610　　　　　D．3000

　　（13）购入原材料 5000 元，已经验收入库，用银行存款 2000 元支付部分货款，剩余款项暂欠。该项经济业务中与"原材料"科目存在对应关系的会计科目是（　　　）。

　　A．应付账款　　　　B．其他应付款　　C．预付账款　　　D．生产成本

　　（14）甲公司月初"应付账款"科目贷方余额为 400 万元。本月发生下列业务：① 赊购原材料一批并已验收入库，取得增值税专用发票上记载的价款为 100 万元，增值税额为 17 万元；② 偿付上月所欠货款 280 万元。月末甲公司"应付账款"科目余额为（　　　）万元。

　　　　A．借方 237　　　　B．贷方 237　　　　C．借方 563　　　　D．贷方 563

　　（15）泰达公司为增值税一般纳税人，某日向甲公司购买 W 材料一批，增值税专用发票上注明：价款 100 000 元，增值税 17 000 元。甲公司代垫运杂费 2 500 元。材料已验收入库，上述款项尚未支付。则泰达公司应当编制的会计分录为（　　　）。

　　　　A．借：原材料——W 材料 102500
　　　　　　　应交税费——应交增值税（进项税额）17000
　　　　　　　　贷：应付账款——甲公司 119 500
　　　　B．借：材料采购——W 材料 102500
　　　　　　　应交税费——应交增值税（进项税额）17 000
　　　　　　　　贷：应付票据——甲公司 119500
　　　　C．借：原材料——W 材料 119500
　　　　　　　　贷：应付账款——甲公司 119500
　　　　D．借：原材料——W 材料 100000 应交税费——应交增值税（进项税额）17000
　　　　　　　采购费用 2500
　　　　　　　　贷：应付账款——甲公司 119500

　　（16）以下关于"原材料"账户，说法不正确的是（　　　）。

　　　　A．借方登记已验收入库材料的成本
　　　　B．贷方登记发出材料的成本
　　　　C．期末余额在借方，反映企业库存材料的计划成本或实际成本
　　　　D．只核算外购的原料

　　（17）下列各项中，应记入"预付账款"账户借方的是（　　　）。

　　　　A．收到货物验收入库　　　B．预付购货款　　C．收到购货款　　　D．发出商品

　　（18）A 公司为一般纳税企业，采用实际成本法进行日常核算。2013 年 8 月 8 日购入一批原材料，取得的增值税专用发票上记载的货款是 200 万元，增值税额为 34 万元，全部款项已用银行存款支付，材料已验收入库。下列有关购入材料的会计分录正确的是（　　　）。

　　　　A．借：在途物资 2340000
　　　　　　　　贷：银行存款 2340000
　　　　B．借：原材料 2000000　　　应交税费——应交增值税（进项税额）340000

　　　　　　　　贷：银行存款 2340000

　　　　C. 借：原材料 2340000

　　　　　　　　贷：银行存款 2340000

　　　　D. 借：在途物资 2000000　　应交税费——应交增值税（进项税额）340000

　　　　　　　　贷：银行存款 2340000

（19）企业购入材料 5000 元（不考虑增值税），以银行存款支付 4000 元，余额未付，材料已入库。这一经济业务不涉及的科目是（　　　）元。

　　　　A. 原材料　　　　　　B. 应收账款　　　C. 应付账款　　　　D. 银行存款

（20）某工业企业采用计划成本法进行原材料的核算。2013 年 1 月初结存原材料的计划成本为 100000 元，实际成本为 98000 元。本月购入原材料的计划成本为 200000 元，材料成本差异为 8000 元，本月发出材料的计划成本为 180000 元，则本月发出材料的实际成本为（　　　）元。

　　　　A. 183600　　　　　　B. 122400　　　　C. 181800　　　　D. 117600

（21）生产车间管理部门领用的材料费应记入（　　　）科目核算。

　　　　A. 生产成本　　　　　B. 制造费用　　　C. 管理费用　　　　D. 营业成本

（22）车间直接参加产品生产工人的工资，记入（　　　）账户借方。

　　　　A. 生产成本　　　　　B. 制造费用　　　C. 管理费用　　　D. 应付职工薪酬

（23）"应付职工薪酬"账户贷方发生额登记的是（　　　）。

　　　　A. 本月实际支付的职工薪酬的数额

　　　　B. 本月已分配计入成本费用的职工薪酬数额

　　　　C. 本月结转的代扣款项和多支付的职工薪酬数额

　　　　D. 企业应付未付的职工薪酬

（24）无偿向职工提供住房等资产使用的，计提折旧时涉及的会计科目是（　　　）。

　　　　A. 应付职工薪酬　　　B. 银行存款　　　C. 其他应收款　　　D. 其他应付款

（25）关于"主营业务收入"账户，下列说法错误的是（　　　）。

　　　　A. 按照主营业务的种类设置明细账户

　　　　B. 贷方登记企业实现的主营业务收入

　　　　C. 期末有贷方余额

　　　　D. 期末将本账户余额结转至"本年利润"账户

（26）下列关于"预收账款"账户的描述，正确的是（　　　）。

　　　　A. 期末余额在贷方，反映企业已转销但尚未收取的款项

　　　　B. 期末余额在借方，反映企业预收的款项

　　　　C. 可按购货单位进行明细核算

    D. 属于资产类账户，用以核算企业按照合同规定预收的款项

（27）下列属于营业外支出账户核算内容的是（　　　）。

    A. 行政管理人员的工资　　　　　　　　B. 各种销售费用

    C. 借款的利息　　　　　　　　　　　　D. 非常损失

（28）下列各项中，应当贷记"应付账款"科目的是（　　　）。

    A. 赊购商品而发生的应付账款　　　　　B. 偿还应付账款

    C. 冲销无法支付的应付账款　　　　　　D. 确认当期应缴纳的所得税

（29）企业预付给甲企业购货款107万元，应借记的科目是（　　　）。

    A. 库存现金　　　　B. 预付账款　　　　C. 其他应付款　　　　D. 应收账款

## 二、多项选择题

（1）所有者投入资本按照投资主体的不同可以分为（　　　）。

    A. 国家资本金　　　　B. 法人资本金　　　C. 个人资本金　　　　D. 外商资本金

（2）长期借款计提利息所涉及的账户有（　　　）。

    A. 制造费用　　　　B. 财务费用　　　　C. 在建工程　　　　D. 应付利息

（3）长期借款一般用于（　　　）。

    A. 固定资产的购建　　B. 改扩建工程　　C. 大修理工程　　　　D. 对外投资

（4）负债筹资主要包括（　　　）。

    A. 短期借款　　　　　　　　　　　　　B. 长期借款

    C. 结算形成的负债　　　　　　　　　　D. 所有者投入的资本

（5）进行采购业务，通常设置的会计科目有（　　　）。

    A. 原材料　　　　B. 应付账款　　　　C. 应付票据　　　D. 预付账款

（6）以下属于结算形成的负债的有（　　　）。

    A. 应付账款　　　B. 应付职工薪酬　　　C. 应交税费　　　D. 短期借款

（7）下列各项中，影响固定资产清理净损益的有（　　　）。

    A. 清理固定资产发生的税费　　　　　　B. 清理固定资产的变价收入

    C. 清理固定资产的账面价值　　　　　　D. 清理固定资产耗用的材料成本

（8）企业接受投资者投入的固定资产，考虑增值税，（没有资本溢价），则应借记的科目有（　　　）。

    A. 固定资产　　　　　　　　　　　　　B. 应交税费——应交增值税（进项税额）

    C. 银行存款　　　　　　　　　　　　　D. 实收资本

（9）企业结转固定资产清理净损益时，可能涉及的会计科目有（　　　）。

    A. 管理费用　　　　　　　　　　　　　B. 营业外收入

    C. 营业外支出　　　　　　　　　　　　D. 固定资产清理

（10）以下属于按固定资产的经济用途和使用情况等综合分类的有（　　）。

    A．租出固定资产　　　　　　　　　　B．未使用固定资产

    C．不需用固定资产　　　　　　　　　D．土地

（11）下列关于应付账款的说法，正确的有（　　）。

    A．应付账款核算购买商品接受劳务等应支付的款项

    B．应付账款应该按照债权人进行明细核算

    C．应付账款的余额一般在贷方

    D．应付账款的借方余额表示尚未偿还的款项

（12）以下关于"材料采购"账户，说法正确的有（　　）。

    A．企业采用实际成本进行材料的日常核算而购入材料的采购成本

    B．可按照供应单位和材料品种进行明细核算

    C．贷方登记入库材料的计划成本以及材料入库时结转的超支差异

    D．期末余额在借方，反映企业在途材料的采购成本

（13）计划成本法下，发出原材料时，材料成本差异率为正数，则下列说法正确的有（　　）。

    A．借记"材料成本差异"科目　　　　B．贷记"材料成本差异"科目

    C．计划成本大于实际成本　　　　　　D．计划成本小于实际成本

（14）应付职工薪酬可以按照（　　）等科目进行明细核算。

    A．工资　　　B．住房公积金　　　C．非货币性福利　　　D．辞退福利

（15）基本生产成本应当分别按照基本生产车间和成本核算对象，如（　　）等设置明细账（或成本计算单），并按照规定的成本项设置专栏。

    A．产品的品种　　B．产品的类别　　　C．生产阶段　　　D．产品的批别

（16）库存商品包括（　　）。

    A．库存产成品　　B．寄存在外的商品　　C．发出展览的商品　　D．代管商品

（17）下列各项中，属于企业应付职工薪酬的有（　　）。

    A．职工培训费　　B．职工工资　　　C．职工福利　　　D．辞退福利

（18）分配车间直接参加产品生产工人的职工薪酬时，涉及到的账户有（　　）。

    A．管理费用　　B．制造费用　　　C．生产成本　　　D．应付职工薪酬

（19）"营业外收入"账户属于损益类账户，用于核算企业发生的各项营业外收入，主要包括（　　）。

    A．非流动资产处置利得　　　　　　　B．非货币性资产交换利得

    C．债务重组利得　　　　　　　　　　D．政府补助

（20）下列属于"营业外支出"账户核算内容的有（　　）。

    A．非常损失　　　　　　　　　　　　B．非货币性资产交换损失

C. 债务重组损失　　　　　　　　　　D. 公益性捐赠支出

（21）"营业税金及附加"用来核算企业经营活动发生的（　　）。

A. 增值税　　　　B. 城市维护建设税　　C. 教育费附加　　D. 消费税

（22）计入产品成本的费用包括（　　）。

A. 财务费用　　　　B. 制造费用　　　　C. 管理费用　　　　D. 直接人工费用

（23）按现行制度规定，需要通过"应收票据"核算的票据包括（　　）。

A. 银行汇票　　　　B. 银行本票　　　　C. 商业承兑汇票　D. 银行承兑汇票

（24）下列项目中，应该通过"应付账款"科目核算的有（　　）。

A. 应付货物负担的进项税额　　　　　　B. 应付货物的采购价款

C. 应付销货企业代垫的运杂费　　　　　D. 应付接受劳务款

（25）工业企业发生的下列各项业务中，取得的收入应通过"其他业务收入"核算的有（　　）。

A. 销售原材料　　　B. 出售固定资产　C. 出租无形资产　D. 销售商品

（26）2014年2月，某公司销售商品领用单独计价的包装物成本20000元，增值税专用发票上注明销售收入70000元，增值税额为11900元，款项已存入银行。假设不考虑材料成本差异。下列会计分录正确的有（　　）。

A. 借：银行存款 81900

贷：主营业务收入 70000　应交税费——应交增值税（销项税额）11900

B. 借：银行存款 81900

贷：其他业务收入 70000　应交税费——应交增值税（销项税额）11900

C. 借：其他业务成本 20000

贷：周转材料——包装物 20 000

D. 借：主营业务成本 20000

贷：周转材料——包装物 20 000

### 三、判断题

（1）投资者一经投资，不得从企业撤出原有投资。（　　）

（2）"实收资本"科目借方登记实收资本的增加额，贷方登记实收资本的减少额。（　　）

（3）所有者权益筹资形成所有者的权益，通常称为债务资本。（　　）

（4）短期借款是指企业向银行或其他金融机构借入的期限在一个年度内的借款，跨年度的借款为长期借款。（　　）

（5）"固定资产清理"属于损益类科目，用于核算固定资产处置的收入、费用以及净损益。（　　）

（6）企业确认一项固定资产，该资产有关的经济利益很可能流入企业，并且其成本能

够可靠计量。（　　）

（7）一般情况下，企业当月增加的固定资产当月计提折旧，当月减少的固定资产当月不提折旧。（　　）

（8）企业采用实际成本进行材料的日常核算时，会涉及到"材料采购"账户。（　　）

（9）企业在采购材料时，收料在先，付款在后；若材料发票凭证都已收到，可通过"应收账款"核算。（　　）

（10）"在途物资"账户属于资产类账户，用于核算企业采用计划成本进行材料、商品等物资的日常核算、货款已付尚未验收入库的在途物资的采购成本。（　　）

（11）"制造费用"账户属于成本类账户。（　　）

（12）企业职工的社会保险费、住房公积金不应通过"应付职工薪酬"科目核算。（　　）

（13）发出展览以及寄存在外的商品均属于"库存商品"科目的核算内容。（　　）

（14）企业向职工食堂、职工医院、生活困难职工等支付职工福利费，借记"应付福利费"科目，贷记"应付职工薪酬"科目。（　　）

（15）相关的经济利益很可能流入企业是指销售商品价款收回的可能性大于不能收回的可能性，即收回的可能性超过90％。（　　）

（16）"应收账款"账户的余额必须在借方，表示尚未收回的应收账款数。（　　）

（17）企业发生的捐赠利得计入到营业外收入的借方。（　　）

（18）出售自有房屋应缴纳的营业税，通过"营业税金及附加"核算。（　　）

# 第六章　会　计　凭　证

　　本章主要介绍了会计凭证的概念、种类、格式、填制与审核及其传递与保管，涉及较多的会计专业名称和概念，需要考生重点记忆并掌握。

　　本章出题的侧重点在于会计凭证的种类、基本内容、填制要求和凭证的审核，主要以单选题、多选题和判断题的形式出现。学习本章时，要更加注重实际操作能力，理论结合实际来理解掌握。

## 第一节　会计凭证概述

### 一、会计凭证的概念与作用

#### （一）会计凭证的概念

　　会计凭证是记录经济业务发生或者完成情况的书面证明，也是登记账簿的依据。每个企业都必须按一定的程序填制和审核会计凭证，根据审核无误的会计凭证进行账簿登记，如实反映企业的经济业务。

#### （二）会计凭证的作用

　　合法取得并正确填制和审核会计凭证是会计核算方法之一，是会计核算的起点，是一项重要的基础性会计工作。会计凭证的作用主要体现在以下三个方面。

　　（1）记录经济业务，提供记账依据。会计凭证是登记账簿的依据，因此会计凭证所记录有关信息是否真实、可靠、及时，对保证会计信息质量具有至关重要的影响。

　　（2）明确经济责任，强化内部控制。填制和审核会计凭证，可加强经济业务管理责任制。任何会计凭证除记录有关经济业务的基本内容外，还必须由有关部门和人员签章，这样可以对会计凭证所记录经济业务的真实性、完整性、合法性等负责，防止出现舞弊行为，强化内部控制。

　　（3）监督经济活动，控制经济运行。通过会计凭证的审核，可以检查各项经济业务是否符合有关政策、法律法规和制度等规定；是否符合会计主体目标、财务收支的计划和预算，是否有违法乱纪和铺张浪费行为等。对于检查出的问题，应当采取积极有效地措施进行纠正，实现对经济活动的控制，有效地发挥会计的监督作用。

## 二、会计凭证的种类

会计凭证按其填制程序和用途的不同，可以分为原始凭证和记账凭证两类。

### （一）原始凭证

原始凭证，又称单据，是指在经济业务发生或完成时取得或填制的，用以记录或证明经济业务的发生或完成情况的原始凭据。

原始凭证是在经济业务发生的过程中直接发生的，是经济业务发生的原始凭据。同时，原始凭证的质量决定了会计信息的真实性和可靠性。如出差乘坐车船的车船票、采购材料的发货票、到仓库领料的领料单等，都是原始凭证。

### （二）记账凭证

记账凭证，又称记账凭单，是指会计人员根据审核无误的原始凭证，按照经济业务的内容加以归类，并据以确定会计分录后所填制的会计凭证，作为登记账簿的直接依据。

记账凭证的主要作用是确定会计分录，进行账簿登记。记账凭证是登记总分类账户和明细分类账户的依据，能反映经济业务的发生或完成情况，监督企业经济活动，明确相关人员的责任。

# 第二节　原　始　凭　证

## 一、原始凭证的种类

原始凭证种类繁多，形式多样，为方便使用，可以按取得来源、格式、填制的手续和内容将其加以分类。

### （一）按取得的来源分类

原始凭证按照取得的来源可分为自制原始凭证和外来原始凭证。

1. 自制原始凭证

自制原始凭证是指由本单位有关部门和人员，在执行或完成某项经济业务时填制的，仅供本单位内部使用的原始凭证。如收料单、领料单、限额领料单、产品入库单、产品出库单、借款单、工资发放明细表、折旧计算表等。

2. 外来原始凭证

外来原始凭证是指在经济业务发生或完成时，从其他单位或个人直接取得的原始凭证。如购买货物时取得的增值税专用发票、银行收付款通知单、对外单位支付款项时取得的收据、银行转来的各种结算凭证、职工出差取得的飞机票、车船票等。增值税专用发票的格式如图 6-1 所示。

图 6-1　增值税专用发票

【例 6-1】（多选题）下列凭证中，属于外来原始凭证的有（　　　）。

A．增值税专用发票　　　　　B．银行转来的各种结算凭证

C．工资发放明细表　　　　　D．出差人员车票

【答案】ABD

【解析】本题考查外来原始凭证的概念。所给选项中，只有工资发放明细表属于自制原始凭证，其他均属于外来原始凭证。

## （二）按照格式分类

原始凭证按照格式的不同，可以分为通用凭证和专用凭证。

1. 通用凭证

通用凭证是由有关部门统一印制、在一定范围内使用的具有统一格式和使用方法的原始凭证。通用凭证的使用范围因制作部门不同而有所差异，既可以是某一地区、某一行业，也可以全国通用。如由人民银行制作的银行转账结算凭证、车票等。

2. 专用凭证

专用凭证是由单位自行印制、仅在本单位内部使用的原始凭证。如折旧计算表、差旅费报销单、工资费用分配表、领料单等。

### （三）按填制的手续和内容分类

原始凭证按照填制的手续和内容可分为一次凭证、累计凭证和汇总凭证。

#### 1. 一次凭证

一次凭证是指一次填制完成、只记录一笔经济业务且仅一次有效的原始凭证。所有的外来原始凭证和大部分的自制原始凭证都属于一次凭证。如收据、购货发票、销货发票、领料单、收料单、借款单、银行结算凭证等。领料单的格式见表6-1。

表 6-1　领料单

领料部门：第一车间　　　　　　　　　　　　　　　　　　　　　　领料编号：第 3 号

领料用途：甲产品生产　　　　　　　　2014 年 3 月 1 日　　　　　　发料仓库：第 2 仓库

| 材料编号 | 材料名称及规格 | 计量单位 | 数　量 | | 单　价 | 金　额 |
| --- | --- | --- | --- | --- | --- | --- |
| | | | 请　领 | 实　领 | | |
| 12 | 钢材 | 吨 | 5 | 5 | 2800 | 14000 |
| | | | | | | |
| | | | | | | |
| 备注 | | | | | 合计 | ¥14000 |

仓库管理员：（签章）郝芳　　　　　　发料：（签章）张强　　　　　　领料主管：（签章）刘铮

#### 2. 累计凭证

累计凭证是指在一定时期内多次记录发生的同类型经济业务且多次有效的原始凭证。累计凭证的特点是在一张凭证内可以连续登记相同性质的经济业务，随时结出累计数和结余数，并按照费用限额进行费用控制，期末按实际发生额记账。最具有代表性的累计凭证是"限额领料单"，见表6-2。

表 6-2　限额领料单

2014 年 8 月 8 日

领料部门：一车间　　　　　　　　发料仓库：第三仓库

产品名称：甲产品　　　　　　　　计划产量：1000 件　　　　　　单耗定额：10

材料编号：1568　　　　　　　　　名称规格：A 材料

计量单位：千克　　　　　　　　　领用限额：10000

| 日　期 | 请领数量 | 实发数量 | 累计实发数量 | 限额结余 | 领料人签章 | 备　注 |
| --- | --- | --- | --- | --- | --- | --- |
| 4 日 | 3000 | 3000 | 3000 | 7000 | 张四 | |
| … | | | | | | |
| 8 日 | 2000 | 2000 | 5000 | 5000 | 张四 | |
| 合计 | | | | | | |

生产计划部门：　　　　　　　　供销部门：　　　　　　　　仓库：第三仓库

## 3. 汇总凭证

汇总凭证，又称原始凭证汇总表，是指对一定时期内反映经济业务内容相同的若干张原始凭证，按照一定标准综合填制的原始凭证。汇总原始凭证合并了同类型经济业务，简化了记账工作发出材料汇总表是一种常用的汇总凭证，格式见表6-3。

表6-3　发出材料汇总表

年　　月　　日

| 会计科目 | 材料部门 | 领用材料 | | | |
|---|---|---|---|---|---|
| | | 原材料 | 包装轴 | 低值易耗品 | 合计 |
| 生产成本 | 一车间<br>二车间 | | | | |
| | 小计 | | | | |
| | 供电车间<br>供水车间 | | | | |
| | 小计 | | | | |

会计主管：　　　　　　　　　　　审核：　　　　　　　　　　　　　　　制表：

【考场指示灯】原始凭证的分类是常考知识点，常以单选题和多选题的形式出现。考生要熟练掌握各种分类方法及其所包含的具体内容，同时应学会判断具体原始凭证的所属种类。

【例6-2】（单选题）差旅费报销单按格式不同的分类属于（　　　）。

A．一次凭证　　　　　　　　B．专用凭证

C．汇总凭证　　　　　　　　D．累计凭证

【答案】B

【解析】本题考查按格式划分的原始凭证。差旅费报销单按格式不同的分类属于专用凭证，按填制手续及内容不同的分类属于汇总凭证。

## 二、原始凭证的基本内容

原始凭证的格式和内容因经济业务和经营管理的不同而有所差异，但应当具备以下基本内容，即原始凭证要素：

（1）凭证名称；

（2）填制凭证的日期；

（3）填制凭证单位名称或者填制人姓名；

（4）经办人员的签名或者盖章；

（5）接受凭证单位名称；

（6）经济业务内容；

（7）数量、单价和金额。

> 🔘 【考场指示灯】考试中通常会要求考生判断一些具备原始凭证基本内容的单据是否属于原始凭证，如经济合同、银行存款余额调节表等，由于它们不能证明经济业务的发生或完成情况，故不能作为原始凭证，考生要特别注意。

## 三、原始凭证的填制要求

### （一）原始凭证填制的基本要求

原始凭证是编制记账凭证的依据，是会计核算最基础的资料。为了保证原始凭证能够真实、正确、完整、及时地反映经济业务，确保会计核算资料的质量，填制原始凭证必须符合以下要求。

（1）记录真实。原始凭证填制的经济业务内容和数字必须真实可靠，符合实际情况。

（2）内容完整。原始凭证必须按规定的格式和内容逐项填写齐全，不可缺漏，同时必须由经办业务部门的有关人员签字盖章，对凭证的真实性和正确性负责。在填写的过程中要注意以下几点：

① 年、月、日要按照填制原始凭证的实际日期填写；

② 名称要齐全，不能简化；

③ 品名或用途要填写明确，不能含糊不清；

④ 有关人员的签章必须齐全。

（3）手续完备。单位取得的原始凭证必须符合手续完备的要求，以明确经济责任，确保凭证的合法性、真实性。单位自制的原始凭证必须有经办单位相关负责人的签名盖章；对外开出的原始凭证必须加盖本单位公章；从外部取得的原始凭证，必须盖有填制单位的公章；从个人取得的原始凭证，必须有填制人员的签名盖章。

（4）书写清楚、规范。原始凭证上的文字和数字要按规定填写，字迹清楚，易于辨认，不得使用未经国务院公布的简化汉字。原始凭证的填制，除需要复写的外，必须用钢笔或碳素笔书写。填写时应遵守以下要求：

① 凡是填有大写金额和小写金额的原始凭证，大写金额与小写金额必须相符。小写金额用阿拉伯数字逐个书写，不得连笔书写。大写金额用汉字壹、贰、叁、肆、伍、陆、柒、捌、玖、拾、佰、仟、万、亿、元、角、分、零、整等，一律用正楷或行书字书写。

② 大写金额前未印有"人民币"字样的，应加写"人民币"三个字，"人民币"字样和大写金额之间不得留有空白，大写金额到元或角为止的，后面要写"整"或"正"字，有分的，不写"整"或"正"字。如小写为金额￥1007.50，大写金额应写成"人民币壹仟零柒元伍角整"，或写成"人民币壹仟零柒元零伍角整"。

③ 阿拉伯金额数字前面应当书写货币币种符号或者货币名称简写，如人民币币种符号为"￥"，美元币种符号为"＄"等。币种符号与阿拉伯数字之间不得留有空白。金额数字一律填写到角分，无角分的，写"00"或符号"—"，有角无分的，分位写"0"，不得用符号"—"。

> **【考场指示灯】** 对填制原始凭证的基本要求一般会考得比较细，考生要对每一项要求的具体内容进行理解记忆，特别是对于大小金额的书写要求，该内容是常考点，考生应着重掌握。

（5）连续编号。各种凭证要连续编号，以便查找。如果凭证已预先印定编号，如发票、支票等重要凭证，在写错作废时，应加盖"作废"戳记，妥善保管，不得撕毁。

（6）不得涂改、刮擦、挖补。原始凭证如有错误，应当由出具单位重开或更正，更正处应当加盖出具单位印章。原始凭证金额错误的，应当由出具单位重开，不得在原始凭证上更正。

（7）填制及时。原始凭证应在经济业务发生或完成时及时填制，做到不拖延、不积压、不事后补填，并按规定的程序和手续传递给有关部门，以便及时办理后续业务，进行会计审核和记账。

**【例6-3】**（多选题）发现原始凭证有文字书写错误，可以采用的处理方法有（　　　）。

A．由本单位代为更正　　　　B．由出具单位重开
C．由出具单位更正　　　　　D．由本单位负责人代为更正

**【答案】** BC

**【解析】** 本题考查原始凭证填制要求中的"不得涂改、刮擦、挖补"这一要点。原始凭证有错误的，应当由出具单位重开或更正，更正处应当加盖出具单位印章。

**【例6-4】**（多选题）下列选项属于填制原始凭证基本要求的有（　　　）。

A．原始凭证必须加盖公章

B．原始凭证的书写要规范

C．原始凭证的填制要及时

D．有大小写的原始凭证，其大小写金额必相等

【答案】BCD

【解析】本题考查原始凭证的填制要求。上述选项中，对于自制的原始凭证有制定人员的签名就可以了，不一定要加盖公章，选项 A 错误，其他选项均为填制原始凭证的基本要求。

**（二）自制原始凭证的填制要求**

不同的自制原始凭证，填制要求也有所不同。

1. 一次凭证的填制

一次凭证应在经济业务发生或完成时，由相关业务人员一次填制完成。该凭证往往只能反映一项经济业务，或者同时反映若干项同一性质的经济业务。

下面以"收料单"的填制为例，介绍一次凭证的填制方法。

"收料单"是企业购进材料验收入库时，由仓库保管人员根据购入材料的实际验收情况，填制的一次凭证。企业外购材料，都应履行入库手续，由仓库保管人员根据供应单位开来的发票账单，严格审核，对运达入库的材料认真计量，并按实收数量认真填制"收料单"，其格式见表 6-4。

表 6-4 收料单

供货单位：××企业 　　　　　　　　　　　　　　　　　　　　凭证编号：0205

发票编号：0001234 　　　　　　　　2014 年 12 月 25 日 　　　　　收料仓库：2 号库

| 材料类别 | 材料编号 | 材料名称及规格 | 计量单位 | 数量 | | 金额（元） | | | |
|---|---|---|---|---|---|---|---|---|---|
| | | | | 应收 | 实收 | 单价 | 买价 | 运杂费 | 合计 |
| 模具 | 2021 | 32A 号模板 | 件 | 10 | 10 | 300 | 3000 | 900 | 3900.00 |
| | | | | | | | | | |
| | | 备注： | | | | | 合计 | | ¥3900.00 |

仓库负责人：刘静 　　　　　　仓库保管员：郝芳 　　　　　　收料人：周潇

收料单一式三联，一联留仓库，据以登记材料物资明细账和材料卡片；一联随发票账单到会计处报账；一联交采购人员存查。

2. 累计凭证的填制

累计凭证应在每次经济业务完成后，由相关人员在同一张凭证上重复填制完成。该凭证能在一定时期内不断重复地反映同类经济业务的完成情况。

下面以"限额领料单"为例说明累计原始凭证的填制方法，见表 6-5。

### 表 6-5　限额领料单

领料部门：第一车间　　　　　　　　　　　　　　　　　　　　　领字第 06 号
用途：产品生产　　　　　　　　　　　2014 年 11 月　　　　　　仓库 02 号

| 材料编号 | 材料名称 | 材料规格 | 计量限额 | 领用限额 | 实发 | | | 计划投产量（台） | 消耗定额 |
| --- | --- | --- | --- | --- | --- | --- | --- | --- | --- |
| | | | | | 数量 | 实际或计划单价 | 金额 | | |
| 1053 | 钢材 | | 吨 | 100 | 100 | 5600 | 560000 | 1000 | 0.1 吨/台 |

| 日期 | 领用 | | | 扣除代领数量 | 退料 | | | 限额结余 |
| --- | --- | --- | --- | --- | --- | --- | --- | --- |
| | 数量 | 发料人 | 领料人 | | 数量 | 收料人 | 领料人 | |
| 1 | 12 | 刘铮 | 周晓 | | | | | 88 |
| 3 | 26 | 刘铮 | 周晓 | | | | | 62 |
| 10 | 13 | 刘铮 | 周晓 | | | | | 49 |
| 15 | 17 | 刘铮 | 周晓 | | | | | 32 |
| 21 | 12 | 刘铮 | 周晓 | | | | | 20 |
| 29 | 20 | 刘铮 | 周晓 | | | | | 0 |
| 合计 | 100 | 刘铮 | 周晓 | | | | | |

生产计划部门：郝芳　　　　　　　供销部门：邓婷　　　　　　　仓库：刘铮

　　"限额领料单"是多次使用的累计领发料凭证。在有效期间内（一般为一个月），只要领用数量不超过限额就可以连续使用。"限额领料单"是由生产、计划部门根据下达的生产任务和材料消耗定额按每种材料用途分别开出，一料一单，一般一式两联，一联交仓库据以发料，一联交领料部门据以领料。领料单位领料时，在该单内注明请领数量，经负责人签章批准后，持往仓库领料。仓库发料时，根据材料的品名、规格在限额内发料，同时将实发数量及限额余额填写在"限额领料单"内，领发料双方在单内签章。月末在此单内结出实发数量和金额转交会计部门，据以计算材料费用，并做材料减少的核算。使用"限额领料单"领料，全月不能超过生产计划部门下达的全月领用限额量。由于增加生产量而需追加限额时，应经生产计划部门批准，办理追加限额的手续。由于浪费或其他原因超限额用料需追加限额，应由用料部门向生产计划部门提出申请，经批准后追加限额。在用另一种材料代替限额领料单内所列材料时，应另填一次"领料单"，同时相应地减少限额余额。

　　3. 汇总凭证的填制

　　汇总凭证是指在会计的实际工作日，为了简化记账凭证的填制工作，将一定时期若干份记录反映同类经济业务的原始凭证汇总编制一张汇总凭证，用以集中反映某项经济业务的完成情况。该凭证只能将类型相同的经济业务进行汇总，不能汇总两类或两类以上的经济业务。汇总原始凭证是有关责任者根据经济管理的需要定期编制的，见表6-6。

表6-6　发出材料汇总表

附件24张

2014 年 2 月

单位：元

| 会计科目 | 材料部门 | 领料单张数 | 甲材料 | 乙材料 | 合计 |
|---|---|---|---|---|---|
| 生产成本 | 一车间 | 3 | 200 | | 200 |
| | 二车间 | 8 | 600 | 700 | 1300 |
| | 合计 | 11 | 800 | 700 | 1500 |
| 制造费用 | 一车间 | 6 | 700 | | 700 |
| | 二车间 | 7 | 500 | 200 | 700 |
| | 合计 | 13 | 1200 | 200 | 1400 |
| 合计 | | 24 | 2000 | 900 | 2900 |

会计主管：刘健　　　　　　复核：邓云　　　　　　　　　制表：黄燕

### （三）外来原始凭证的填制要求

外来原始凭证是在企业同外单位发生经济业务时，由外单位的经办人员填制完成。外来原始凭证一般由税务局等部门统一印制，或经税务部门批准由经营单位印制，在填制时加盖出具凭证单位公章方有效，对于一式多联的原始凭证必须用复写纸套写或打印机套打。见表6-7，即为外单位开具的普通发票。

表6-7　北京市商业企业专用发票

发票代码：123456789

付款单位：A 公司　　　　　　支票号：321　　　　　　发票号码：321654

| 编号 | 商品名称 | 规格 | 单位 | 数量 | 单价 | 金 额 | | | | | | | |
|---|---|---|---|---|---|---|---|---|---|---|---|---|---|
| | | | | | | 十 | 万 | 千 | 百 | 十 | 元 | 角 | 分 |
| | 电脑 | LX200 | 台 | 3 | 6000.00 | ¥ | 1 | 8 | 0 | 0 | 0 | 0 | 0 |
| | | | | | | | | | | | | | |
| | | | | | | | | | | | | | |
| 小写金额合计 | | | | | | ¥ | 1 | 8 | 0 | 0 | 0 | 0 | 0 |
| 大写金额 | | | | 人民币壹万捌仟元整 | | | | | | | | | |

收款单位：中兴电器商店（盖章）　　　　开票人：张强　　　　　2014 年 1 月 15 日

## 四、原始凭证的审核

为了如实反映经济业务的发生和完成情况，充分发挥会计的监督职能，保证会计信息的真实、合法、完整和准确，会计人员必须对原始凭证进行严格审核。审核的内容主要包括以下几点。

（1）审核原始凭证的真实性。原始凭证作为会计信息的基本信息源，其真实性对会计信息的质量具有至关重要的影响。其真实性的审核内容包括凭证日期是否真实、摘要是否真实、业务内容是否真实、数据是否真实等。对外来原始凭证，必须有填制单位的公章和填制人员的签章；对自制原始凭证，必须有经办部门和经办人员的签名或盖章。除此之外，对通用原始凭证，还应审核凭证本身的真实性，以防作假。

（2）审核原始凭证的合法性。审核原始凭证所反映的经济业务是否有违反国家法律法规的情况，是否符合规定的审核权限，是否履行了规定的凭证传递和审核程序，是否有营私舞弊、制造涂改等违法行为。

（3）审核原始凭证的合理性。审核原始凭证是否符合生产经营活动的需要，是否符合计划、预算和合同等规定。

（4）审核原始凭证的完整性。审核原始凭证各项基本要素是否齐全，是否有漏项情况，日期是否完整，数字是否清晰，文字是否工整，有关人员签章是否齐全，凭证联次是否正确等。

（5）审核原始凭证的正确性。审核原始凭证各项金额的计算及填写是否正确，如阿拉伯数字不得连写、大小写金额是否相符，有无刮擦、涂改和挖补现象等。

（6）审核原始凭证的及时性。原始凭证的及时性是保证会计信息及时性的基础。原始凭证应在经济业务发生或完成时及时填制并及时传递。审核时应注意审核凭证的填制日期，尤其是支票、银行汇票、银行本票等时效性较强的原始凭证，更应仔细验证其签发日期。

需要说明的是，原始凭证的审核，是一项严肃而细致的工作，会计人员必须坚持制度，履行会计人员的职责。在审核过程中，对于完全符合要求的原始凭证，应及时据以编制记账凭证入账；对于真实、合法、合理但内容不够完整、填写有错误的原始凭证，应退回给有关经办人员，由其负责将有关凭证补充完整、更正错误或重开后，再办理正式会计手续；对于不真实、不合法的原始凭证，会计机构和会计人员有权不予接受，并向单位负责人报告。

---

**【考场指示灯】**关于本节，考生可以从以下几个方面进行总结：

（1）原始凭证按取得的来源不同和按格式的内容不同可以划分为哪几种；

（2）原始凭证的基本内容和各种原始凭证的填制要求有哪些；

（3）原始凭证从哪几个方面进行审核。

其中原始凭证的审核通常以多选题的形式出现，主要考察考生对原始凭证审核每一个要点的理解能力。

# 第三节　记账凭证

## 一、记账凭证的种类

记账凭证可按不同的标准进行分类，按照用途可分为专用记账凭证和通用记账凭证；按照填列方式可分为单式记账凭证和复式记账凭证。

### （一）按凭证的用途分类

1. 专用记账凭证

专用记账凭证是指分类反映经济业务的记账凭证，按其反映的经济业务内容不同，可分为收款凭证、付款凭证和转账凭证。

（1）收款凭证

收款凭证是用于记录库存现金和银行存款收款业务的记账凭证。收款凭证根据有关库存现金和银行存款收款业务的原始凭证填制，可分为库存现金收款凭证和银行存款收款凭证两种，是登记现金日记账、银行存款日记账以及有关明细账和总账等账簿的依据。收款凭证的格式见表6-8。

表 6-8　收款凭证

借方科目　　　　　　　　　　　　　　年　月　日　　　　　　　　　　收字第　号

| 摘要 | 贷方科目 | | 记账 | 金额 | 附件 |
| --- | --- | --- | --- | --- | --- |
| | 一级科目 | 二级或明细科目 | | | |
| | | | | | |
| | | | | | |
| | | | | | |
| 合计 | | | | | 张 |

会计主管：　　记账：　　　　出纳：　　　　　审核：　　　　制单：

【注意】收款凭证的左上角为"借方科目"，右上角有"收字"字样，凭证内记载贷方科目明细。

（2）付款凭证

付款凭证是用于记录库存现金和银行存款付款业务的记账凭证。付款凭证根据库存现金和银行存款付款业务的原始凭证填制，可分为库存现金付款凭证和银行存款付款凭证两种，是登记现金日记账、银行存款日记账以及有关明细账和总账等账簿的依据。付款凭证的格式见表 6-9。

表 6-9　付款凭证

贷方科目　　　　　　　　　　　　　年　月　日　　　　　　　　　　　付字第　号

| 摘要 | 借方科目 | | 记账 | 金额 | 附 |
| | 一级科目 | 二级或明细科目 | | | 件 |
| | | | | | |
| | | | | | |
| | | | | | |
| 合计 | | | | | 张 |

会计主管：　记账：　　　　出纳：　　　　　审核：　　　　　制单：

【注意】付款凭证的左上角为"贷方科目"，右上角有"付字"字样，凭证内记载借方科目明细。

（3）转账凭证

转账凭证是用于记录不涉及库存现金和银行存款经济业务的记账凭证。转账凭证根据转账业务的原始凭证编制，是登记有关明细账和总账的依据。如计提固定资产折旧、车间领用原材料、期末结转成本等业务都应编制转账凭证。转账凭证的格式见表 6-10。

表 6-10　转账凭证

　　　　　　　　　　　　　　年　月　日　　　　　　　　　　　转字第　号

| 摘　要 | 会计科目 | | 记账 | 借方金额 | 贷方金额 | 附 |
| | 一级科目 | 二级或明细科目 | | | | 件 |
| | | | | | | |
| | | | | | | |
| | | | | | | |
| 合计 | | | | | | 张 |

会计主管：　　　　记账：　　　　审核：　　　　制单：

【例 6-5】（单选题）以下经济业务中，应填制转账凭证的是（　　　）。

A．职工借支差旅费 5000 元

B．以现金 2000 元购买办公用品

C．销售甲产品收入现金 3000 元

D. 购入设备一台，价款 6000 元未付

【答案】D

【解析】凡是不涉及现金和银行存款收入的经济业务，都应填制转账凭证。选项 A 和选项 B 都应填制付款凭证，选项 C 应填制收款凭证，答案为 D。

2. 通用记账凭证

通用记账凭证是指用来反映所有经济业务的记账凭证，为各类经济业务所共同使用，其格式与转账凭证基本相同。

（二）按凭证的填列方式分类

记账凭证按其填列方式不同，可分为单式记账凭证和复式记账凭证。

1. 单式记账凭证

单式记账凭证，又叫单科目记账凭证，是指填列经济业务所涉及的一个会计科目及其金额的记账凭证。每张记账凭证只登记一个会计科目，一项经济业务涉及几个会计科目就要填制几张记账凭证。只填列借方科目的称为借项凭证，只填列贷方科目的称为贷项凭证。单式记账凭证内容单一，便于分工记账，但不能反映某项经济业务的全貌和所涉及的会计科目之间的对应关系，不便于检验会计分录的正确性。单式记账凭证的格式见表 6-11 和 6-12。

表 6-11　借项记账凭证

对应科目：　　　　　　　　　年　月　日　　　　　　　　凭证编号：

| 摘　要 | 一级科目 | 二级或明细科目 | 金额 | 附件张 |
| --- | --- | --- | --- | --- |
|  |  |  |  |  |
|  |  |  |  |  |

会计主管：　　记账：　　　　出纳：　　　　　　　审核：　　制单：

表 6-12　贷项记账凭证

对应科目：　　　　　　　　　年　月　日　　　　　　　　凭证编号：

| 摘　要 | 一级科目 | 二级或明细科目 | 金额 | 附件张 |
| --- | --- | --- | --- | --- |
|  |  |  |  |  |
|  |  |  |  |  |

会计主管：　　记账：　　　　出纳：　　　　　　　审核：　　制单：

2. 复式记账凭证

复式记账凭证，又叫多科目记账凭证，是将每一笔经济业务所涉及的全部会计科目及

其发生额均在同一张记账凭证中反映的一种凭证。复式记账凭证能全面反映某项经济业务的全貌和所涉及的会计科目之间的对应关系，便于查账，同时可以减少填制记账凭证的工作量，减少记账凭证的数量。在实际工作中，普遍使用的是复式记账凭证。

【考场指示灯】记账凭证的划分标准和各种分类所包含的具体内容是常考点，考生要重点掌握；同时，还要正确分析出在哪一种经济业务下，需要填制哪一种记账凭证。

## 二、记账凭证的基本内容

记账凭证作为登记账簿的直接依据，因其所反映经济业务的内容不同、各单位规模大小及对会计核算繁简程度的要求不同，其内容有所差异，但应具备以下基本内容。

（1）填制凭证的日期。即编制日期，记账凭证的填制日期与原始凭证的填制日期可能相同，也可能不同，但记账凭证一般晚于原始凭证的填制。

（2）凭证编号。一般分为收、付、转三类编号，也可细分为现收、现付、银收、银付、转账 5 类编号。凭证编号之后，便于装订保管和登记账簿，也便于日后检查。

（3）经济业务摘要。摘要应能清晰揭示经济业务的内容，同时应简明扼要。

（4）会计科目。指经济业务事项所涉及的会计科目（包括一级科目、二级科目或明细科目）。

（5）金额。

（6）所附原始凭证的张数。原始凭证是编制记账凭证的根据，缺少它就无从审核记账凭证的正确性。

（7）填制凭证人员、稽核人员、记账人员、会计机构负责人、会计主管人员签名或者盖章。收款和付款记账凭证还应当由出纳人员签名或者盖章。

以自制的原始凭证或者原始凭证汇总表代替记账凭证的，也必须具备记账凭证应有的项目。

【例 6-6】（判断题）记账凭证是记录经济发生或完成情况的书面证明，也是登记账簿的凭据。（　　　　）

【答案】√

【解析】记账凭证是会计人员根据审核后的原始凭证进行分类整理，并运用会计科目，确定会计分录而编制的会计凭证。它是登记账簿的依据。

## 三、记账凭证的填制要求

记账凭证根据审核无误的原始凭证或原始凭证汇总表填制。记账凭证填制正确与否，直接影响整个会计系统最终提供信息的质量。与原始凭证的填制相同，记账凭证也有记录真实，内容完整，手续齐全，填制及时等要求。

**（一）记账凭证填制的基本要求**

填制记账凭证的基本要求如下。

（1）记账凭证各项内容必须完整。正确填写摘要，一级科目、二级科目或明细科目，账户的对应关系、金额都应正确无误。

（2）记账凭证的书写应清楚、规范。相关要求同原始凭证。

（3）除结账和更正错误的记账凭证可以不附原始凭证外，其他记账凭证都必须附有原始凭证。所附原始凭证张数的计算，一般以原始凭证的自然张数为准。与记账凭证中的经济业务事项记录有关的每一张证据都应当作为原始凭证。如果原始凭证需要另行保管，应在附件栏内加以注明。

（4）记账凭证可以根据每一张原始凭证填制，或根据若干张同类原始凭证汇总编制，也可以根据原始凭证汇总表填制，但不得将不同内容和类别的原始凭证汇总填制在一张记账凭证上。否则，经济业务的具体内容不清楚，难以填写摘要，会计科目也因没有明确的对应关系而看不清经济业务的来龙去脉，容易造成会计账簿记录的错误。

（5）记账凭证应连续编号。凭证应由主管该项业务的会计人员，按业务发生的顺序并按不同种类的记账凭证采用"字号编号法"连续编号。即每一会计期间，都必须按月编制序号，不得采用按年或按季连续编号方法。如果采取收款凭证、付款凭证和转账凭证的形式，则记账凭证应该按照字号编号法，即把不同类型的记账凭证用"字"加以区别，再把同类的记账凭证按照顺序加以连续编号，如"收字第××号""付字第××号""转字第××号"等。

如果一笔经济业务需要填制两张以上（含两张）记账凭证的，可以采用"分数编号法"编号。例如，一笔不涉及库存现金和银行存款的业务需要填制两张凭证，凭证的连续编号为5，则可编号"转字5（1/2）号""转字5（2/2）号"。前面的整数表示业务顺序，分子分别表示两张凭证中的第一张和第二张。为了便于监督，反映付款业务的会计凭证不得由出纳人员编号。

（6）填制记账凭证时若发生错误，应当重新填制。

（7）记账凭证填制完成后，如有空行，应当自金额栏最后一笔金额数字下的空行处至合计数上的空行处划线注销。以堵塞漏洞，严密会计核算手续。

**（二）收款凭证的填制要求**

凡涉及现金和银行存款增加的（现金和银行存款之间的转账业务除外）业务都必须填制收款凭证，具体要求如下。

（1）收款凭证左上角的"借方科目"应按收款的性质填写"库存现金"或"银行存款"。

（2）填写的日期是编制收款凭证的日期。

（3）右上角填写编制收款凭证的顺序号。

（4）"摘要"栏填写对所记录的经济业务的简要说明。

（5）"贷方科目"填写与收入"库存现金"或"银行存款"相对应的会计科目。

（6）"记账"是指该收款凭证已登记账簿的标记，防止经济业务所涉事项重记或漏记。

（7）"金额"是指该项经济业务的发生额。

（8）凭证右边"附件×张"是指该收款凭证所附原始凭证的张数。

（9）最下边分别由有关人员签名或盖章，以明确经济责任。

收款凭证的会计分录只能是"一借多贷"的复合分录或"一借一贷"的简单分录。出纳人员根据收款凭证收款时，要在原始凭证上加盖"收讫"戳记，以免重收。

【例 6-7】甲公司 2014 年 5 月 12 日，收到丙公司的支付的上月购买商品的货款 45000元，存入银行。应编制收款凭证，见表 6-13。

表 6-13　收款凭证

借方科目：银行存款　　　　　　　2014 年 5 月 12 日　　　　　　　银收字第 1 号

| 摘　要 | 贷方科目 | | 记账 | 金额 |
| --- | --- | --- | --- | --- |
| | 一级科目 | 二级或明细科目 | | |
| 收到丙公司欠款 45000 元，存入银行 | 应收账款 | 丙公司 | √ | 45000 |
| | | | | |
| | | | | |
| | | | | ¥45000 |

附件 1 张

会计主管：×××　　　记账：×××　　　出纳：×××　　　　审核：×××　　　　制单：×××

### （三）付款凭证的填制要求

付款凭证是根据审核无误的有关库存现金和银行存款的付款业务的原始凭证填制的。付款凭证的填制方法与收款凭证基本相同，不同的是在付款凭证的左上角应填列贷方科目，即"库存现金"或"银行存款"科目，"借方科目"栏应填写与"库存现金"或"银行存款"相对应的一级科目和明细科目。付款凭证的会计分录只能是"多借一贷"的复合分录或"一借一贷"的简单分录。

（1）对于涉及现金和银行存款之间的相互划转业务，为了避免重复记账，一般只编制付款凭证，不编制收款凭证。

（2）出纳人员在办理付款业务后，应在原始凭证中加盖"付讫"的戳记，以避免重付。

【例 6-8】2014 年 5 月 14 日，用库存现金 400 元购买办公用品。应编制付款凭证，见表 6-14。

**表 6-14 付款凭证**

贷方科目：库存现金　　　　　　　　2014 年 5 月 14 日　　　　　　　　现存字第 1 号

| 摘要 | 贷方科目 | | 记账 | 金额 |
| --- | --- | --- | --- | --- |
| | 一级科目 | 二级或明细科目 | | |
| 购办公用品支付库存现金 400 元 | 管理费用 | 办公费用 | √ | 400 |
| | | | | |
| | | | | |
| | | | | ￥400 |

会计主管：×××　　记账：×××　　出纳：×××　　审核：×××　　制单：×××

附件 1 张

**（四）转账凭证的填制要求**

转账凭证通常是根据有关转账业务的原始凭证填制的。转账凭证中"总账科目"和"明细科目"栏应填写应借、应贷的总账科目和明细科目，借方科目应记金额应在同一行的"借方金额"栏填列，贷方科目应记金额应在同一行的"贷方金额"栏填列，"借方金额"栏合计数与"贷方金额"栏合计数应相等。

【例 6-9】2014 年 5 月 31 日，计提本月管理用固定资产的折旧金额 60000 元。应编制转账凭证，见表 6-15。

**表 6-15 转账凭证**

　　　　2014 年 5 月 31 日　　　　　　　　　　　　　　　转字第 1 号

| 摘　要 | 贷方科目 | | 记账 | 金额 |
| --- | --- | --- | --- | --- |
| | 一级科目 | 二级或明细科目 | | |
| 计提本月管理固定资产折旧金额 60000 元 | 管理费用 | 办公费用 | √ | |
| | 累计折旧 | | √ | 60000 |
| | | | | |
| | | | | |
| 合计 | | | ￥60000 | ￥60000 |

会计主管：×××　　记账：×××　　审核：×××　　制单：×××

附件 1 张

此外，某些既涉及收款业务，又涉及转账业务的综合性业务，可分开填制不同类型的记账凭证。如张三出差回来，报销差旅费 700 元，走前预借 1000 元，剩余款项交回现金。

对于这项经济业务应根据收款收据的记账联填制现金收款凭证，同时根据差旅费报销凭单填制转账凭证。在实际工作中，规模较小、业务较少的单位也可以不根据经济业务的内容分别填制收付转凭证，而统一使用单一格式的通用凭证，格式同转账凭证。

## 四、记账凭证的审核

为了保证会计信息的质量，在记账之前应由有关稽核人员对记账凭证进行严格的审核。审核的主要内容包括以下几点。

（1）内容是否真实。审核记账凭证是否有原始凭证为依据，所附原始凭证的内容是否与记账凭证内容一致，记账凭证汇总表的内容与其所依据的记账凭证的内容是否一致。

（2）项目是否齐全。审核记账凭证各项目的填写是否齐全，如日期、凭证编号、摘要、会计科目、金额、所附原始凭证张数及有关人员签章等。

（3）科目是否正确。审核记账凭证的应借、应贷科目是否正确，是否有明确的账户对应关系，所使用的会计科目是否符合国家统一的会计制度的规定等。

（4）金额是否正确。审核记账凭证与原始凭证的有关金额是否一致、计算是否正确，记账凭证汇总表的金额与记账凭证的金额合计是否相符等。

（5）书写是否规范。审核人员在审核记账凭证时应注意记账凭证的记录是否文字工整、数字清晰，是否按规定进行更正等。

（6）手续是否完备。对于出纳人员办理的收款、付款业务，要审核是否已在原始凭证上加盖"收讫"或"付讫"的戳记。

在审核过程中，如果发现差错，应查明原因，按规定办法及时处理和更正。只有经过审核无误的记账凭证，才能据以登记账簿。

需要说明的是，对会计凭证进行审核，是保证会计信息质量，发挥会计监督的重要手段。要做好会计凭证的审核工作、正确发挥会计的监督作用，会计人员应当既要熟悉和掌握国家政策、法令、规章制度和计划、预算等有关规定，又要熟悉和了解本单位的经营情况。

> 【考场指示灯】关于记账凭证这一节，可以从以下几个方面进行总结：
> （1）记账凭证按内容的不同和按填列方式的不同可以划分为哪几种；
> （2）记账凭证的基本内容和记账凭证的填制要求有哪些；
> （3）记账凭证从哪几个方面进行审核等。

学习时可将记账凭证和原始凭证的相关知识点采用表格的形式罗列出来，再进行比较记忆，以便取得事半功倍的效果。

# 第四节 会计凭证的传递与保管

## 一、会计凭证的传递

会计凭证的传递是指从会计凭证的取得或填制时起至归档保管过程中，在单位内部有关部门和人员之间的传送程序。会计凭证的传递，应当满足内部控制制度的要求，使传递程序合理有效，同时尽量节约传递时间，减少传递的工作量。各单位应根据具体情况确定每一种会计凭证的传递程序和方法。

会计凭证的传递具体包括传递程序和传递时间。各单位应根据经济业务特点、内部机构设置、人员分工和管理要求，具体规定各种凭证的传递程序；根据有关部门和经办人员办理业务的情况，确定凭证的传递时间。

会计凭证的传递是否科学、严密、有效，对于加强企业内部管理、提高会计信息的质量具有重要影响。

## 二、会计凭证的保管

会计凭证的保管是指会计凭证记账后的整理、装订、归档和存查工作。会计凭证作为记账的依据，是重要的会计档案和经济资料。本单位以及其他有关单位，可能因为各种原因需要查阅会计凭证，特别是发生贪污、盗窃、违法乱纪行为时，会计凭证还是依法处理的有效证据。因此，任何单位在完成经济业务手续和记账后，必须将会计凭证按规定的立卷归档制度形成会计档案资料，妥善保管，防止丢失，不得任意销毁，以便日后随时查阅。

会计凭证的保管要求主要如下。

（1）会计凭证应定期装订成册，防止散失。会计部门依据会计凭证记账以后，应定期（每天、每旬或每月）对各种会计凭证进行分类整理，将各种记账凭证按照编号顺序，连同记账凭证所附的原始凭证一起加具封面和封底，装订成册，并在装订线上加贴封签，由装订人员在装订线封签处签名或盖章。

从外单位取得的原始凭证遗失时，应取得原签发单位盖有公章的证明，并注明原始凭证的号码、金额、内容等，由经办单位会计机构负责人（会计主管人员）和单位负责人批准后，才能代作原始凭证。若确实无法取得证明的，如火车票丢失，则应由当事人写明详细情况，由经办单位会计机构负责人（会计主管人员）和单位负责人批准后，代作原始凭证。

（2）会计凭证封面应注明单位名称、凭证种类、凭证张数、起止号数、年度、月份、会计主管人员、装订人员等有关事项，会计主管人员和保管人员应在封面上签章。会计凭证封面见表6-16。

表6-16　记账凭单（证）封面

| 日期 | 年　　月 |
|------|---------|
| 层数 | 本月共　　册　本册是第　　册 |
| 张数 | 本册自第　　号至第　　号　共　　张 |
| 附记 | |

会计主管：　　　　　　　　　　　　　　　　　　　　　　　　　装订人：

（3）会计凭证应加贴封条，防止被抽换凭证。原始凭证不得外借，其他单位如有特殊原因确实需要使用时，经本单位会计机构负责人（会计主管人员）批准，可以复印。向外单位提供的原始凭证复制件，应在专设的登记簿上登记，并由提供人员和收取人员共同签名、盖章。查阅或者复印会计档案的人员，严禁在会计档案上涂画、拆封和抽换。各单位应当建立健全会计档案查阅、复印登记制度。

（4）原始凭证较多时，可单独装订，但应在凭证封面注明所属记账凭证的日期、编号和种类，同时在所属的记账凭证上应注明"附件另订"及原始凭证的名称和编号，以便查阅。对各种重要的原始凭证，如押金收据、提货单等，以及各种需要随时查阅和退回的单据，应另编目录，单独保管，并在有关的记账凭证和原始凭证上分别注明日期和编号。

（5）每年装订成册的会计凭证，在年度终了时可暂由单位会计机构保管一年，期满后应当移交至本单位档案机构统一保管；未设立档案机构的，应当在会计机构内部指定专人保管。出纳人员不得兼管会计档案。

（6）严格遵守会计凭证的保管期限要求，期满前不得任意销毁。

【注意】各种会计档案保管期限：会计凭证保管15年；会计账簿保存15年，其中现金和银行存款日记账保存25年；会计报表保存10年，其中年度决算表永久保存；发货票保管15年。

【例6-10】（判断题）原始凭证不得外借，但经本单位领导批准，可以复印，不必登记。（　　）

【答案】×

【解析】原始凭证不得外借，如果有特殊原因确实需要使用，经本单位会计机构负责人、会计主管人员批准，可以复制，向外单位提供的原始凭证复印件，应在专设的登记簿上登记，并由提供人员和收取人员共同签章。

# 本 章 习 题

## 一、单项选择题

（1）下列说法中，错误的是（ ）。

    A．出差乘坐的车票属于原始凭证    B．采购材料的发货票属于原始凭证

    C．领料单属于原始凭证           D．银行存款收款凭证属于原始凭证

（2）（ ）是记录经济业务发生或者完成情况的书面证明，也是登记账簿的依据。

    A．原始凭证    B．记账凭证    C．会计凭证    D．会计账簿

（3）领料单属于（ ）。

    A．单项原始凭证           B．自制原始凭证

    C．外来原始凭证           D．累计原始凭证

（4）下列不属于自制原始凭证的是（ ）。

    A．领料单      B．借款单    C．产品入库单   D．火车票

（5）在下列原始凭证中，按其来源不同，（ ）应归属于外来原始凭证。

    A．购买货物时取得的增值税专用发票    B．收料单

    C．领料单                 D．限额领料单

（6）下列原始凭证中不属于专用凭证的是（ ）。

    A．差旅费报销单           B．折旧计算表

    C．银行转账结算凭证         D．工资费用分配表

（7）折旧计算表属于（ ）。

    A．转账凭证              B．自制原始凭证

    C．收款凭证              D．付款凭证

（8）下列属于通用凭证的是（ ）。

    A．领料单               B．工资费用分配表

    C．增值税专用发票         D．差旅费报销单

（9）（ ）是在企业同外单位发生经济业务时，由外单位经办人员填制的。

    A．自制原始凭证           B．外来原始凭证

    C．收款凭证              D．付款凭证

（10）自制的原始凭证，必须有经办单位的（ ）签名或者盖章。

    A．会计人员              B．出纳人员

    C．保管人员              D．领导人或者由单位领导人指定的人员

（11）汇总凭证与累计凭证的主要区别点是（　　）。

　　A．登记的经济业务内容不同　　　　B．填制时期不同

　　C．会计核算工作繁简不同　　　　　D．填制手续和内容不同

（12）（　　）是指对一定时期内反映经济业务内容相同的若干张原始凭证，按照一定标准综合填制的原始凭证。

　　A．记账凭证汇总　　　　　　　　　B．累计凭证

　　C．一次凭证　　　　　　　　　　　D．汇总凭证

（13）按填制的手续和内容分类，差旅费报销单属于原始凭证中的（　　）。

　　A．一次凭证　　B．累计凭证　　C．汇总凭证　　D．专用凭证

（14）（　　）是在一定时期不断重复地反映同类经济业务的完成情况，它是由经办人于每次经济业务完成后在其上面重复填制而成的。

　　A．一次凭证　　B．累计凭证　　C．汇总凭证　　D．原始凭证汇总表

（15）"工资结算汇总表"是一种（　　）。

　　A．一次凭证　　B．累计凭证　　C．汇总凭证　　D．复式凭证

（16）下列属于累计凭证的是（　　）。

　　A．领料单　　B．销货发票　　C．限额领料单　　D．差旅费报销单

（17）下列各项中，属于一次凭证和累计凭证的主要区别是（　　）。

　　A．一次凭证是通用凭证，累计凭证是专用凭证

　　B．累计凭证是自制原始凭证，一次凭证是外来原始凭证

　　C．累计凭证填制的手续是多次完成的，一次凭证填制的手续是一次完成的

　　D．累计凭证是汇总凭证，一次凭证是单式凭证

（18）填制原始凭证时，不符合书写要求的是（　　）。

　　A．阿拉伯金额数字前面应当书写货币币种符号或者货币名称简写

　　B．币种符号与阿拉伯金额数字之间不得留有空白

　　C．金额数字一律填写到角分，无角分的，写"00"或符号"—"

　　D．有角无分的，分位写"0"或符号"—"

（19）关于原始凭证的书写，错误的是（　　）。

　　A．可以使用未经国务院公布的简化汉字

　　B．大小写金额必须相符且填写规范

　　C．小写金额用阿拉伯数字逐个书写，不得写连笔字

　　D．在金额前要填写人民币符号"￥"

（20）下列金额表示方法中，正确的是（　　）。

　　A．￥508.00　　　　　　　　　　B．￥86.3—

　　C．人民币伍拾陆元捌角伍分整　　　D．人民币柒拾陆元整

（21）用大写表示￥30010.56，正确写法是（　　）。

    A．人民币叁万零壹拾元零伍角陆分

    B．人民币三万零十元五角六分

    C．人民币三万零十元五角六分整

    D．人民币叁万零拾元伍角陆分整

（22）下列关于原始凭证的要求，不正确的是（　　）。

    A．发生错误时可以涂改

    B．原始凭证所要求填列的项目必须逐项填列齐全，不得遗漏和省略

    C．书写要清楚、规范

    D．编号要连续

（23）原始凭证的审核是一项严肃而细致的工作，经审核的原始凭证应根据不同情况处理。下列处理方法不正确的是（　　）。

    A．对于完全符合要求的原始凭证，应及时据以编制记账凭证入账

    B．对于不真实、不合法的原始凭证，会计机构和会计人员有权不予接受，并向
        单位负责人报告

    C．对于不完全符合要求的自制原始凭证，可先行编制记账凭证，以保证账务的
        及时处理，随后必须保证补充完整

    D．对于真实、合法、合理但内容不够完整、填写有错误的原始凭证，应退回给
        有关经办人员，由其负责将有关凭证补充完整、更正错误或重开后，再办理
        正式会计手续

（24）会计人员在审核支出凭单时发现，此项支出不符合国家有关政策的规定。则该原始凭证所反映的经济业务（　　）。

    A．不合法　　　　B．不合理　　　　C．不完整　　　　D．不正确

（25）专用记账凭证按其（　　）不同，通常分为收款凭证、付款凭证和转账凭证。

    A．格式　　　　　　　　　　B．反映的经济内容

    C．填列方式　　　　　　　　D．依据的原始凭证

（26）某单位第52笔经济业务需涉及三张记账凭证，则正确的编号为（　　）。

    A．152、252、252　　　　　　B．52（1/3）、52（2/3）、52（3/3）

    C．52-1、52-2、52-3　　　　　D．1/3、2/3、3/3

## 二、多项选择题

（1）关于会计凭证的保管，正确的说法有（　　）。

    A．原始凭证较多时，可单独装订，但应在凭证封面注明所属记账凭证的日期、
        编号和种类，同时在所属的记账凭证上应注明"附件另订"及原始凭证的名

称和编号，以便查阅

  B．对各种重要的原始凭证，如押金收据、提货单等，以及各种需要随时查阅和退回的单据，应另编目录，单独登记保管，并在有关的记账凭证和原始凭证上分别注明日期和编号

  C．会计凭证保管一年之后，可以按程序销毁

  D．装订会计凭证的人员要在装订线封签处签名或者盖章

（2）下列关于原始凭证的要求，正确的有（　　）。

  A．支付款项的原始凭证有银行汇款凭证即可

  B．发生销货退回的，除填制退货发票外，还必须有退货验收证明

  C．职工公出借款凭据，必须附在记账凭证之后

  D．上级有关部门批准的经济业务，应当将批准文件作为原始凭证附件

（3）其他单位因特殊原因需要使用本单位的原始凭证，下列说法中，正确的有（　　）。

  A．向外单位提供的原始凭证复制件，应在专设的登记簿上登记，并由提供人员和收取人员共同签名、盖章

  B．不得外借，经本单位会计机构负责人或会计主管人员批准，可以复制

  C．可以外借

  D．将外借的会计凭证拆封抽出

（4）以下有关会计凭证的表述中，正确的有（　　）。

  A．会计凭证可以记录经济业务

  B．会计凭证可以明确经济责任

  C．会计凭证可以监督经济活动

  D．会计凭证是登记账簿的依据

（5）下列关于原始凭证和记账凭证的区别，表述正确的有（　　）。

  A．原始凭证是根据发生或完成的经济业务填制的，而记账凭证则是根据审核后的原始凭证填制的

  B．原始凭证仅用以记录、证明经济业务已经发生完成，而记账凭证则要依据会计科目对已经发生或完成的经济业务进行归类、整理编制

  C．原始凭证由经办人员填制，而记账凭证一律由会计人员填制

  D．原始凭证是记账凭证的附件和填制记账凭证的依据，而记账凭证则是登记账簿的直接依据

（6）会计凭证归档保管的主要方法和要求有（　　）。

  A．会计凭证应定期装订成册，防止散失

  B．会计凭证的封面应注明单位的名称、凭证种类、凭证张数等有关事项，会计主管和保管人员应该在封面上签章

C．会计凭证应加贴封条，防止抽换凭证

D．年度终了时应将会计凭证移交本单位档案机构统一保管，出纳不得兼管会计档案

（7）下列凭证属于外来原始凭证的有（　　）。

A．付款收据　　　　　　　　　B．银行转来的各种结算凭证

C．工资发放明细表　　　　　　D．出差人员车票

（8）收料单的传递应规定（　　）。

A．材料到达企业后多长时间内验收入库

B．收料单由谁填制

C．一式几联

D．何时传递到会计部门

（9）下列原始凭证中，属于单位自制原始凭证的有（　　）。

A．收料单　　　　　　　　　　B．限额领料单

C．产品入库单　　　　　　　　D．领料单

（10）下列各项中，（　　）属于原始凭证的基本内容。

A．凭证名称、填制日期　　　　B．经济业务内容

C．接受凭证单位名称　　　　　D．经办人员的签名或盖章

（11）原始凭证的基本内容中包括（　　）。

A．原始凭证名称　　　　　　　B．接受原始凭证的单位名称

C．经济业务的性质　　　　　　D．经济业务内容

（12）下列项目中符合填制会计凭证要求的有（　　）。

A．汉字大小写金额必须相符且填写规范

B．阿拉伯数字连笔书写

C．阿拉伯数字前面的人民币符号写为"￥"

D．大写金额有分的，分字后面不写"整"或"正"字

（13）从外单位取得的原始凭证遗失时，应（　　）后代作原始凭证。

A．取得原签发单位盖有公章的证明

B．注明原始凭证的号码、金额、内容等

C．由经办单位会计机构负责人（会计主管人员）和单位负责人批准

D．由本单位会计人员自行补办

（14）从外单位取得的原始凭证遗失时，应取得原签发单位盖有公章的证明，并注明原始凭证的号码、金额、内容等，由经办单位（　　）批准后，才能代作原始凭证。

A．单位负责人　　　　　　　　B．会计机构负责人（会计主管人员）

C．出纳　　　　　　　　　　　D．会计人员

（15）原始凭证真实性的审核内容包括（　　　）。

 A．原始凭证日期、业务内容、数据是否真实

 B．外来原始凭证，必须有填制单位公章和填制人员签章

 C．自制原始凭证，必须有经办部门和经办人员的签名或盖章

 D．对于通用原始凭证，还应审核凭证本身的真实性，以防假冒

（16）下列属于原始凭证审核内容的有（　　　）。

 A．真实性的审核     B．合理性的审核

 C．正确性的审核     D．完整性的审核

（17）某企业外购材料一批，已验收入库，货款已付。下列各项中，（　　　）属于这项经济业务应填制的会计凭证。

 A．收款凭证  B．收料单  C．付款凭证  D．累计凭证

（18）下列关于记账凭证分类的表述中，正确的有（　　　）。

 A．按凭证的用途可分为收款凭证、付款凭证和转账凭证

 B．按内容可分为复式记账凭证和单式记账凭证

 C．按凭证的用途可分为专用记账凭证和通用记账凭证

 D．按填列方式可分为复式记账凭证和单式记账凭证

（19）记账凭证必须具备（　　　）的签名或盖章。

 A．填制凭证人员     B．会计主管人员

 C．记账人员      D．稽核人员

（20）审核记账凭证的内容是否真实，包括（　　　）。

 A．记账凭证是否附有原始凭证

 B．审核记账凭证的文字是否工整、数字是否清晰

 C．记账凭证所记录的经济业务与所附原始凭证所反映的经济业务是否相符

 D．记账凭证与原始凭证的有关金额是否一致

## 三、判断题

（1）原始凭证是会计核算的原始资料和重要依据，是登记会计账簿的直接依据。（　　　）

（2）会计凭证的传递要满足会计基础工作规范的要求，使传递程序合理有效，同时要尽量节约传递时间，减少传递的工作量。（　　　）

（3）原始凭证和记账凭证都由本单位会计人员填制。（　　　）

（4）会计凭证按其取得的来源不同，可以分为原始凭证和记账凭证。（　　　）

（5）所有的记账凭证都必须附有原始凭证，否则，不能作为记账的依据。（　　　）

（6）自制原始凭证必须由单位会计人员自行填制。（　　　）

（7）生产过程中，在用另一种材料替代限额领料单内所列的材料时，应另填一次"领

料单"，但是不能减少限额余额。（　　）

（8）一次凭证只能记录一项经济业务，累计凭证可以反映若干项同类经济业务。（　　）

（9）原始凭证的要素至少包括原始凭证名称、填制原始凭证的日期、经济业务内容（含数量、单价、金额等）、记账标记等。（　　）

（10）原始凭证上填写的"人民币"字样或符号"￥"与汉字大写金额数字或阿拉伯金额数字之间应留有空白。（　　）

（11）在签发支票时，5200.05 元的汉字大写金额应写成"人民币伍仟贰佰元伍分"。（　　）

（12）从外单位取得的原始凭证，除某些特殊的外来原始凭证如火车票、汽车票外，必须盖有填制单位的公章或财务专用章。（　　）

（13）涉及"库存现金"和"银行存款"之间的经济业务，一般只编制付款凭证，不编制收款凭证。（　　）

（14）收回借款时，应当另开收据或者退还借款副本，不得退还原借款收据。（　　）

（15）记账凭证和原始凭证填制的要求是相同的。（　　）

# 第七章 会 计 账 簿

本章所讲的会计账簿是会计报表与会计凭证的中间环节，属于全书较为重要的一章。学习时重点掌握会计账簿的登记要求，总分类账与明细账平行登记的要点，日记账、总分类账及有关明细分类账的登记方法，对账与结账的方法和错账查找与更正的方法。

本章知识点相对较多，分值大约为 5 分，涉及题型包括单选题、多选题和判断题，大多为实务内容，相对较容易理解。

## 第一节 会计账簿概述

### 一、会计账簿的概念与作用

会计账簿是指由一定格式账页组成的，以经过审核的会计凭证为依据，全面、系统、连续地记录各项经济业务的簿籍。各单位应当按照国家统一的会计制度的规定和会计业务的需要设置会计账簿。

设置和登记账簿，是编制财务报表的基础，是连接会计凭证和财务报表的中间环节。对于加强经营管理，提高经济效益具有重要的意义。

总的来讲，会计账簿的作用主要体现在以下几个方面。

1. 记载和储存会计信息

会计账簿可以记载、存储会计信息，即将分散的会计凭证所记录的经济业务逐次记入相关会计账簿，统一存储在账簿中，以便随时查阅。

2. 分类和汇总会计信息

账簿由不同的相互关联的账户构成。通过账簿记录，一方面可以分门别类地反映各项会计信息，提供一定时期内经济业务的详细情况；另一方面可以通过发生额、余额的计算，提供各方面所需要的总括会计信息，反映财务状况、经营成果和现金流量的综合价值指标。

3. 检查和校正会计信息

账簿记录对会计凭证进一步整理，是会计分析、会计检查的重要依据。账簿中记录的财产物资的账面数与通过实地盘点所得的实存数进行核对，做到账实相符，提供真实可靠的会计信息。

4. 编报和输出会计信息

为了反映一定日期的财务状况及一定时期的经营成果，应定期进行结账工作，进行有关账簿之间的核对，计算出本期发生额和余额，据以编制会计报表，向有关各方提供所需要的会计信息。

## 二、会计账簿的基本内容

在实际工作中，由于各种会计账簿所记录的经济业务不同，账簿的格式也多种多样，但各种账簿都应具备以下基本内容。

（1）封面。

主要标明账簿的名称，如总分类账、库存现金日记账、银行存款日记账、各种明细分类账等。封面和封底主要起保护账页的作用。

（2）扉页。

扉页主要列明科目索引、账簿启用和经管人员一览表，内容包括单位名称、账簿名称、起止页数、启用日期、单位领导人、会计主管人员、记账人员、移交人员和移交日期、接管人和接管日期，以及账户目录等。账户目录注明各个账户所在页次。账簿启用登记和经管人员一览表格式见表 7-1，账户目录见表 7-2。

表 7-1　账簿启用登记和经管人员一览表

| 单位名称 | | | | | |
|---|---|---|---|---|---|
| 账簿名称 | | | | | |
| 账簿页数 | 自第　　　　　页起至第　　　　　页止共　　　　　页 | | | | |
| 启用日期 | | | | | |
| 单位领导人<br>签　　章 | | | 会计主管<br>人员签章 | | |
| 经管人员职别 | 姓名 | 经管或接管日期 | 签章 | 移交日期 | 签章 |
| | | 年　月　日 | | 年　月　日 | |
| | | 年　月　日 | | 年　月　日 | |
| | | 年　月　日 | | 年　月　日 | |
| | | 年　月　日 | | 年　月　日 | |
| | | 年　月　日 | | 年　月　日 | |

表 7-2 账户目录

| 科目名称 | 页号 | 科目名称 | 页号 | 科目名称 | 页号 | 科目名称 | 页号 |
|---|---|---|---|---|---|---|---|
| | | | | | | | |
| | | | | | | | |
| | | | | | | | |

（3）账页。

账页是用来记录经济业务事项的载体，包括账户的名称、登记账簿的日期栏、记账凭证的种类和号数栏、摘要栏、金额栏、总页次和分户页次栏等基本内容和人员交接。

## 三、会计账簿与账户的关系

账簿与账户有着十分密切的联系。账簿与账户的关系是形式和内容的关系。账簿是由若干账页组成的一个整体，账簿中的每一账页就是账户的具体存在形式和载体，没有账簿，账户就无法存在；账簿序时、分类地记录经济业务，是在各个具体的账户中完成的。因此，账簿只是一个外在形式，账户才是它的实质内容。例如，总账账簿对应的内容是总分类账户，明细账簿对应的内容是明细分类账户。

## 四、会计账簿的种类

账簿可以按其用途、账页格式和外型特征等不同标准进行分类。

### （一）按用途分类

会计账簿按用途的不同，可以分为序时账簿、分类账簿和备查账簿三种。

1. 序时账簿

序时账簿，又称日记账，是按照经济业务发生时间的先后顺序逐日、逐笔登记的账簿。序时账簿按其记录的内容，可分为普通日记账和特种日记账。

（1）普通日记账是对全部经济业务按其发生时间的先后顺序逐日、逐笔登记的账簿，如日记总账。

（2）特种日记账是对某一特定种类的经济业务按其发生时间的先后顺序逐日、逐笔登记的账簿，如库存现金日记账和银行存款日记账。

2. 分类账簿

分类账簿是按照会计要素的具体类别而设置的分类账户进行登记的账簿。账簿按其反映经济业务的详略程度，可分为总分类账簿和明细分类账簿。

（1）总分类账簿，又称总账，是根据总分类账户开设的，能够全面地反映企业的经济活动。

（2）明细分类账簿，又称明细账，是根据明细分类账户开设的，用来提供明细的核算资料。

总账对所属的明细账起统驭作用，明细账对总账进行补充和说明。

### 3. 备查账簿

备查账簿，又称辅助登记簿或补充登记簿，是指对某些在序时账簿和分类账簿中未能记载或记载不全的经济业务进行补充登记的账簿。备查账簿只是对其他账簿记录的一种补充，与其他账簿之间不存在严密的依存和勾稽关系。备查账簿根据企业的实际需要设置，没有固定的格式要求。

备查账簿与序时账簿和分类账簿相比，主要有以下两点区别。

（1）备查账簿在登记时，其数据来源可能不需要记账凭证，甚至不需要一般意义上的原始凭证。

（2）备查账簿的主要栏目不记录金额，它更注重用文字来表述某项经济业务的发生情况，无固定格式。

### （二）按账页格式分类

会计账簿按账页格式的不同，可以分为两栏式账簿、三栏式账簿、多栏式账簿、数量金额式账簿和横线登记式账簿5种。

### 1. 两栏式账簿

两栏式账簿是指只有借方和贷方两个金额栏目的账簿。普通日记账和转账日记账一般采用两栏式。两栏式账簿格式见表7-3。

表 7-3　转账日记账

| 年 | | 凭证号 | 摘要 | 借方 | | 贷方 | |
|---|---|---|---|---|---|---|---|
| 月 | 日 | | | 一级科目 | 金额 | 一级科目 | 金额 |
| | | | | | | | |
| | | | | | | | |
| | | | | | | | |

### 2. 三栏式账簿

三栏式账簿是指设有借方、贷方和余额三个金额栏目的账簿。各种日记账、总分类账以及资本、债权、债务明细账都可采用三栏式账簿。

三栏式账簿分为设对方科目和不设对方科目两种，二者的区别是在摘要栏和借方科目栏之间是否有一栏"对方科目"。有"对方科目"栏的，称为设对方科目的三栏式账簿；不设"对方科目"栏的，称为不设对方科目的三栏式账簿。三栏式账簿格式见表7-4。

表7-4　三栏式账

科目名称

| 年 | | 凭证编号 | 摘要 | 借方 | 贷方 | 借或贷 | 余额 |
|---|---|---|---|---|---|---|---|
| 月 | 日 | | | | | | |
| | | | | | | | |
| | | | | | | | |
| | | | | | | | |
| | | | | | | | |
| | | | | | | | |

### 3. 多栏式账簿

多栏式账簿是指在账簿的两个金额栏目（借方和贷方）按需要分设若干专栏的账簿。该账簿专栏设置在借方还是贷方或是两方同时设置专栏以及专栏的数量等，均应根据需要确定。收入、费用明细账一般采用这种格式的账簿，例如应交税费、生产成本、制造费用明细账等。多栏式账簿格式见表7-5。

表7-5　多栏式账

科目名称

| 年 | | 凭证编号 | 摘要 | 借方 | 贷方 | 借或贷 | 余额 | 借方金额分析 | | |
|---|---|---|---|---|---|---|---|---|---|---|
| 月 | 日 | | | | | | | | | |
| | | | | | | | | | | |
| | | | | | | | | | | |
| | | | | | | | | | | |
| | | | | | | | | | | |
| | | | | | | | | | | |

### 4. 数量金额式账簿

数量金额式账簿是指在账簿的借方、贷方和余额三个栏目内，每个栏目再分设数量、单价和金额三小栏，借以反映财产物资的实物数量和价值量的账簿。如原材料、库存商品、产成品等明细账一般都采用数量金额式账簿。数量金额式账簿格式见表7-6。

表7-6 数量金额式明细账

类别:                                                           计量单位:
名称:                                                           存放地点:
编号:                                                           储备定额:

| 年 | | 凭证编号 | 摘 要 | 收 入 | | | 发 出 | | | 结 存 | | |
|---|---|---|---|---|---|---|---|---|---|---|---|---|
| 月 | 日 | | | 数量 | 单价 | 金额 | 数量 | 单价 | 金额 | 数量 | 单价 | 金额 |
| | | | | | | | | | | | | |
| | | | | | | | | | | | | |
| | | | | | | | | | | | | |

【例7-1】(单选题)下列账簿中,不采用三栏式账页格式的是(        )。

A. 库存现金日记账          B. 银行存款日记账

C. 总分类账              D. 包装物明细分类账

【答案】D

【解析】采用三栏式账页格式的账簿包括现金日记账、银行存款日记账、总分类账,包装物明细分类账应采用多栏式账簿。

5. 横线登记式账簿

横线登记式账簿,又称平行式账簿,是指将前后密切相关的经济业务登记在同一行上,以便检查每笔业务的发生和完成情况的账簿。该明细分类账适用于登记材料采购业务、应收票据和一次性备用金业务。横线登记式账簿格式见表7-7。

表7-7 明细账

科目:                    规格等级:                              品名:
子目:                    计量单位:                     总页        分页

| 年 | | 凭证 | | 摘要 | 收入 | | | 发出 | | | 结存 | | |
|---|---|---|---|---|---|---|---|---|---|---|---|---|---|
| 月 | 日 | 字 | 号 | | 数量 | 单价 | 金额 | 数量 | 单价 | 金额 | 数量 | 单价 | 金额 |
| | | | | | | | | | | | | | |
| | | | | | | | | | | | | | |
| | | | | | | | | | | | | | |
| | | | | | | | | | | | | | |

## (三)按外形特征分类

会计账簿按外形特征不同可分为订本式账簿、活页式账簿和卡片式账簿三种。

1. 订本式账簿

订本式账簿，简称订本账，是在启用前将编有顺序页码的一定数量账页装订成册的账簿。

订本账启用之前就已将账页装订在一起，并对账页进行了连续编号。其优点是能避免账页散失和防止抽换账页，从而保证账簿信息的安全和完整。缺点是不能准确为各账户预留账页。

同一本订本账账簿在同一时间只能由一个人登记，这样不便于记账人员分工记账。订本账适用于比较重要的、具有统驭性的账簿。这种账簿一般适用于总分类账、现金日记账、银行存款日记账。

2. 活页式账簿

活页式账簿，简称活页账，是将一定数量的账页置于活页夹内，可根据记账内容的变化而随时增加或减少部分账页的账簿。

这类账簿的优点是记账时可以根据实际需要，随时将空白账页装入账簿，或抽去不需要的账页，便于分工记账；其缺点是如果管理不善，可能会造成账页散失或故意抽换账页。

各种明细分类账一般可采用活页账形式。

3. 卡片式账簿

卡片式账簿，简称卡片账，是将一定数量的卡片式账页存放于专设的卡片箱中，可以根据需要随时增添账页的账簿。

卡片账将账户所需格式印刷在硬卡上。使用时，应在卡片上连续编号、加盖有关人员印章、置放于卡片箱内，以保证其安全并可以随时取出和放入。在我国，一般只对固定资产明细账采用卡片账形式。因为固定资产在长期使用过程中实物形态不变，经常转移使用部门，因此，设置卡片账便于随同实物转移。少数企业在材料核算中也使用材料卡片。

【例 7-2】（单选题）下列不属于按外形特征不同分类的账簿是（　　　）。

A. 备查账簿　　　　　　　　B. 订本式账簿

C. 活页式账簿　　　　　　　D. 卡片式账簿

【答案】A

【解析】按账簿的不同外形特征，可将会计账簿分为订本式账簿、活页式账簿和卡片式账簿等三类。

# 第二节 会计账簿的启用与登记要求

## 一、会计账簿的启用

启用会计账簿时，应当在账簿封面上写明单位名称和账簿名称，并在账簿扉页上附启用表，表中详细标明单位名称、账簿名称、账簿编号、账簿页数、启用日期、记账人员和会计主管人员姓名，并加盖有关人员的签章和单位公章。

关于账簿的启用，还应注意以下几点。

（1）启用订本式账簿应当从第一页到最后一页顺序编定页数，不得跳页、缺号。

（2）使用活页式账簿应当按账户顺序编号，并须定期装订成册，装订后再按实际使用的账页顺序编定页码，另加目录以便于记明每个账户的名称和页次。

（3）更换记账人员时，应办理交接手续，在交接记录内填写交接日期和交接人员姓名并签章。

【注意】在年度开始启用新账簿时，应把上年度的年末余额记入新账簿的第一行，并在摘要栏中注明"上年结转"或"年初余额"字样，这样才能保证年度之间账簿记录的相互衔接。

## 二、会计账簿的登记要求

为了保证账簿记录的正确性，必须根据审核无误的会计凭证登记会计账簿，并符合有关法律、行政法规和国家统一的会计准则制度的规定，会计账簿登记要求主要有如下几点。

### 1. 准确完整

登记会计账簿时，应当将会计凭证日期、编号、业务内容摘要、金额和其他有关资料逐项记入账内，做到数字准确、摘要清楚、登记及时、字迹工整。

每一项会计事项，一方面要记入有关的总账，另一方面要记入该总账所属的明细账。账簿记录中的日期，应该填写记账凭证上的日期；以自制原始凭证（如发料单、领料单等）作为记账依据的，账簿记录中的日期应按有关自制凭证上的日期填列。

### 2. 注明记账符号

账簿登记完毕后，要在记账凭证上签名或者盖章，并在记账凭证的"过账"栏内注明账簿页数或画对勾，注明已经登账的符号，表示已经记账完毕，避免重记、漏记。

### 3. 书写留空

账簿中书写的文字和数字上面要留有适当的空格，不要写满格，一般应占格距的1/2。一旦发生登记错误，能比较容易地进行更正，同时也方便查账工作。

### 4. 正常记账使用蓝黑墨水

为了保持账簿记录的持久性，防止涂改，登记账簿必须使用蓝黑墨水或碳素墨水书写，不得使用圆珠笔（银行的复写账簿除外）或者铅笔书写。

### 5. 特殊记账使用红墨水

由于会计中的红字表示负数，因此除了以下情况外，不得用红色墨水登记账簿：

（1）按照红字冲账的记账凭证，冲销错误记录；

（2）在不设借贷等栏的多栏式账页中，登记减少数；

（3）在三栏式账户的余额栏前，如未印明余额方向的，在余额栏内登记负数余额；

（4）根据国家统一的会计制度的规定可以用红字登记的其他会计记录。

由于会计中的红字表示负数，因而除上述情况外，不得用红色墨水登记账簿。

### 6. 顺序连续登记

在登记各种账簿时，应按页次顺序连续登记，不得隔页、跳行。如发生隔页、跳行现象，应在空页、空行处用红色墨水划对角线注销，或者注明"此页空白"或"此行空白"字样，并由记账人员签章。

### 7. 结出余额

（1）凡需要结出余额的账户，结出余额后，应当在"借或贷"栏目内注明"借"或"贷"字样，以示余额的方向。

（2）对于没有余额的账户，应在"借或贷"栏内写"平"字，并在"余额"栏用"θ"表示。

（3）现金日记账和银行存款日记账必须逐日结出余额。

### 8. 过次承前

每一账页登记完毕结转下页时，应当结出本页合计数及余额，写在本页最后一行和下页第一行相关栏内，并在摘要栏内注明"过次页"和"承前页"字样；也可以将本页合计数及金额只写在下页第一行相关栏内，并在摘要栏内注明"承前页"字样，以保持账簿记录的连续性，便于对账和结账。

对需要结计本月发生额的账户，结计"过次页"的本页合计数应当为自本月初起至本页末止的发生额合计数；对需要结计本年累计发生额的账户，结计"过次页"的本页合计数应当为自年初起至本页末止的累计数；对既不需要结计本月发生额也不需要结计本年累计发生额的账户，可以只将每页末的余额结转次页。

9. 不得涂改、刮擦、挖补

如果发生账簿记录错误，不得刮擦、挖补或用褪色药水更改字迹，而应采用规定的方法更正。

【例 7-3】（多选题）在登记账簿时，每记满一页，下列不正确的操作有（      ）。

A. 只计算本页的发生额

B. 只计算本页的余额

C. 计算本页的发生额和余额，同时在摘要栏注明"过次页"字样

D. 不计算本页的发生额和余额，但应在摘要栏注明"过次页"字样

【答案】ABD

【解析】在登记账簿时，每记满一页时，计算本页的发生额和余额，同时在摘要栏注明"过次页"字样，所以，选项 A、B、D 说法错误。

# 第三节　会计账簿的格式与登记方法

## 一、日记账的格式与登记方法

日记账是按照经济业务发生或完成时间的先后顺序逐日逐笔进行登记的账簿。设置日记账的目的是为了使经济业务的时间顺序清晰地反映在账簿记录中。

日记账按其所核算和监督经济业务的范围，可分为特种日记账和普通日记账。

在我国，大多数企业一般只设库存现金日记账和银行存款日记账。

### （一）库存现金日记账的格式与登记方法

库存现金日记账是用来核算和监督库存现金日常收、付和结存情况的序时账簿。库存现金日记账的格式主要有三栏式和多栏式两种，库存现金日记账必须使用订本账。

1. 三栏式库存现金日记账

三栏式库存现金日记账是用来登记库存现金的增减变动及其结果的日记账。设借方、贷方和余额三个金额栏目，一般将其分别称为收入、支出和结余三个基本栏目。

　　三栏式库存现金日记账是由出纳人员根据库存现金收款凭证、库存现金付款凭证以及银行存款的付款凭证，按照库存现金收、付款业务和银行存款付款业务发生时间的先后顺序逐日逐笔登记。其格式见表7-8。

表7-8　三栏式现金日记账

| ××年 | | 凭证 | | 摘要 | 对方科目 | 页数 | 借方 | 贷方 | 金额 |
|------|------|------|------|------|---------|------|------|------|------|
| 月 | 日 | 种类 | 号数 | | | | | | |
| | | | | | | | | | |
| | | | | | | | | | |
| | | | | | | | | | |

【例7-4】（多选题）现金日记账登记的依据有（　　　　）。

A．银行存款收款凭证　　　　　B．银行存款付款凭证

C．现金付款凭证　　　　　　　D．现金收款凭证

【答案】BCD

【解析】本题考查库存现金日记账的登记依据。库存现金日记账是由出纳人员根据库存现金收款凭证、库存现金付款凭证以及银行存款的付款凭证，按照库存现金收、付款业务和银行存款付款业务发生时间的先后顺序逐日逐笔登记。

　　2．多栏式库存现金日记账

　　多栏式库存现金日记账是在三栏式库存现金日记账基础上发展起来的。这种日记账的借方（收入）和贷方（支出）金额栏都按对方科目设专栏，也就是按收入的来源和支出的用途设专栏。这种格式在月末结账时，可以结出各收入来源专栏和支出用途专栏的合计数，便于对现金收支的合理性、合法性进行审核分析，便于检查财务收支计划的执行情况，其全月发生额还可以作为登记总账的依据。其格式如见表7-9。

表7-9　索兰式现金日记账

| ××年 | | 凭证 | | 摘要 | 收入（对方科目） | | | | 支出（对方科目） | | | | 余额 |
|------|------|------|------|------|------|------|------|------|------|------|------|------|------|
| 月 | 日 | 种类 | 号数 | | 银行存款 | 主营业务收入 | …… | 小计 | 其他应收款 | 管理费用 | …… | 小计 | |
| | | | | | | | | | | | | | |
| | | | | | | | | | | | | | |
| | | | | | | | | | | | | | |

　　在实际工作中，设置多栏式现金日记账，一般常把收入业务和支出业务分设"现金收入日记账"和"现金支出日记账"两本账，见表7-10和表7-11。

表 7-10　现金收入日记账

| ××年 | | 凭证 | | 摘要 | 收入（对方科目） | | | | 支出合计 | 余额 |
|---|---|---|---|---|---|---|---|---|---|---|
| 月 | 日 | 种类 | 号数 | | 银行存款 | 主营业务收入 | …… | 收入合计 | | |
| | | | | | | | | | | |
| | | | | | | | | | | |
| | | | | | | | | | | |

表 7-11　现金支出日记账

| ××年 | | 凭证 | | 摘要 | 支出（对方科目） | | | | 收入合计 | 余额 |
|---|---|---|---|---|---|---|---|---|---|---|
| 月 | 日 | 种类 | 号数 | | 银行存款 | 其他应收款 | …… | 支出合计 | | |
| | | | | | | | | | | |
| | | | | | | | | | | |
| | | | | | | | | | | |

3. 现金日记账的登记方法

现金日记账由出纳人员根据同现金收付有关的记账凭证，按时间顺序逐日逐笔进行登记，并根据"上日余额+本日收入-本日支出=本日余额"的公式，逐日结出库存现金余额，与库存现金实存数核对，以检查每日库存现金收付是否有误。

现金日记账（三栏式日记账）的具体登记方法如下：

（1）日期栏：登记记账凭证的日期，应与库存现金实际收付日期一致；

（2）凭证栏：登记入账的收付款凭证的种类和编号；

（3）摘要栏：登记入账的经济业务的内容，文字需简练，但要能说明问题；

（4）对方科目栏：登记库存现金收入的来源科目或支出的用途科目；

（5）收入、支出栏：登记库存现金实际收付的金额。每日终了，应分别计算库存现金收入和付出的合计数，结出余额，同时将余额与出纳员的库存现金核对，即通常说的"日清"。如账款不符应查明原因，并记录备案。月终同样要计算现金收、付和结存的合计数，通常称为"月结"。

借、贷方分设的多栏式现金日记账应先根据有关现金收入业务的记账凭证登记现金收入日记账，根据有关库存现金支出业务的记账凭证登记现金支出日记账，每日营业终了，再将现金支出日记账结计的支出合计数转入现金收入日记账的"支出合计"栏中，并结出当日余额。

### （二）银行存款日记账的格式与登记方法

银行存款日记账是用来核算和监督银行存款每日的收入、支出和结余情况的账簿，应根据企业在银行开立的账户和币种分别设置，每个银行账户设置一本日记账。

银行存款日记账应由出纳人员根据与银行存款收付业务有关的记账凭证，按时间先后顺序逐日逐笔进行登记。根据银行存款收款凭证和有关的库存现金付款凭证登记银行存款收入栏，根据银行存款付款凭证登记支出栏，每日结出存款余额。

多栏式可以将收入和支出的核算在一本账上进行，也可以分设"银行存款收入日记账"和"银行存款支出日记账"两本账。其格式和登记方法与"库存现金收入日记账"和"库存现金支出日记账"基本相同。三栏式银行存款日记账格式见表 7-12。

表 7-12　三栏银行存款日记账

| 2014 年 | | 凭证 | | 摘要 | 对方科目 | 发票号 | 借方 | 贷方 | 余额 |
| 月 | 日 | 种类 | 号数 | | | | | | |
|---|---|---|---|---|---|---|---|---|---|
| 5 | 1 | | | 承前页 | | | | | 70000 |
| | 2 | 银收 | 1 | 销售商品收入存入银行 | 主营业务收入 | | 2000 | | 72000 |
| | 2 | 银付 | 1 | 提取库存现金备发工资 | 库存现金 | | | 50000 | 22000 |
| 6 | 2 | 银付 | 2 | 支付水电费 | 销售费用 | | | 2000 | 20000 |
| | | | | 本月合计 | | | 2000 | 52000 | 20000 |
| | | | | …… | | | | | |

【考场指示灯】库存现金日记账和银行存款日记账必须采用订本账。其中的"必须"一词等同于"有且仅有"，因此若出现类似"下列选项中库存现金日记账和银行存款日记账不能采用的账簿有（　　　）"这种多选题时，应选择除订本账以外的所有答案。

## 二、总分类账的格式与登记方法

### （一）总分类账的格式

总分类账是指按照总分类账户分类登记以提供总括会计信息的账簿。总分类账最常用的格式为三栏式，设有借方、贷方和余额三个金额栏目。三栏式总分类账的一般格式见

表 7-13。

**表 7-13 总分类账**

科目名称：原材料

| 2014 年 | | 凭证编号 | 摘　要 | 借方 | 贷方 | 借或贷 | 余额 |
|---|---|---|---|---|---|---|---|
| 月 | 日 | | | | | | |
| 4 | 1 | | 月初余额 | | | 借 | 50000 |
| | 2 | 转 1 | 材料验收入库 | 25000 | | 借 | 75000 |
| | 5 | 转 10 | 领用原材料 | | 30000 | 借 | 45000 |
| | | | ……　 | | | | |

## （二）总分类账的登记方法

总分类账的登记方法因登记的依据不同而有所不同。

（1）经济业务少的小型单位的总分类账可以根据记账凭证逐笔登记；

（2）经济业务多的大中型单位的总分类账可以根据记账凭证汇总表（又称科目汇总表）或汇总记账凭证等定期登记。

总分类账采用科目汇总表账务处理程序见表 7-14。

**表 7-14 总分类账**

科目名称：库存现金

| 2014 年 | | 凭证编号 | 摘　要 | 借方 | 贷方 | 借或贷 | 余额 |
|---|---|---|---|---|---|---|---|
| 月 | 日 | | | | | | |
| 1 | 1 | | 期初余额 | | | 借 | 60000 |
| 1 | 31 | | 1-31 汇总 | 25000 | 10242 | 借 | 52258 |
| 2 | 28 | | 1-28 汇总 | | 1500 | 借 | 50758 |
| | | | ……　 | | | | |

# 三、明细分类账的格式与登记方法

明细分类账是根据有关明细分类账户设置并登记的账簿。它能提供交易或事项比较详细、具体的核算资料，以补充总账所提供核算资料的不足。因此，各企业单位在设置总账的同时，还应设置必要的明细账。

明细分类账一般根据记账凭证和相应的原始凭证来登记，并且一般采用活页式账簿、卡片式账簿。

## （一）明细分类账的格式

根据各种明细分类账所记录经济业务的特点，明细分类账的常用格式主要有以下 4 种。

## 1. 三栏式

三栏式明细分类账是设有借方、贷方和余额三个栏目，用以分类核算各项经济业务，提供详细核算资料的账簿，其格式与三栏式总账格式相同，格式见表7-15。

表7-15 应收账款明细账

明细科目：乙公司

| 2014 年 | | 凭证 | | 摘要 | 借方 | 贷方 | 借或贷 | 余额 |
|---|---|---|---|---|---|---|---|---|
| 月 | 日 | 种类 | 编号 | | | | | |
| 3 | 1 | | | | | | | |
| | 12 | | | 期初余额 | | | 借 | 5000 |
| | | 银收 | 3 | 收到乙公司货款 | | 4000 | 借 | 1000 |
| | | | | | | | | |

三栏式明细分类账适用于只进行金额核算的资本、债权和债务类账户，如"应收账款"、"应付账款"和"应交税费"等往来结算账户。

## 2. 多栏式

多栏式明细分类账将属于同一个总账科目的各个明细科目合并在一张账页上进行登记，即在这种格式账页的借方或贷方金额栏内按照明细项目设若干专栏。多栏式明细分类账的格式见表7-16和7-17。

表7-16 生产成本明细账

产品名称：A产品

| 2014 年 | | 凭证编号 | 摘要 | 借方 | 贷方 | 借或贷 | 金额 | 借方金额分析 | | | |
|---|---|---|---|---|---|---|---|---|---|---|---|
| 月 | 日 | | | | | | | 直接材料 | 直接人工 | 制造费用 | …… |
| 1 | 1 | 收 5 | 上年结转 | | | 借 | 12000 | 5000 | 3000 | 4000 | |
| | 8 | 转 12 | 领用材料 | 30000 | | 借 | 42000 | 30000 | | | |
| | | | 工资分配 | 20000 | | 借 | 62000 | | 20000 | | |
| | | | 结转制造费用 | 32000 | | 借 | 94000 | | | 32000 | |
| | | | 结转完工产品成本 | | 94000 | 平 | 0 | 35000 | 35000 | | |
| 2 | | | …… | | | | | | | | |

表 7-17　主营业务收入明细账

产品名称：A 产品

| 2014 年 | | 凭证编号 | 摘要 | 借方 | 贷方 | 借或贷 | 金额 | 贷方金额分析 | | |
| 月 | 月 | | | | | | | 产品销售 | 劳务收入 | …… |
| 1 | 1 | 收 5 | 销售商品 | | 10000 | 贷 | 10000 | 10000 | | |
| | 15 | 转 12 | 劳务收入 | | 5000 | 贷 | 15000 | | 5000 | |
| | | | …… | | | | | | | |

多栏式明细分类账适用于收入、成本、费用类科目的明细核算，例如"生产成本""管理费用""营业外收入"等科目的明细分类核算。

### 3. 数量金额式

数量金额式账页适用于既要进行金额核算又要进行数量核算的账户，如原材料、库存商品等存货账户，其借方（收入）、贷方（发出）和余额（结存）都分别设有数量、单价和金额三个专栏。数量金额式明细分类账的格式见表 7-18。

表 7-18　原材料明细账

类别：原料　　　　　　　　　　　　　　　　　　　　　计量单位：公斤
名称、规格：A　　　　　　　　　　　　　　　　　　　存放地点：2 号库
编号：007　　　　　　　　　　　　　　　　　　　　　储备定额：2000

| 2014 年 | | 凭证编号 | 摘要 | 收入 | | | 发出 | | | 结存 | | |
| 月 | 日 | | | 数量 | 单价 | 金额 | 数量 | 单价 | 金额 | 数量 | 单价 | 金额 |
| 1 | 1 | | 上年结转 | | | | | | | 3000 | 8 | 24000 |
| | 3 | 转 3 | 购入 | 5000 | 8 | 40000 | | | | 8000 | 8 | 64000 |
| | 23 | 转 45 | 车间领用 | | | | 200 | 8 | 1600 | 7800 | 8 | 624000 |

数量金额式账页提供了企业有关财产物资数量和金额收、发、存的详细资料，从而能加强财产物资的实物管理和使用监督，保证这些财产物资的安全完整。

### 4. 横线登记式

横线登记式账页是采用横线登记，即将每一相关的业务登记在一行，从而可依据每一行各个栏目的登记是否齐全来判断该项业务的进展情况。这种格式适用于登记材料采购、在途物资、应收票据和一次性备用金业务。

【例 7-5】（单选题）"生产成本""制造费用"等成本费用类明细账一般采用（　　　）账簿。

A. 三栏式　　　　　　　　　　　B. 借方多栏式

　　C．数量金额式　　　　　　　D．贷方多栏式

【答案】B

【解析】借方多栏式明细分类账适用于收入、成本、费用、利润和利润分配明细账的核算，如"生产成本""制造费用"等账户。

【例7-6】（多选题）明细分类账可以根据需要分别采用（　　　　）等不同格式的账页。

　　A．三栏式　　　　　　　　　B．数量金额式

　　C．多栏式　　　　　　　　　D．横线登记式

【答案】ABCD

【解析】明细分类账的格式有三栏式、多栏式、数量金额式和横线登记式4种。

### （二）明细分类账的登记方法

　　不同类型经济业务的明细分类账，可根据管理需要，依据记账凭证、原始凭证或汇总原始凭证逐日逐笔或定期汇总登记。固定资产、债权、债务等明细账应逐日逐笔登记；库存商品、原材料、产成品收发明细账以及收入、费用明细账可以逐笔登记，也可定期汇总登记。

　　明细分类账的登记通常有几种方法：一是根据原始凭证直接登记明细账；二是根据汇总原始凭证登记明细分类账；三是根据记账凭证登记明细分类账。

　　对于只设有借方的多栏式明细分类账，平时在借方登记"制造费用""管理费用""主营业务成本"等账户的发生额，贷方登记月末将借方发生额一次转出的数额，所以平时如果发生贷方发生额，应该用红字在多栏式账页的借方栏中登记表示冲减；对于只设有贷方的多栏式明细分类账，平时在贷方登记"主营业务收入""营业外收入"等账户的发生额，借方登记月末将贷方发生额一次转出的数额，所以平时如果发生借方发生额，应该用红字在多栏式账页的贷方栏中登记表示冲减。明细分类账一般应于会计期末结算出当期发生额及期末余额。

## 四、总分类账户与明细分类账户的平行登记

### （一）总分类账户与明细分类账户的关系

　　（1）总分类账户是所属明细分类账户的统驭账户，对所属明细分类账户起着控制作用。

　　（2）明细分类账户则是总分类账户的从属账户，对其所隶属的总分类账户起着辅助作用。

　　总分类账户及其所属明细分类账户的核算对象是相同的，它们所提供的核算资料互相

补充，只有把二者结合起来，才能既总括又详细地反映同一核算内容。因此，总分类账户和明细分类账户必须平行登记。

## （二）总分类账户与明细分类账户平行登记的要点

所谓平行登记，是指对所发生的每一项经济业务都要以会计凭证为依据，一方面记入有关总分类账户，另一方面也要记入所属明细分类账户的方法。

总分类账户与明细分类账户平行登记时要做到以下几点。

### 1. 方向相同

在总分类账户及其所属的明细分类账户中登记同一项经济业务时，方向通常相同。即在总分类账户中记入借方，在其所属的明细分类账户中也记入借方；在总分类账户中记入贷方，在其所属是明细分类账户中一般也应记入贷方。

### 2. 期间一致

对每项经济业务在记入总分类账户和所属明细分类账户过程中，可以有先有后，但必须在同一会计期间全部登记入账。

### 3. 金额相等

对于发生的每一项经济业务，记入总分类账户的金额必须等于所属明细分类账户的金额之和。

（1）总分类账户本期发生额与其所属明细分类账户本期发生额合计相等。

（2）总分类账户期初余额与其所属明细分类账户期初余额合计相等。

（3）总分类账户期末余额与其所属明细分类账户期末余额合计相等。

【例7-7】某单位向 A 单位销售商品 8000 元，向 B 单位销售商品 5000 元，款项尚未收到（假设不考虑增值税）。有关总分类账和明细分类账的平行登记，如图 7-1 所示。

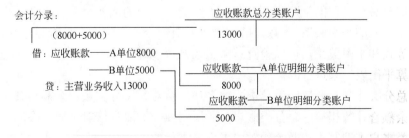

图 7-1　总分类账和明细分类账的平行登记

# 第四节　对账与结账

## 一、对账

### （一）对账的概念

对账就是核对账目，是对账簿记录的正确与否所进行的核对工作。对账就是为了保证账簿记录的真实性、完整性和准确性，在记账以后结账之前，定期或不定期地对有关数据进行检查、核对，以便为编制会计报表提供真实、可靠的数据资料。

### （二）对账的内容

对账一般可以分为账证核对、账账核对和账实核对。

**1. 账证核对**

账簿是根据经过审核无误后的会计凭证登记的，但实际工作中仍有可能发生账证不符的情况，记账后，应将账簿记录与会计凭证核对，核对账簿记录与原始凭证、记账凭证的时间、凭证字号、内容、金额等是否一致，记账方向是否相符，做到账证相符。

会计期末，如果发现账账不符，也可以再将账簿记录与有关会计凭证进行核对，以保证账证相符。

**2. 账账核对**

账账核对是指核对不同会计账簿之间的账簿记录是否相符。账账核对的内容主要包括如下。

（1）总分类账簿之间的核对。通过"资产=负债+所有者权益"这一会计等式和"有借必有贷、借贷必相等"的记账规则，总分类账簿各账户的期初余额、本期发生额和期末余额之间存在对应的平衡关系，各账户的期末借方余额合计和贷方余额合计也存在平衡关系。通过这种等式和平衡关系，可以检查总账记录是否正确、完整。总分类账簿的核对工作是通过"试算平衡表"来进行的。

（2）总分类账簿与所属明细分类账簿之间的核对。总分类账户余额与其所属有关明细账各账户余额合计数相等。总分类账户与所属明细分类账户核对是通过编制"总分类账户与明细分类账户本期发生额及余额对照表"来进行的。

（3）总分类账簿与序时账簿之间的核对。现金日记账必须每天与库存现金实有数核对相符，银行存款日记账也必须定期与银行对账。在此基础上，还应检查库存现金总账和银行存款总账的期末余额与现金日记账和银行存款日记账的期末余额是否相符。

（4）明细分类账簿之间的核对。即将会计部门的各种财产物资明细账与财产物资保管和使用部门的有关财产物资明细账核对相符。

**3. 账实核对**

账实核对是指各项财产物资、债权债务等账面余额与实有数额之间的核对。

账实核对的内容主要包括如下。

（1）库存现金日记账账面余额与库存现金实际库存数逐日核对是否相符。即库存现金日记账账面余额应与库存现金库存数逐日核对相符。

（2）银行存款日记账账面余额与银行对账单的余额定期核对是否相符。即银行存款日记账的账面余额与银行送来的对账单定期核对相符。

（3）各项财产物资明细账账面余额与财产物资的实有数额定期核对是否相符。即各项财产物资明细账账面余额与财产物资的实有数定期核对相等。

（4）有关债权债务明细账账面余额与对方单位的账面记录核对是否相符。即各种应收、应付、应交款明细账的期末余额应与债务、债权单位的账目核对相符；与上下级单位、财务和税务部门的拨缴款项也应定期核对相符。

在实际工作中，账实核对是通过财产清查工作来进行的。

【例7-8】（多选题）对账的内容包括（　　　）。

A．证证核对　　　　　　　　B．账证核对

C．账账核对　　　　　　　　D．账款核对

【答案】BC

【解析】对账的内容一般包括账证核对、账账核对和账实核对三个方面。

## 二、结账

### （一）结账的概念

结账是一项将账簿记录定期结算清楚的账务工作。企业在一定时期结束时（如月末、季末或年末），为了编制财务报表进行结账，具体包括月结、季结和年结。

结账的内容通常包括以下两个方面：

（1）结清各种损益类账户，并据以计算确定本期利润；

（2）结出各资产、负债和所有者权益账户本期发生额合计和期末余额。

## （二）结账的程序

（1）结账前，将本期发生的经济业务全部登记入账，并保证其正确性。对于发现的错误，应采用适当的方法进行更正。

为了保证会计报表的真实性，必须正确划分会计期间，因此在结账前应将全部经济业务事项登记入账，既不能提前结账，也不能将本期发生的经济业务延迟到下期登账，并保证其正确性。

（2）在本期经济业务全面入账的基础上，根据权责发生制的要求，调整有关账项，合理确定应计入本期的收入和费用。

① 权责发生制要求凡当期已经实现的收入和已经发生或应当负担的费用，无论款项是否收付，都应当作为当期的收入和费用，记入利润表。

② 凡是不属于当期的收入和费用，即使款项已在当期收付，也不应当作为当期的收入和费用。因此有些应当计入本期收入但尚未收到的应计收入和预计收入及折旧费用的调整，如本期应计的债券利息收入、本期应摊前期已收款的房屋租金收入及固定资产折旧费用的分摊等，都应编制相关的记账凭证，登记入账。

（3）将各损益类账户余额全部转入"本年利润"账户，结平所有损益类账户。

在本期全部业务登记入账的基础上，结清各项收入和费用账户。通过本期的各项收入和各项费用相比较计算确定本期经营成果时，将各项收入账户和各项费用账户都分别转结"本年利润"账户。

（4）结出资产、负债和所有者权益账户的本期发生额和余额，并转入下期。

上述工作完成后，就可以根据总分类账和明细分类账的本期发生额和期末余额，分别进行试算平衡。

## （三）结账的方法

结账方法的要点主要有如下几个方面。

（1）对不需按月结计本期发生额的账户，每次记账以后，都要随时结出余额，每月最后一笔余额为月末余额，即月末余额就是本月最后一笔经济业务记录的同一行内余额。月末结账时，只需要在最后一笔经济业务记录之下通栏划单红线，不需要再次结计余额。

（2）库存现金、银行存款日记账和需要按月结计发生额的收入、费用等明细账，每月结账时，要在最后一笔经济业务记录下面通栏划单红线，结出本月发生额和余额，在摘要栏内注明"本月合计"字样，并在下面通栏划单红线。

（3）对于需要结计本年累计发生额的明细账户，每月结账时，应在"本月合计"行下结出自年初起至本月末止的累计发生额，登记在月份发生额下面，在摘要栏内注明"本年累计"字样，并在下面通栏划单红线。12月末的"本年累计"就是全年累计发生额，全年累计发生额下通栏划双红线。

（4）总账账户平时只需结出月末余额。年终结账时，为了总括地反映全年各项资金运动情况的全貌，核对账目，要将所有总账账户结出全年发生额和年末余额，在摘要栏内注明"本年合计"字样，并在合计数下通栏划双红线。

（5）年度终了结账时，有余额的账户，要将其余额结转下年，并在摘要栏注明"结转下年"字样；在下一会计年度新建有关会计账户的第一行余额栏内填写上年结转的余额，并在摘要栏注明"上年结转"字样，使年末有余额账户的余额如实地在账户中加以反映，以免混淆有余额的账户和无余额的账户。

> 　🔅【考场指示灯】结账方法的前 3 条是对明细账和日记账的要求，第 4 条是对总账的要求。通过这样有效地归纳总结，可以更好地理解记忆具体的内容。

【例 7-9】（多选题）结账时，正确的做法是（　　）。

A．结出当月发生额的，在"本月合计"下面通栏划单红线

B．结出本年累计发生额的，在"本年累计"下面通栏划单红线

C．12 月末，结出全年累计发生额的，在下面通栏划单红线

D．12 月末，结出全年累计发生额的，在下面通栏划双红线

【答案】ABD

【解析】根据结账方法可知，12 月末的"本年累计"就是全年累计发生额，全年累计发生额下通栏划双红线，故选项 C 说法错误。

# 第五节　错账查找与更正的方法

## 一、错账查找方法

在日常的会计核算中，可能发生各种各样的差错，产生错账，如重记、漏记、数字颠倒、数字错位、数字记错、账户记错、借贷方向记反、科目记错等，为保证会计信息的准确性，应及时找出差错，并予以更正。

错账查找方法包括差数法、尾数法、除 2 法、除 9 法等具体方法。

（1）差数法。

差数法是指按照错账的差数查找错账的方法。这种方法主要是用以查明是否有重记或漏记。例如，在记账过程中只登记了会计分录的借方或贷方，漏记了另一方，从而形成试算平衡中借方合计与贷方合计不等。如借方金额遗漏，会使该金额在贷方超出；贷方金额

遗漏，会使该金额在借方超出。对于这样的差错，可由会计人员通过回忆和相关金额的记账核对来查找。

（2）尾数法。

尾数法是指对于发生的差错只查找末位数，以提高查错效率的方法。这种方法适用于借贷方金额其他位数都一致，而只有末位数出现差错的情况。如试算平衡时，发生贷方合计数比借方多了 1.9，则可查找位数为 1.9 的经济业务是否有误。

（3）除 2 法。

除 2 法是指以差数除以 2 来查找错账的方法。当某个借方金额错记入贷方（或相反）时，出现错账的差数表现为错误的 2 倍，将此差数用 2 去除，得出的商即是反向的金额。例如，应记入"原材料——A 材料"账户借方的 5000 元误记入贷方，则该明细账户的期末余额将小于其总分类账户期末余额 10000 元，差异数 10000 元除以 2 的商 5000 元即为记反方向的数字。

（4）除 9 法。

除 9 法是指以差数除以 9 来查找错账的方法，适用于以下三种情况。

① 将数字写小。如将 500 元误记为 50 元，错误数字小于正确数字 9 倍。查找的方法是：以差数除以 9 后得出的商即为写错的数字，商乘以 10 即为正确的数字。上例差数 450 元（500-50）将差异数除以 9，商为 50 元，这 50 元为错数，扩大 10 倍后即可得出正确的数字 500 元。

② 将数字写大。如将 30 写成 300，错误数字大于正确数字 9 倍。查找方法是：以差数除以 9 后得出的商即为正确的数字，商乘以 10 即为错误的数字。上例差数 270 元（300-30）将差异数除以 9，商 30 元，这 30 元为正确的数字，扩大 10 倍后即可得出错数 300 元。

③ 邻数颠倒。在记账时，如果将相邻的两位数或者是三位数的数字记颠倒，如将 95 记为 59 或将 123 记为 321。无论是两位数字颠倒还是三位数字颠倒，其不平衡的差额都能被 9 除尽。

采用上述方法进行检查后，如果查出是账簿登记错误，应按规定的更正方法进行更正。如差错确实不属于账簿登记、计算等问题，应及时向有关负责人汇报，同时认真回忆发生的经济业务，仔细检查办理的每一张记账凭证，分析差额的原因，直至查出所有差错。

## 二、错账更正方法

如果账簿记录发生错误，必须按照规定的方法予以更正，不准涂改、挖补、刮擦或用药水消除字迹，不准重新抄写。

错账更正方法通常有划线更正法、红字更正法和补充登记法。

## （一）划线更正法

划线更正法，又称红线更正法。在结账前发现账簿记录有文字或数字错误，而记账凭证没有错误，可以采用划线更正法。

更正时，可在错误的文字或数字上划一条红线，在红线的上方填写正确的文字或数字，并由记账及相关人员在更正处盖章。错误的数字，应全部划红线更正，不得只更正其中的错误数字。对于文字错误，可只划去错误的部分。

【例 7-10】某账簿记录中，将 3984.00 元误记为 9384.00 元。错误的更正方法：只划去其中的"93"，改为"39"；正确的更正方法：应当把"9384.00"全部划去，并在上方写上"3984.00"。

## （二）红字更正法

红字更正法是指用红字冲销原有错误的账户记录或凭证记录，以更正或调整账簿记录的一种方法。

红字更正法，适用于以下两种情形。

（1）记账后发现记账凭证中的应借、应贷会计科目有错误所引起的记账错误，可以采用红字更正法。

更正时应用红字填写一张与原记账凭证完全相同的记账凭证，在摘要栏注明"冲销某月某日第×号记账凭证的错误"，并据以用红字登记入账，以示注销原记账凭证，然后用蓝字填写一张正确的记账凭证，在摘要栏内写明"补记某月某日账"，并据以记账。

【注意】每一张记账凭证都要登记账簿，即只要有记账凭证就要记账。

【例 7-11】某企业用银行存款 6000 元购买 A 固定资产，已投入使用，假定不考虑增值税因素。在填制记账凭证时，误做贷记"库存现金"科目，并已据以登记入账。会计分录如下：

借：固定资产　　　　　　　　　　　　6000
　　贷：库存现金　　　　　　　　　　　　6000

更正时，先用红字填制一张与原错误记账凭证内容完全相同的记账凭证，以冲销原错误记录。会计分录如下：

借：固定资产　　　　　　　　　　　| 6000 |
　　贷：库存现金　　　　　　　　　　| 6000 |

然后，再用蓝字填制一张正确的记账凭证。会计分录如下：

借：固定资产　　　　　　　　　　　　6000

　　贷：银行存款 　　　　　　　　　　　　　6000

　　（2）记账后发现记账凭证和账簿记录中应借、应贷会计科目无误，只是所记金额大于应记金额所引起的记账错误，可以采用红字更正法。

　　更正时，应按多记的金额用红字编制一张与原记账凭证应借、应贷科目完全相同的记账凭证，在摘要栏内写明"冲销某月某日第×号记账凭证多记金额"以冲销多记的金额，并据以记账。

　　**【例 7-12】**某企业接受投资者现金投资 30000 元，已存入银行。误做下列记账凭证，并已登记入账。会计分录如下：

　　借：银行存款 　　　　　　　　　　　　60000
　　　　贷：实收资本 　　　　　　　　　　60000

　　发现错误后，更正时应将多记的金额用红字做与上述科目相同会计分录。会计分录如下：

　　借：银行存款 　　　　　　　　　　　　30000
　　　　贷：实收资本 　　　　　　　　　　30000

## （三）补充登记法

　　记账后发现记账凭证和账簿记录中应借、应贷会计科目无误，只是所记金额小于应记金额时，采用补充登记法。

　　更正时，应按少记的金额用蓝字编制一张与原记账凭证应借、应贷科目完全相同的记账凭证，在摘要栏内写明"补记某月某日第×号记账凭证少记金额"以补充少记的金额，并据以记账。

　　**【例 7-13】**收到某购货单位上月购货款 180000 元，已存入银行。在填制记账凭证时，误将其金额写为 140000 元，并已登记入账。

　　会计分录如下：

　　借：银行存款 　　　　　　　　　　140000
　　　　贷：应收账款 　　　　　　　　140000

　　发现错误后，应将少记的金额用蓝字编制一张与原记账凭证应借、应贷科目完全相同的记账凭证，登入账。会计分录如下：

　　借：银行存款 　　　　　　　　　　40000
　　　　贷：应收账款 　　　　　　　　40000

　　**【注意】**红字更正法和补充登记法主要用来更正因记账凭证错误而产生的记账错误，如果是非记账凭证的差错而产生的记账错误，则应使用划线更正法。

# 第六节　会计账簿的更换与保管

## 一、会计账簿的更换

会计账簿的更换通常在新会计年度建账时进行。按会计制度规定更换账簿、建立新账，以保持会计账簿资料的连续性。

总账、日记账和多数明细账应每年更换一次。在新年度开始时，将旧账簿中各账户的余额直接记入新账簿中有关账户新账页的第一行"余额"栏内。同时，在"摘要"栏内，加盖"上年结转"戳记，将旧账页最后一行数字下的空格，划一条斜红线注销，在新旧账户之间转记余额，不需填制凭证。

部分明细账，如固定资产明细账等，因年度内变动不多，新年度可不必更换账簿。但"摘要"栏内，要加盖"结转下年"戳记，以划分新旧年度之间的金额。

备查账簿可以连续使用。

## 二、会计账簿的保管

各种账簿与会计凭证、会计报表一样，必须按照国家统一的会计制度的规定妥善保管，做到既安全完整，又在需要时方便查找。

年度终了，各种账户在结转下年、建立新账后，一般都要把旧账送交总账会计集中统一管理。会计账簿暂由本单位财务会计部门保管一年，期满之后，由财务会计部门编造清册移交本单位的档案部门保管。

各种账簿应当按年度分类归档，编造目录，妥善保管。既保证在需要时迅速查阅，又保证各种账簿的安全和完整。

会计账簿有一定的保管期限，根据其特点，分为永久和定期两类。按国家规定，一般的日记账有 15 年的保管期限；现金和银行存款日记账有 25 年的保管期限；总账和明细账有 15 年的保管期限；固定资产卡片在固定资产清理报废后有 5 年保管期限；辅助账簿有 15 年保管期限；涉及外事和重大事项的会计账簿为永久保管。

保管期满后，还要按照规定的审批程序经批准后才能销毁。

# 本　章　习　题

## 一、单项选择题

（1）下列关于会计账簿的说法中，不正确的是（　　　）。

    A．是由一定格式的账页组成的

    B．是以经过审核无误的原始凭证为依据，全面、系统、连续地记录各项经济业务的簿籍

    C．各单位应该按照国家统一的会计制度的规定和会计业务的需要设置会计账簿

    D．设置和登记账簿是连接会计凭证与会计报表的中间环节

（2）按照会计要素的具体类别而设置的分类进行登记的账簿称为（    ）。

    A．备查账簿               B．序时账簿

    C．分类账簿               D．三栏式账簿

（3）下列各账簿中，（    ）必须逐日逐笔登记。

    A．费用明细账           B．应收账款明细账

    C．收入明细账           D．原材料明细账

（4）下列各项中，其主要用途是对主要账簿未能记载和记载不全的事项进行补充登记的是（    ）。

    A．序时账簿               B．分类账簿

    C．卡片式账簿           D．备查账簿

（5）下列不适于建立备查账的是（    ）。

    A．租入的固定资产        B．应收票据

    C．受托加工材料          D．购入的固定资产

（6）"生产成本""制造费用"明细分类账，一般使用的账簿格式是（    ）。

    A．多栏式账簿           B．数量金额式账簿

    C．三栏式账簿           D．订本式账簿

（7）（    ）时，应在账簿封面上写明单位名称和账簿名称，并在账簿扉页上附启用表。

    A．启用会计账簿        B．装订成册时

    C．年初                   D．年末

（8）下列说法不正确的是（    ）。

    A．凡需要结出余额的账户，结出余额后，应当在"借或贷"等栏内写明"借"或者"贷"字样

    B．没有余额的账户，应当在"借或贷"等栏内写"－"，并在余额栏内用"θ"表示

    C．现金日记账必须逐日结出库存现金余额

    D．银行存款日记账必须逐日结出银行存款余额

（9）登记账簿时，正确的做法是（    ）。

    A．文字或数字的书写必须占满格

B．书写可以使用蓝黑墨水、圆珠笔或铅笔

C．用红字冲销错误记录

D．发生的空行、空页一定要补充书写

（10）下列各项中，（　　）属于将库存现金存入银行，登记银行存款日记账和库存现金日记账依据。

A．库存现金收款凭证　　　　　B．库存现金付款凭证

C．银行收款凭证　　　　　　　D．银行付款凭证

（11）关于现金日记账的登记方法，错误的是（　　）。

A．每日终了，应分别计算现金收入和现金支出的合计数，结出余额，同时将余额同库存现金实有数核对

B．现金日记账可逐月结出现金余额，与库存现金实存数核对，以检查每月现金收付是否有误

C．凭证栏系指登记入账的收、付款凭证的种类和编号

D．日期栏系指记账凭证的日期，应与现金实际收付日期一致

（12）关于平行登记的要点，下列说法不正确的是（　　）。

A．同时登记，在登记总分类账的同时，必须要同时登记明细分类账

B．方向相同，在总分类科目和明细科目中登记时，登记在同一方向

C．期间一致，在同一会计期间登记

D．金额相等，计入总分类科目的金额应该等于计入明细科目的总金额

（13）下列项目中，不属于账实核对的内容是（　　）。

A．库存现金日记账余额与库存现金数核对

B．银行存款日记账余额与银行对账单余额核对

C．账簿记录与原始凭证核对

D．债权债务明细账余额与对方单位的账面记录核对

（14）下列属于账账核对的是（　　）。

A．银行存款日记账的账面余额与银行送来的对账单定期核对相符

B．各项财产物资（原材料、库存商品等存货及固定资产等）明细账账面余额与财产物资的实有数定期核对相符

C．会计部门各种财产物资明细分类账的期末余额应与财产物资保管或使用部门有关明细账的期末余额核对相符

D．明细账应与记账凭证或原始凭证相核对

（15）下列结账方法错误的是（　　）。

A．总账账户平时只需结出月末余额

B．12 月末的"本年累计"就是全年累计发生额，全年累计发生额下通栏划双

红线

  C. 账户在年终结账时，在"本年合计"栏下通栏划双红线

  D. 现金、银行存款日记账，每月结账时，在摘要栏注明"本月合计"字样，并在下面通栏划双红线

（16）某会计人员在填制记账凭证时，误将科目名称"应付账款"写成"应收账款"，并已入账，查账时发现，更正的方法是（　　　）。

  A. 划线更正法      B. 红字更正法

  C. 补充登记法      D. 重做

（17）对"开出现金支票支付机器设备修理费 51000 元"这项业务，若发生记账错误，下列做法中正确的是（　　　）。

  A. 若编制记账凭证时无误，账簿记录中将 51000 元误记为 15000 元，应采用补充登记法予以更正

  B. 若编制记账凭证时将 51000 元误记为 510000 元，会计科目正确，且已登记入账，应采用划线更正法予以更正

  C. 若编制记账凭证时将贷方科目记为"库存现金"，金额记为 15000 元，且已登记入账，应采用补充登记法予以更正

  D. 若编制记账凭证时将借方科目记为"生产成本"且已登记入账，应采用红字更正法予以更正

（18）下列关于会计账簿更换与保管不正确的做法是（　　　）。

  A. 会计账簿的更换通常在新会计年度建账时进行

  B. 为明确会计人员责任，登记某种账簿的人员，不必对该账簿的保管负责，应由保管会计档案的人员负责

  C. 每日登记账簿，注意书写整齐清洁，不得涂污，避免账页破损，保持账本完整

  D. 按有关规定使用账簿，账簿不得外借

## 二、多项选择题

（1）下列有关总分类科目和明细分类科目之间的关系，正确的有（　　　）。

  A. 控制和辅助      B. 总括和详细

  C. 统驭和从属      D. 相互制约、相互联系

（2）会计账簿按其用途的不同，可以分为（　　　）。

  A. 分类账簿      B. 活页账

  C. 备查账簿      D. 数量金额式账簿

（3）下列各项中，（　　　）属于账簿按照账页格式不同所分类别。

　　A. 单式账簿　　　　　　　　　B. 横线登记式账簿

　　C. 多栏式账簿　　　　　　　　D. 数量金额式账簿

（4）多栏式账簿是在账簿的两个基本栏目借方和贷方按需要分设若干专栏的账簿。下列账簿应当采用多栏式账簿的有（　　　）。

　　A. 主营业务收入总分类账　　　B. 主营业务收入明细账

　　C. 生产成本明细账　　　　　　D. 管理费用明细账

（5）下面关于账页格式适用范围的表述中，正确的有（　　　）。

　　A. 普通日记账和转账日记账一般采用两栏式

　　B. 总分类账以及资本、债权、债务明细账一般采用多栏式

　　C. 收入、成本、费用明细账一般采用三栏式

　　D. 原材料、库存商品、产成品等明细账一般采用数量金额式

（6）下列有关多栏式账簿的说法中正确的有（　　　）。

　　A. 多栏式账簿是在账簿的两个金额栏目（借方和贷方）按需要分设若干专栏的账簿

　　B. 收入、费用明细账一般采用多栏式账簿

　　C. 主营业务收入明细账可以采用多栏式账簿

　　D. 总分类账都可以采用多栏式账簿

（7）以下关于订本账的表述正确的有（　　　）。

　　A. 订本式是指在账簿启用前，就将若干账页固定装订成册的账簿

　　B. 同一账簿在同一时间能由多人记载，便于记账人员分工记账

　　C. 订本式账簿一般适用于总分类账、现金日记账和银行存款日记账

　　D. 使用订本账的优点是可以防止账页被抽换，避免账页散失

（8）下列关于启用会计账簿的表述中正确的有（　　　）。

　　A. 启用订本式账簿应当从第一页到最后一页顺序编定页数，不得跳页、缺号

　　B. 使用活页式账簿时，应当按账户顺序编号，并须定期装订成册

　　C. 活页式账簿装订后，应再按实际使用的账页顺序编定页码，另加目录以便于记明每个账户的名称和页次

　　D. 活页式账簿装订后，可直接按每一账户的装订顺序页码，无须重新编订

（9）下列不符合登记账簿要求的有（　　　）。

　　A. 为防止篡改，文字书写要占满格

　　B. 数字书写一般要占格距的 1/2

　　C. 将活页式账簿登记中不慎出现的空页抽换

　　D. 根据红字冲账的记账凭证，用红字冲销错误记录

（10）下列可以作为库存现金日记账借方登记的依据的有（　　　）。

    A．库存现金收款凭证         B．库存现金付款凭证

    C．银行存款收款凭证         D．银行存款付款凭证

（11）关于明细分类账，正确的说法有（　　）。

    A．明细分类账是根据二级账户或明细账户开设账页，分类、连续地登记经济业务以提供明细核算资料的账簿

    B．明细分类账所提供的资料也是编制会计报表的依据之一

    C．明细分类账一般采用订本式账簿

    D．有的明细分类账可以采用卡片式账簿

（12）下列关于对账工作的说法中，正确的有（　　）。

    A．对账就是核对账目，是对账簿记录所进行的核对工作

    B．对账工作是为了保证账证相符、账账相符和账实相符的一项检查性工作

    C．对账工作目的在于使期末用于编制会计报表的数据真实、可靠

    D．对账工作一般在月初进行

（13）结账的程序包括（　　）。

    A．将本期内发生的经济业务全部记入有关账簿

    B．根据权责发生制的要求，调整有关账项，合理确定本期应计的收入和应计的费用

    C．将各损益类账户余额全部转入"本年利润"科目，结平所有损益类账户

    D．结算出日记账、总账、明细账的本期发生额和期末余额

（14）发生以下记账错误时，应选择红字更正法的有（　　）。

    A．记账之后，发现记账凭证中的会计科目应用错误

    B．记账之后，发现记账凭证所列金额大于正确金额

    C．记账之后，发现记账凭证所列示金额小于正确金额

    D．结账之前，发现账簿记录有文字错误，而记账凭证正确

（15）下面关于会计账簿的更换叙述正确的有（　　）。

    A．新账簿建立登记完毕，要进行账账核对，并要与上年度财务报表的所有数据资料完全核对一致

    B．在建立新账前，要对原有各种账簿的账户进行结账、注明"结转下年余额"

    C．建立新账时，在新账簿扉页要填写单位名称、开始启用日期、起止页数、账户目录等，并由记账人员签章

    D．固定资产明细账或租入固定资产登记簿等备查账簿可以跨年度使用，不必每年更换一次

## 三、判断题

（1）审核无误的原始凭证是登记账簿的直接依据。（　　）

（2）卡片账簿一般适用于固定资产、低值易耗品等资产的明细分类账。（　　）

（3）备查账簿不必每年更换新账，可以连续使用。（　　）

（4）备查账簿的登记依据必须是会计凭证。（　　）

（5）企业收到来料加工装配业务的原料、零件等，不需要在备查簿上登记。（　　）

（6）在贷方多栏式明细账中，平时如果发生借方发生额，应该用红字在贷方中登记。（　　）

（7）"原材料"明细账一般采用三栏式账簿格式。（　　）

（8）库存现金及银行存款日记账按规定应采用订本式账簿，总分类账和明细分类账既可以用订本账，也可以用活页账。（　　）

（9）在年度开始，启用新账簿时，应把余额记入新账的第一行，并在摘要栏注明"上年结转"字样。（　　）

（10）凡需结出余额的账户，结出余额后，就在"借或贷"栏内写明"借"或"贷"字样。没有余额的账户，只要在余额栏内用"0"表示即可。（　　）

（11）现金日记账设置对方科目栏，其作用在于了解经济业务的来龙去脉。（　　）

（12）需要结计本年累计发生额的某些明细账户，全年累计发生额下通栏划单红线。（　　）

（13）对账工作一般在月末（包括季末、年末）进行，即在记账之后、结账之前进行。（　　）

（14）总分类账簿之间的核对的依据是"资产=负债+所有者权益"。（　　）

（15）红色墨水仅限于在借方栏登记贷方数，在贷方栏登记借方数。（　　）

（16）划线更正法是在错误的文字或数字上划一红线注销，然后在其上端用红字填写正确的文字或数字，并由记账人盖图章，以明确责任。（　　）

（17）年度终了，日记账、总账和所有明细账必须更换新账，不能延续使用旧账。（　　）

# 第八章　账务处理程序

本章学习的重点是在理解账务处理程序的基础上，掌握各种账务处理程序的特点、适用范围，能够根据不同单位的特点选择适当的账务处理程序以及掌握各种账务处理程序的编制方法。

本章属于实务内容，所占分值大约为 4 分，主要以单选题、多选题和判断题的形式出现。学习时需要重点掌握各种账务处理程序的一般步骤、特点、优缺点和适用范围，可通过对比的方法来理解记忆，并仔细观察每种账务处理程序的相同和不同之处。

## 第一节　账务处理程序概述

### 一、账务处理程序的概念与意义

账务处理程序，又称会计核算组织程序或会计核算形式，是指会计凭证、会计账簿、财务报表相结合的方式，包括账簿组织和记账程序。

（1）账簿组织是指会计凭证和会计账簿的种类、格式，会计凭证与账簿之间的联系方法。

（2）记账程序是指由填制、审核原始凭证到填制、审核记账凭证，登记日记账、明细分类账和总分类账，编制财务报表的工作程序和方法等。

设置合理的账务处理程序，对于组织会计核算工作，充分发挥会计在经济管理中的作用，具有重要意义。科学、合理地选择适合本单位的账务处理程序的意义主要体现在以下三个方面。

（1）有利于规范会计工作，保证会计信息加工过程的严密性，提高会计信息质量。

（2）有利于保证会计记录的完整性和正确性，增强会计信息的可靠性。

（3）有利于减少不必要的会计核算环节，提高会计工作效率，保证会计信息的及时性。

### 二、账务处理程序的种类

在会计实践中，不同的账簿组织、记账程序和记账方法及其不同的结合方式，形成了不同种类的账务处理程序。

企业常用的账务处理程序主要有记账凭证账务处理程序、汇总记账凭证账务处理程序以及科目汇总表账务处理程序三种。它们之间的主要区别为登记总分类账的依据和方法不同。

### （一）记账凭证账务处理程序

记账凭证账务处理程序是指对发生的经济业务，先根据原始凭证或汇总原始凭证填制记账凭证，再直接根据记账凭证登记总分类账的一种账务处理程序。它是基本的账务处理程序，其他账务处理程序都是在此基础上演变和发展而成的。

### （二）汇总记账凭证账务处理程序

汇总记账凭证账务处理程序是指先根据原始凭证或原始凭证汇总表编制记账凭证，定期根据记账凭证分类编制汇总收款凭证、汇总付款凭证和汇总转账凭证，再根据汇总记账凭证登记总分类账的一种账务处理程序。

### （三）科目汇总表账务处理程序

科目汇总表账务处理程序，又称记账凭证汇总表账务处理程序，是指根据记账凭证定期编制科目汇总表，再根据科目汇总表登记总分类账的一种账务处理程序。

【例8-1】（判断题）企业采用的账务处理程序不同，编制会计报表的依据也不相同。（　　）

【答案】×

【解析】任何账务处理程序除登记总分类账的依据和程序，以及总分类账格式不同以外，其他程序基本相同，因此编制会计报表的依据是相同的。

# 第二节　记账凭证账务处理程序

## 一、一般步骤

记账凭证账务处理程序的一般步骤是：

（1）根据原始凭证填制汇总原始凭证；

（2）根据原始凭证或汇总原始凭证，填制收款凭证、付款凭证和转账凭证，也可填制通用记账凭证；

（3）根据收款凭证、付款凭证逐笔登记库存现金日记账和银行存款日记账；

（4）根据原始凭证、汇总原始凭证和记账凭证，登记各种明细分类账；

（5）根据记账凭证逐笔登记总分类账；

（6）期末，将库存现金日记账、银行存款日记账和明细分类账的余额与有关总分类账的余额核对相符；

（7）期末，根据总分类账和明细分类账的记录，编制财务报表。

记账凭证账务处理程序如图 8-1 所示。

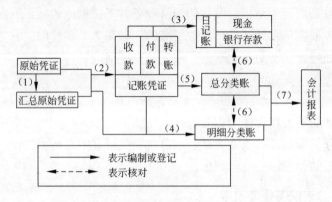

图 8-1　记账凭证账务处理程序

## 二、记账凭证账务处理程序的内容

### （一）特点

记账凭证账务处理程序的特点是直接根据记账凭证对总分类账进行逐笔登记。

【例 8-2】（判断题）记账凭证账务处理程序是根据记账凭证定期编制科目汇总表，再根据科目汇总表登记总分类账的一种账务处理程序。（　　　）

【答案】×

【解析】记账凭证账务处理程序是直接根据每一张记账凭证逐笔登记总分类账的一种账务处理程序。

### （二）优缺点

记账凭证账务处理程序的优点是简单明了，易于理解，总分类账可以较详细地反映经济业务的发生情况；

缺点是登记总分类账的工作量较大。

### （三）适用范围

记账凭证账务处理程序适用于规模较小、经济业务量较少的单位。

# 第三节　汇总记账凭证账务处理程序

## 一、汇总记账凭证的编制方法

汇总记账凭证是指对一段时期内同类记账凭证进行定期汇总而编制的记账凭证。它是按每个科目进行设置，并按科目借方或贷方的对应科目进行汇总的。

汇总记账凭证可以分为汇总收款凭证、汇总付款凭证和汇总转账凭证三种凭证编制方法。

### （一）汇总收款凭证的编制

汇总收款凭证是根据库存现金收款凭证、银行存款收款凭证定期汇总编制的汇总记账凭证。

汇总收款凭证根据"库存现金"和"银行存款"账户的借方进行编制，定期（如 5 天或 10 天）将这一期间内的全部库存现金收款凭证、银行存款收款凭证，分别按各账户对应的贷方分类之后，进行汇总编制。月终时，结算出汇总收款凭证的合计数，据以登记总分类账。

总分类账根据各汇总收款凭证的合计数进行登记，分别记入"库存现金""银行存款"总分类账户的借方，并将汇总收款凭证上各账户贷方的合计数分别计入有关总分类账户的贷方。汇总收款凭证见表 8-1。

表 8-1　汇总收款凭证

借方科目：银行存款　　　　　　　　2014 年 4 月 30 日　　　　　　　　汇收字第 1 号

| 贷方科目 | 金额 | | | | 总账账页 |
|---|---|---|---|---|---|
| | 1-10 日<br>记字第 02 号 | 11-20 日<br>记字第　号 | 21-30 日<br>记字第　号 | 合记 | |
| 主营业务收入 | 200000 | | | 200000 | |
| 应交税费 | 51000 | | | 51000 | |
| 合计 | 251000 | | | 251000 | |

### （二）汇总付款凭证的编制

汇总付款凭证是根据库存现金付款凭证、银行存款付款凭证定期汇总编制的汇总记账凭证。

汇总付款凭证根据"库存现金"和"银行存款"账户的贷方进行编制，定期（如5天或10天）将这一期间内的全部库存现金付款凭证、银行存款付款凭证，分别按各账户对应的借方分类之后，进行汇总编制。月终时，结算出汇总付款凭证的合计数，据以登记总分类账。

总分类账根据汇总付款凭证的合计数进行登记，分别记入"库存现金""银行存款"总分类账户的贷方，并将汇总付款凭证中各账户借方的合计数分别记入相应总分类账户的借方。汇总付款凭证见表8-2。

**表8-2　汇总付款凭证**

贷方科目：银行存款　　　　　　　2014年4月30日　　　　　　　汇付字第1号

| 借方科目 | 金额 | | | | 总账账页 |
|---|---|---|---|---|---|
| | 1~10日记字第01号、04号、06号、07号、09号 | 11~20日记字第　号 | 21~30日记字第14号、17号 | 合计 | |
| 原材料 | 50000 | | | 50000 | |
| 应交税费 | 8500 | | 3300 | 41500 | |
| 固定资产 | 21000 | | | 21000 | |
| 制造费用 | 40000 | | | 40000 | |
| 销售费用 | 20000 | | | 20000 | |
| 财务费用 | 700 | | | 700 | |
| 应付职工薪酬 | 40000 | | | 40000 | |
| 营业外支出 | | | 11000 | 11000 | |
| 合计 | 180200 | | 44000 | 224200 | |

**（三）汇总转账凭证的编制**

汇总转账凭证是按转账凭证每一贷方科目分别设置的，用来汇总一定时期内转账业务的一种汇总记账凭证。

汇总转账凭证通常根据所设置账户的贷方进行编制，定期（5天或10天）将这一期间内的全部转账凭证，按各账户对应的借方账户分类之后，进行汇总编制。月终时，结算出汇总转账凭证的合计数，据以登记总分类账。

总分类账根据汇总转账凭证的合计数进行登记，分别记入对应账户的总分类账户的贷方，并将汇总转账凭证上各账户借方的合计数分别计入有关总分类账户的借方。

**【注意】**在编制的过程中贷方账户必须唯一，借方账户可一个或多个，即转账凭证必须一借一贷或多借一贷。

如果在一个月内某一贷方账户的转账凭证不多，可不编制汇总转账凭证，直接根据单个的转账凭证登记总分类账。汇总转账凭证见表8-3。

表 8-3　汇总转款凭证

贷方科目：原材料　　　　　　　　　　2014 年 4 月 30 日　　　　　　　　　汇付字第 1 号

| 贷方科目 | 金额 | | | | 总账账页 |
| --- | --- | --- | --- | --- | --- |
| | 1~10 日<br>记字第 05 号 | 11~20 日<br>记字第　号 | 21~30 日<br>记字第　号 | 合计 | |
| 生产成本 | 80000 | | | 80000 | |
| 制造费用 | 10000 | | | 10000 | |
| 合计 | 90000 | | | 90000 | |

## 二、一般步骤

汇总记账凭证账务处理程序的一般步骤是：

（1）根据原始凭证填制汇总原始凭证；

（2）根据原始凭证或汇总原始凭证，填制收款凭证、付款凭证和转账凭证，也可填制通用记账凭证；

（3）根据收款凭证、付款凭证逐笔登记库存现金日记账和银行存款日记账；

（4）根据原始凭证、汇总原始凭证和记账凭证，登记各种明细分类账；

（5）根据各种记账凭证编制有关汇总记账凭证，包括汇总收款凭证、汇总付款凭证和汇总转账凭证。对转账业务不多的企业，可不编制汇总转账凭证，直接根据转账凭证登记总分类账；

（6）根据各种汇总记账凭证登记总分类账；

（7）期末，将库存现金日记账、银行存款日记账和明细分类账的余额同有关总分类账的余额核对相符；

（8）期末，根据总分类账和明细分类账的记录，编制财务报表。

汇总记账凭证账务处理程序如图 8-2 所示。

【例 8-3】（多选题）下列各项中，属于汇总记账凭证账务处理程序一般步骤的有（　　　）。

A．根据各种原始凭证编制原始凭证汇总表

B．根据各付款凭证逐笔登记库存现金日记账和银行存款日记账

C．根据各种记账凭证分别编制汇总收款凭证和汇总转账凭证

D．根据各种汇总记账凭证登记总分类账

【答案】ABCD

【解析】本题考查汇总记账凭证账务处理程序一般编制步骤。上述所给选项均为该程序的编制步骤。

【例 8-4】（单选题）汇总收款凭证和汇总付款凭证分别以账户的（　　　）进行设置。

A. 借方和贷方 　　　　　B. 借方和借方

C. 贷方和贷方 　　　　　D. 贷方和借方

【答案】A

【解析】汇总收款凭证是根据账户的借方设置的一种汇总记账凭证；汇总付款凭证则是根据账户的贷方设置的一种汇总记账凭证。

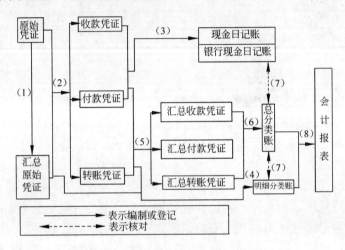

图 8-2　汇总记账凭证账务处理程序

## 三、汇总记账凭证账务处理程序的内容

### （一）特点

汇总记账凭证账务处理程序的特点是先根据记账凭证定期编制汇总记账凭证，再根据汇总记账凭证登记总分类账。

### （二）优缺点

汇总记账凭证账务处理程序的优缺点分别如下。

（1）优点是减轻了登记总分类账的工作量。

（2）缺点是当转账凭证较多时，编制汇总转账凭证的工作量较大，并且按每一贷方科目编制汇总转账凭证，不利于会计核算的日常分工。

### （三）适用范围

该账务处理程序适用于规模较大、经济业务较多的单位，特别是专业业务少而收、付款业务较多的单位。

# 第四节　科目汇总表账务处理程序

## 一、科目汇总表的编制方法

科目汇总表，又称记账凭证汇总表，是企业通常定期对全部记账凭证进行汇总后，按照不同的会计科目分别列示各账户借方发生额和贷方发生额的一种汇总凭证。

科目汇总表的编制方法是根据一定时期内的全部记账凭证，按照会计科目进行归类，定期汇总出每一个账户的借方本期发生额和贷方本期发生额，填写在科目汇总表的相关栏内。

科目汇总表可每月编制一张，按旬汇总；也可每旬汇总一次编制一张。任何格式的科目汇总表，都只反映各个账户的本期借方发生额和本期贷方发生额，不反映各个账户的对应关系。

科目汇总表的格式见表8-4和表8-5。

**表8-4　科目汇总表**

字第　号　　　　　　　　　　　　　　　年　　月

| 会计科目 | 1日-10日 | | 11日-20日 | | 21日-30日 | | 合计 | | 本月合计 |
|---|---|---|---|---|---|---|---|---|---|
| | 借方 | 贷方 | 借方 | 贷方 | 借方 | 贷方 | 借方 | 贷方 | |
| | | | | | | | | | |
| | | | | | | | | | |

**表8-5　科目汇总表**

字第　号　　　　　　　　　　　　　　　年　　月

| 会计科目 | 记账凭证起讫 | 本期发生额 | | 总账页数 |
|---|---|---|---|---|
| | | 借方 | 贷方 | |
| | | | | |
| | | | | |
| 合计 | | | | |

【例8-5】(单选题)不论采用何种账务处理程序,编制财务报表所需资料最终来源于( )。

A．科目汇总表　　　　　　　B．总分类账

C．明细分类账　　　　　　　D．汇总记账凭证

【答案】B

【解析】任何账务处理程序都需要通过不同的数据来源来登记总分类账，然后将其编制成财务报表。

## 二、一般步骤

科目汇总表账务处理程序的一般步骤是：

（1）根据原始凭证填制汇总原始凭证；

（2）根据原始凭证或汇总原始凭证，填制记账凭证；

（3）根据收款凭证、付款凭证逐笔登记库存现金日记账和银行存款日记账；

（4）根据原始凭证、汇总原始凭证和记账凭证，登记各种明细分类账；

（5）根据各种记账凭证编制科目汇总表；

（6）根据科目汇总表登记总分类账；

（7）期末，将库存现金日记账、银行存款日记账和明细分类账的余额同有关总分类账的余额核对相符；

（8）期末，根据总分类账和明细分类账的记录，编制财务报表。

科目汇总表账务处理程序如图 8-3 所示。

【例 8-6】(多选题)科目汇总表账务处理程序与记账凭证账务处理程序共同之处有（　　）。

A．登记总账的依据相同

B．编制财务报表的依据相同

C．登记库存现金和银行存款日记账的依据相同

D．登记各种明细分类账的依据相同

【答案】BCD

【解析】登记总账的依据分别是科目汇总表和记账凭证，故选项 A 说法错误。

【例 8-7】(单选题) 在各种不同账务处理程序中，不能作为登记总账账簿的是（　　）。

A．记账凭证　　　　　　　　B．汇总记账凭证

C．原始记账凭证汇总表　　　D．科目汇总表

【答案】C

【解析】选项 A 是记账凭证账务处理程序登记总账的来源；选项 B 是汇总记账凭证账务处理程序登记总账的来源；选项 D 是科目汇总表账务处理程序登记总账的来源。

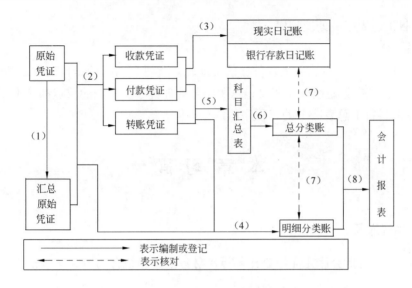

图 8-3　科目汇总表财务处理程序

## 三、科目汇总表账务处理程序的内容

### （一）特点

科目汇总表账务程序的特点是先将所有记账凭证汇总编制成科目汇总表，然后以科目汇总表为依据登记总分类账。

### （二）优缺点

科目汇总表账务处理程序的优缺点分别如下。

（1）优点是减轻了登记总分类账的工作量，易于理解，方便学习，并可做到试算平衡。

（2）缺点是科目汇总表不能反映各个账户之间的对应关系，不利于对账目进行检查。

### （三）适用范围

科目汇总表账务处理程序适用于所有经济类型的单位，尤其是经济业务较多的单位。

【例 8-8】（多选题）不能反映出科目的对应关系，不便于分析和检查经济业务的来龙去脉，不便于查对账目，指的有（　　　）。

A．记账凭证账务处理程序

B．汇总记账凭证账务处理程序

C．日记账账务处理程序

D．科目汇总表账务处理程序

【答案】CD

【解析】本题考查各种账务处理程序的优缺点。选项 C 所指的是日记账账务处理程序，包括多栏式日记账账务处理程序和日记总账账务处理程序，它们的缺点都是不便于查账，与选项 D 中的科目汇总表账务处理程序的缺点相似。

# 本 章 习 题

## 一、单项选择题

（1）（　　）是指会计凭证、会计账簿、财务报表相结合的方式，包括账簿组织和记账程序。

A．会计凭证传递　　　　　　　　B．会计账簿组织

C．会计工作组织　　　　　　　　D．会计核算组织程序

（2）对所发生的经济业务事项，根据原始凭证或汇总原始凭证编制记账凭证，然后直接根据记账凭证逐笔登记总分类账。下列各项中，属于这种账务处理程序的是（　　）。

A．记账凭证账务处理程序　　　　B．汇总记账凭证账务处理程序

C．科目汇总表账务处理程序　　　D．不存在这种账务处理程序

（3）下列各项中，属于在记账凭证账务处理程序中，需要对所发生的经济业务事项，根据原始凭证或汇总原始凭证编制的是（　　）。

A．记账凭证　　　　　　　　　　B．汇总记账凭证

C．科目汇总表　　　　　　　　　D．原始凭证

（4）恒大棉业有限公司是一家商贸公司，主要经销棉花。2014 年 3 月市国税稽查局人员对其 2013 年度的纳税情况进行检查时，发现该公司业务量不大，从库存商品总账上发现"现收 5 号凭证"有漏记销售的嫌疑。据此可判断该公司使用的会计核算程序是（　　）。

A．记账凭证核算程序　　　　　　B．科目汇总表核算程序

C．汇总记账凭证核算程序　　　　D．多栏式日记账核算程序

（5）在汇总记账凭证账务处理程序下，记账凭证宜采用（　　）。

A．通用的统一格式的记账凭证

B．收款、付款、转账三种专用格式的记账凭证

C．数量金额式

D．横线登记式

（6）甲企业为一家大型商业流通企业，主要经销家电产品，其账务处理使用汇总记账凭证账务处理程序。下列各项中，属于甲企业月末登记总账依据的是（　　）。

    A．汇总记账凭证　　　　　　　　B．原始凭证汇总表

    C．记账凭证　　　　　　　　　　D．原始凭证

（7）为了便于填制汇总转账凭证，平时填制转账凭证时，应尽可能使账户的对应关系保持（　　）。

    A．"一借一贷"或"一贷多借"　　B．"一借一贷"或"一借多贷"

    C．"一贷多借"或"多借多贷"　　D．"一借多贷"或"多借多贷"

（8）下列关于汇总记账凭证账务处理程序缺点的表述中，正确的是（　　）。

    A．总分类账中无法清晰地反映科目之间的对应关系

    B．登记总分类账的工作量较大

    C．编制汇总记账凭证的程序比较简单

    D．当转账凭证较多时，编制汇总转账凭证的工作量较大

（9）采用科目汇总表账务处理程序，（　　）是其登记总账的直接依据。

    A．汇总记账凭证　　　　　　　　B．科目汇总表

    C．记账凭证　　　　　　　　　　D．原始凭证

（10）下列总分类账的登记方法中错误的是（　　）。

    A．总分类账可以根据记账凭证登记

    B．总分类账可以根据科目汇总表登记

    C．总分类账可以根据汇总记账凭证登记

    D．总分类账可以根据明细账登记

（11）科目汇总表账务处理程序的缺点是（　　）。

    A．不利于会计核算的日常分工　　B．登记总分类账的工作量较大

    C．不反映各科目的对应关系　　　D．编制汇总转账凭证的工作量较大

（12）汇总记账凭证账务处理程序与科目汇总表账务处理程序的相同点是（　　）。

    A．登记总账的依据相同　　　　　B．记账凭证的汇总方法相同

    C．保持了账户间的对应关系　　　D．简化了登记总分类账的工作量

（13）下列会计凭证中，属于科目汇总表账务处理程序比记账凭证账务处理程序增加的项目是（　　）。

    A．编制原始凭证汇总表　　　　　B．编制汇总原始凭证

    C．编制科目汇总表　　　　　　　D．编制汇总记账凭证

## 二、多项选择题

（1）我国常用的账务处理程序主要有（　　）。

    A．原始凭证账务处理程序　　　　B．记账凭证账务处理程序

　　　　C．汇总记账凭证账务处理程序　　　　D．科目汇总表账务处理程序

（2）下列各项中，（　　　）在记账凭证账务处理程序下应设置。

　　　A．收款付款转账凭证或通用记账凭证

　　　B．科目汇总表或汇总记账凭证

　　　C．现金和银行存款日记账

　　　D．总分类账和若干明细分类账

（3）下列登账方法中正确的有（　　　）。

　　　A．依据记账凭证和原始凭证逐日逐笔登记明细账

　　　B．依据记账凭证和汇总原始凭证逐日逐笔或定期汇总登记明细账

　　　C．依据记账凭证逐笔登记总账

　　　D．依据汇总原始凭证定期汇总登记现金日记账

（4）下列关于汇总记账凭证编制的表述中，正确的有（　　　）。

　　　A．汇总收款凭证，应分别按现金、银行存款账户的借方设置，并按其对应的贷
　　　　　方账户归类汇总

　　　B．汇总付款凭证，应分别按现金、银行存款账户的贷方设置，并按其对应的借
　　　　　方账户归类汇总

　　　C．汇总收款凭证，应分别按现金、银行存款账户的贷方设置，并按其对应的借
　　　　　方账户归类汇总

　　　D．汇总付款凭证，应分别按现金、银行存款账户的借方设置，并按其对应的贷
　　　　　方账户归类汇总

（5）汇总收款凭证是根据（　　　）编制的。

　　　A．银行存款收款凭证　　　　　　　　B．库存现金收款凭证

　　　C．转账凭证　　　　　　　　　　　　D．银行存款付款凭证

（6）以下关于汇总转账凭证的编制，说法不正确的有（　　　）。

　　　A．汇总转账凭证是指按每一贷方科目分别设置，用来汇总一定时期内转账业务
　　　　　的一种汇总记账凭证

　　　B．汇总转账凭证可以是"一借一贷"或"一贷多借"的会计分录

　　　C．汇总转账凭证可以是"一借多贷"或"多借多贷"的会计分录

　　　D．将一定时期内全部转账凭证按其对应借方科目进行归类，计算出每一贷方科
　　　　　目发生额合计数，填入汇总转账凭证

（7）在科目汇总表账务处理程序下，应设置（　　　）等。

　　　A．现金日记账和银行存款日记账　　　B．科目汇总表

　　　C．总分类账　　　　　　　　　　　　D．汇总收款凭证

（8）在科目汇总表账务处理程序下，下列各项中，（　　　）不能作为登记总账直接依据。

　　　A．原始凭证　　　　　　　　　　　　B．汇总记账凭证

　　C．科目汇总表　　　　　　　　　　D．记账凭证

（9）科目汇总表账务处理程序的特点主要表现在（　　）。

　　A．根据记账凭证定期编制科目汇总表

　　B．根据编制的科目汇总表据以登记总分类账

　　C．根据各种记账凭证编制汇总记账凭证

　　D．根据汇总记账凭证登记总分类账

（10）选择恰当的账务处理程序，应考虑的因素有（　　）。

　　A．要适应本单位生产经营活动的特点和规模的大小，满足本单位组织会计核算的要求

　　B．要有利于全面、及时、正确地反映本单位经济活动情况，提供高质量的会计核算信息

　　C．要有利于简化会计核算手续，提高会计工作效率，节约会计核算工作的人力、物力和财力

　　D．要满足投资者和债权人等外部和单位内部会计信息使用者的需求

### 三、判断题

（1）汇总记账凭证账务处理程序是会计核算中最基本的账务处理程序，其他账务处理程序都是在这种账务处理程序的基础上发展、演变形成的。（　　）

（2）汇总转账凭证是根据转账凭证的每一个贷方科目分别设置的。（　　）

（3）汇总记账凭证账务处理程序的优点之一是当转账凭证较多时，编制汇总转账凭证的工作量较小。（　　）

（4）采用科目汇总表账务处理程序，所需设置的账簿的种类和格式与记账凭证账务处理程序下基本相同。（　　）

（5）科目汇总表账务处理程序的优点之一是可以清晰反映科目之间的对应关系。（　　）

（6）记账凭证账务处理程序、汇总记账凭证账务处理程序和科目汇总表账务处理程序的一般步骤中都包括期末根据总分类账和明细分类账的记录，编制会计报表。（　　）

（7）记账凭证账务处理程序、汇总记账凭证账务处理程序和科目汇总表账务处理程序的一般步骤中都包括根据原始凭证或汇总原始凭证编制收款凭证、付款凭证和转账凭证（或通用记账凭证）。（　　）

# 第九章 财产清查

　　本章主要介绍财产清查的概念、意义、一般程序，财产清查的方法以及财产清查结果的处理。应重点掌握财产清查概念和意义、财产清查的种类、财产清查的方法、财产清查结果的处理。

　　本章在考试中所占分值大约为 4 分，涉及题型主要以单选题、多选题和判断题为主，但银行存款余额调节表的编制和财产清查结果的账务处理常以计算分析题的形式进行考查。考生在学习本章时不要死记硬背，可以与第五章的相关账务处理联系起来，理解记忆。

## 第一节　财产清查概述

### 一、财产清查的概念与意义

　　财产清查是指通过对货币资金、实物资产和往来款项等财产物资进行盘点或核对，确定其实存数，查明账存数与实存数是否相符的一种专门方法。

　　企业应建立健全财产物资清查制度，加强管理，以保证财产物资核算的真实性和完整性。具体而言，财产清查的意义主要体现在以下三个方面。

　　（1）保证账实相符，提高会计资料的准确性。通过财产清查，可以查明各项财产物资的实有数量，确定实有数量与账面数量之间的差异，查明原因和责任，以便采取有效措施，消除差异，改进工作，从而保证账实相符，提高会计资料的准确性。

　　（2）切实保障各项财产物质的安全完整。通过财产清查，可以查明各项财产物资的保管情况是否良好，有无因管理不善，造成霉烂、变质、损失浪费，或者被非法挪用、贪污盗窃的情况，以便采取有效措施，改善管理，切实保障各项财产物资的安全完整。

　　（3）加速资金周转，提高资金使用效益。通过财产清查，可以查明各项财产物资的库存和使用情况，合理安排生产经营活动，充分利用各项财产物资，加速资金周转，提高资金使用效益。

　　【例9-1】（判断题）通过财产清查，可以查明各项财产物资的实有数量，确定实有数量与账面数量之间的差异，从而杜绝差异的出现。（　　　）

　　【答案】×

【解析】本题考查财产清查的概念与意义。财产清查可以查明实有数与账面数的差异，但无法杜绝差异的出现。

## 二、财产清查的种类

### （一）按照清查范围分类

按照清查范围分类，可分为全面清查和局部清查。

#### 1. 全面清查

全面清查是指对所有的财产进行全面的盘点和核对。这种清查的对象主要包括库存现金、银行存款等各种货币资产；存货、固定资产等各项实物资产；应收应付款、预收预付款等各种往来结算款项等。

全面清查范围广、内容多、工作量大，不宜经常进行。需要进行全面清查的主要有以下几种情况：

（1）年终决算之前；

（2）单位撤并或者改变其隶属关系时，中外合资、国内合资前；

（3）开展资产评估，清产核资等专项经济活动前；

（4）单位主要负责人调离工作等。

#### 2. 局部清查

局部清查是指根据需要对部分财产物资进行盘点与核对。其清查的主要对象是流动性较大的财产，如现金、原材料、在产品和库存商品等。

局部清查范围小，内容少，涉及的人员较少，但专业性较强。需要进行局部清查的主要有以下几种情况：

（1）对于库存现金，每日业务终了应由出纳人员当日清点核对，以保持实存数和现金日记账结存额相符；

（2）对于银行存款，出纳人员至少每月要同银行核对一次；

（3）对于贵重物资，每月都应清查盘点一次；

（4）对于各种往来款项，每年至少同对方企业核对 1~2 次；

（5）通常情况下，对于流动性较大的材料物资，除年度清查外，年内还要轮流盘点或重点抽查。

以上所列举的清查内容，都是在正常情况下进行的，目的是保证账实相符。如果遭受自然灾害（如风、火、水灾、地震等）、发生盗窃事件以及更换相关工作人员时也应对财产物资或资金进行局部的清点和盘查。

## （二）按照清查的时间分类

按清查的时间分类，可分为定期清查和不定期清查。

### 1．定期清查

定期清查是指按照预先计划安排的时间对财产进行的盘点和核对。定期清查一般在年末、季末、月末终了及每日结账时进行。定期清查可以是全面清查，也可以是局部清查。

一般情况下，年终决算前进行全面清查，季末和月末进行局部清查，年末清查的范围一般要比月末、季末大一些。

### 2．不定期清查

不定期清查是指事先不规定清查日期，而是根据特殊需要对财产物资所进行的临时性清查。不定期清查可以是全面清查，也可以是局部清查，应根据实际需要来确定清查的对象和范围。

需要进行不定期清查的主要有以下几种情况：

（1）在单位更换出纳或财产物资保管人员时；

（2）当单位发生意外损失或非常灾害时；

（3）经济管理部门如财政、税务、银行以及审计部门对企业进行检查时等。

【例 9-2】（多选题）以下属于不定期清查的有（　　　）。

A．库存现金的清查

B．有关财产物资、货币资金的保管人员变更

C．发生自然损失和意外损失后

D．会计主体隶属关系改变

【答案】BCD

【解析】本题考查不定期清查的使用情况。选项 A 属于定期清查的范围。

## （三）按照清查的执行系统分类

### 1．内部清查

内部清查是指由本单位内部自行组织清查工作小组所进行的财产清查工作。大多数财产清查都是内部清查。

### 2．外部清查

外部清查是指由上级主管部门、审计机关、司法部门、注册会计师根据国家有关规定或情况需要对本单位所进行的财产清查。

一般来讲，进行外部清查时应有本单位相关人员参加。

【例9-3】（单选题）财产清查中，内部清查和外部清查是按照财产清查的（ ）来进行分类的。

A．范围　　　　　　B．时间　　　　　　C．执行系统　　　　　　D．性质

【答案】C

【解析】本题考查财产清查的种类。内部清查和外部清查是按照财产清查的执行系统进行分类的。

### 三、财产清查的一般程序

财产清查既是会计核算的一种专门方法，又是财产物资管理的一项重要制度。企业必须有计划、有组织地进行财产清查。

当进行涉及面广、工作量大的财产清查时，为了确保清查工作有条不紊地进行，可以按照以下程序组织财产清查工作。

（1）建立财产清查组织。

（2）组织清查人员学习有关政策规定，掌握有关法律、法规和相关业务知识，以提高财产清查工作的质量。

（3）确定清查对象、范围，明确清查任务。

（4）制订清查方案，具体安排清查内容、时间、步骤、方法以及必要的清查前准备。

（5）清查时本着先清查数量、核对有关账簿记录等，后认定质量的原则进行。

（6）填制盘存清单。

（7）根据盘存清单，填制实物、往来账项清查结果报告表。

【注意】现代意义上的财产清查，不仅包括资产实存数量和质量的检查，还应包括资产价值量的测定，并关注资产是否发生减值等情况。

# 第二节　财产清查的方法

由于货币资金、实物、往来款项的特点各有不同，在进行财产清查时，应采用与其特点和管理要求相适应的方法。

## 一、货币资金的清查方法

### （一）库存现金的清查

库存现金清查先采用实地盘点的方法确定库存现金的实存数，然后再与现金日记账的

账面余额相核对，确定账存数与实存数是否相等。

库存现金的盘点应由清查人员会同出纳人员共同负责。清查时，出纳人员必须在场，库存现金由出纳人员经手盘点，清查人员从旁监督。同时，清查人员还应认真审核库存现金收付凭证和有关账簿，检查财务处理是否合理合法、账簿记录有无错误，以确定账存数与实存数是否相符。

在库存现金盘点结束后，直接填制"库存现金盘点报告表"，由盘点人员、出纳人员及其相关负责人签名盖章，并据以调整现金日记账的账面记录。库存现金盘点报告表的一般格式见表9-1。

**表 9-1　库存现金盘点报告表**

单位名称：　　　　　　　　　　　年　　月　　日

| 实存金额 | 账存金额 | 实存与账存对比结果 | | 备　注 |
|---|---|---|---|---|
| | | 盘　盈 | 盘　亏 | |
| …… | …… | …… | …… | …… |

盘点人（签章）：　　　　　　　　　　　　　　　出纳人（签章）：

"库存现金盘点报告表"具有盘存单和实存账存对比表的作用，是证明现金实有数额的重要原始凭证，并可通过它调整库存现金的账面记录。

【注意】通过库存现金的清查，既要检查账证是否真实、客观，是否有违反现金管理制度的行为，如白条抵库、挪用舞弊、公款私存等，又要检查账实是否相符。

### （二）银行存款的清查

银行存款的清查是采用与开户银行核对账目的方法进行的，即将本单位银行存款日记账的账簿记录与开户银行转来的对账单逐笔进行核对，来查明银行存款的实有数额。银行存款的清查一般在月末进行。

#### 1. 银行存款日记账与银行对账单不一致的原因

将截止到清查日所有银行存款的收付业务都登记入账后，对发生的错账、漏账应及时查清更正，再与银行的对账单逐笔核对。如果二者余额相符，通常说明没有错误；如果二者余额不相符，则可能是企业或银行一方或双方记账过程有错误或者存在未达账项。

经确定后企业应立即更正；属于银行方面的记账差错，应通知银行更正。如果双方均无记账错误，企业的银行存款日记账余额与银行对账单余额往往也不一致，这种不一致一般是由未达账项造成的。

未达账项是指企业和银行之间，由于记账时间不一致而发生的一方已经入账，而另一方尚未入账的事项。具体地说，未达账项大致有下列4种情况。

（1）银行已收，企业未收。即银行已收款入账，企业尚未收款入账。例如，某单位给企业汇来款项，银行收到汇款后，登记企业存款增加，而企业由于尚未收到银行收账通知单而尚未登记银行存款增加。

（2）银行已付，企业未付。即银行已付款入账，企业尚未付款入账。例如，企业应付给银行的借款利息，银行已办妥付款手续且入账，但由于付款通知尚未到达企业而使企业尚未入账。

（3）企业已收，银行未收。即企业已收款入账，银行尚未收款入账。例如，企业销售产品收到转让支票且已入账，但由于银行尚未办妥转账付款手续而尚未入账。

（4）企业已付，银行未付。即企业已付款入账，银行尚未付款入账。例如，企业开出一张转账支票支付购货款，企业根据支票存根等登记银行存款减少，但由于收款单位尚未到银行办理转账手续或银行尚未办妥转账付款手续而未入账。

上述任何一种未达账项的存在，都会使企业银行存款日记账的余额与银行开出的对账单的余额不符。所以，在与银行对账时首先应查明是否存在未达账项，如果出现未达账项，就应编制"银行存款余额调节表"，据以调整双方的账面余额。确定企业银行存款实有数。

2. 银行存款清查的步骤

银行存款的清查按以下4个步骤进行。

（1）将本单位银行存款日记账与银行对账单，以结算凭证的种类、号码和金额为依据，逐日逐笔核对。凡双方都有记录的，用铅笔在金额旁打"√"。

（2）找出未达账项（即银行存款日记账和银行对账单中没有打"√"的款项）。

（3）将日记账和对账单的月末余额及找出的未达账项填入"银行存款余额调节表"，并计算出调整后的余额。

（4）将调整平衡的"银行存款余额调节表"，经主管会计签章后，呈报开户银行。

凡有几个银行户头以及开设有外币存款户头的单位，应分别按存款户头开设"银行存款日记账"。每月月底，应分别将各户头的"银行存款日记账"与各户头的"银行对账单"核对，并分别编制各户头的"银行存款余额调节表"。

银行存款余额调节表的编制，是以双方账面余额为基础，各自分别加上对方已收款入账而己方尚未入账的数额，减去对方已付款入账而己方尚未入账的数额。其计算公式为：

企业银行存款日记账余额+银行已收企业未收款−银行已付企业未付款=银行对账单存款余额+企业已收银行未收款−企业已付银行未付款

【**例 9-4**】某企业 2014 年 5 月 31 日银行存款日记账余额 496000 元，银行对账单余额 617200 元。经逐笔核对，发现存在以下 4 笔未达账项。

（1）企业偿还 A 公司货款 70000 元已登记入账，但银行尚未登记入账。

（2）企业收到销售商品款 13200 元已登记入账，但银行尚未登记入账。

（3）银行已划转电费 5600 元登记入账，但企业尚未收到付款通知单，未登记入账。

（4）银行已收到外地汇入货款 70000 元登记入账，但企业尚未收到收款通知单，未登记入账。

要求：填制银行存款余额调节表。

计算结果见表 9-2。

### 表 9-2　银行存款余额调节表

2014 年 5 月 31 日　　　　　　　　　　　　　　　单位：元

| 项　　目 | 金额 | 项　　目 | 金额 |
|---|---|---|---|
| 银行存款日记余额 | 496000 | 银行对账单余额 | 617200 |
| 加：银行已收、企业未收款 | 70000 | 加：企业已收、银行未收款 | 13200 |
| 减：银行已付、企业未付款 | 5600 | 减：企业已付、银行未付款 | 70000 |
| 调节后余额 | 560400 | 调节后余额 | 560400 |

3.　银行存款余额调节表的作用

（1）银行存款余额调节表是一种对账记录或对账工具，不能作为调整账面记录的依据，即不能根据银行存款余额调节表中的未达账项来调整银行存款账面记录，未达账项只有在收到有关凭证后才能进行有关的账务处理。

（2）调节后的余额如果相等，通常说明企业和银行的账面记录一般没有错误，该余额通常为企业可以动用的银行存款实有数。

（3）调节后的余额如果不相等，通常说明一方或双方记账有误，需进一步追查，查明原因后予以更正和处理。

【**考场指示灯**】"银行存款余额调节表"这一考点，常以判断题或计算分析题的形式出现，考生需要特别注意。

【**例 9-5**】（判断题）对于银行已登记入账，企业尚未登记入账的未达账项，可以根据"银行存款余额调节表"登记企业的银行存款日记账。（　　　　）

【**答案**】×

【**解析**】银行存款余额调节表只是对账时的一种规范的工作底稿，不能作为会计做账的依据，因此不能以银行存款余额调节表登记银行存款日记账，应该以银行的入账回单来登记银行存款日记账。

## 二、实物资产的清查方法

实物资产主要包括固定资产、存货等。实物资产的清查就是对实物资产在数量和质量上所进行的清查。

常用的清查方法主要有实地盘点法和技术推算法。

### （一）实地盘点法

实地盘点法是在财产物资存放现场逐一清点数量或用计量仪器确定其实存数的一种方法。应运用度、量、衡等工具，通过点数、过磅、量尺等方法来确定实物资产的实有数量。这种方法适用范围较广，而且数字准确可靠，大多数财产物资都可采取这种方法，但工作量较大。

实施盘点时，盘点人员应做好盘点记录。盘点结束后，盘点人员应根据财产物资的盘点记录，编制"财产物资盘存单"，并由参与盘点人员、财产物资保管人员及相关责任人签名盖章。同时应就盘存表的资料以及相关账簿资料填制"实存账存对比表"，并据以检查账面数额与实际数额是否相符，同时根据对比结果调整账簿记录，分析差异原因，做出相应处理。

### （二）技术推算法

技术推算法是按照一定标准推算出其实有数的一种方法。这种方法适用于堆垛量很大，不便一一清点，单位价值又比较低的实物的清查。如露天堆放的燃料用煤，就可以用技术推算法。此方法相对于实地盘点法而言，工作量小，但数字不够准确。

对实物资产的数量进行清查的同时，还要对实物的质量进行鉴定，可根据不同的实物采用不同的检查方法，如物理法、化学法、直接观察法等。

为了明确经济责任，在进行实物资产清查盘点时，实物保管人员必须在场。对各项财产物资的盘点结果，应逐一填制盘存单，由盘点人员和实物保管人员共同签章，并同账面余额记录核对，确认盘盈盘亏数，填制实存账存对比表，作为调整账面记录的原始凭证。

【考场指示灯】"盘存单既是记录盘点结果的书面证明，也是反映财产物资实存数的原始凭证"这句话可能会以判断题的形式出现，考生需要注意。

财产物资盘存单和实存账存对比表的常用格式见表 9-3 和表 9-4。

### 表 9-3　盘存单

单位名称：　　　　　　　　　　盘点时间　　　　　　　　　　　　编号：

财产类别：　　　　　　　　　　存放地点：　　　　　　　　　　　金额单位：

| 编号 | 名称 | 计量单位 | 数量 | 单价 | 金额 | 备注 |
|------|------|----------|------|------|------|------|
|      |      |          |      |      |      |      |

盘点人（签章）：　　　　　　　　　　　　　　实物保管人（签章）：

### 表 9-4　实存账存对比表

使用部门：　　　　　　　　　　年　　月　　日　　　　　　　　　编号：

财产类别：　　　　　　　　　　存放地点：　　　　　　　　　　　金额单位：

| 编号 | 类别及名称 | 计量单位 | 单价 | 实　存 | | 账　存 | | 对比结果 | | | | 备注 |
|------|-----------|----------|------|--------|--------|--------|--------|--------|--------|--------|--------|------|
|      |           |          |      | 数量 | 金额 | 数量 | 金额 | 盘　盈 | | 盘　亏 | | |
|      |           |          |      |      |      |      |      | 数量 | 金额 | 数量 | 金额 | |
|      |           |          |      |      |      |      |      |      |      |      |      |      |
|      |           |          |      |      |      |      |      |      |      |      |      |      |
|      |           |          |      |      |      |      |      |      |      |      |      |      |

实物保管人：　　　　　　　　　　会计：　　　　　　　　　　　　制表：

对已清查出来的残存变质物资、伪劣产品，应另行编制"残存变质物资、伪劣产品情况表"，见表 9-5，写明损失程度和损失金额，经盘点小组研究决定后提出处理意见，情况比较严重的还应作专项说明。

对已委托外单位加工、保管的材料、商品、物资以及在途材料、商品、物资等，可以采取询证的方法与有关单位进行核对，来查明账实是否相符。

### 表 9-5　残存变质物资、伪劣产品情况表

单位名称：　　　　　　　　　　年　　月　　日　　　　　　　　　金额单位：

| 名称规格 | 单价 | 原价 | 账面记录 | | 报　废 | | 报　损 | | 残存伪劣 | | 处理意见 |
|----------|------|------|----------|--------|--------|--------|--------|--------|----------|--------|----------|
|          |      |      | 数量 | 金额 | 数量 | 金额 | 数量 | 金额 | 数量 | 金额 | |
|          |      |      |      |      |      |      |      |      |      |      |      |
| 合计 |      |      |      |      |      |      |      |      |      |      |      |

主管人员：　　　　　　　　　　会计：　　　　　　　　　　　　制表：

## 三、往来款项的清查方法

往来款项主要包括应收、应付款项和预收、预付款项等。

往来款项的清查一般用发函询证的方法进行核对，派人前往或利用通信工具，向结算

往来单位核实账目。清查的方法一般如下。

（1）首先确定本单位的往来款项记录准确无误，总分类账与明细分类账的余额相等，各明细分类账的余额相符。

（2）在保证本单位账簿记录正确的情况下，编制"往来款项询证函"，通过信函、电函、面询等多种方式，请对方企业核对，确定各种应收、应付款的实际情况。

对账单应按明细账户逐笔摘抄，一式两联，其中一联是回单，对方单位核对后将回单盖章退回本单位；如果发现双方账目不相符，应在回单上注明，以便进一步查对。其格式见表9-6。

### 表9-6 往来款项询证函

往来款项对账单

×××单位：

贵单位于××年××月××日从我单位购入乙产品200件，已付款40000元，尚有60000元贷款尚未支付，请核对后将回联单寄回。

清查单位：（盖章）<br>年 月 日

如核对相符，请在数据无误处盖章确认（沿此虚线剪下，将以下回联单寄回）；如数据存在差异，请注明贵单位记载的金额。

往来款项对账单（回联）

×××清查单位：

贵单位寄来的"往来款项对账单"已收到，经核对相符无误。

×××单位：（盖章）<br>年 月 日

（3）收到回单以后，要据以编制"往来款项清查报告单"，由清查人员和记账人员共同签名盖章，注明核对相符与不相符的款项，尤其注意查明有无双方发生争议的款项、有无希望收回的款项或无法支付的款项等，对不相符的款项按有争议、未达账项、无法收回等情况归类，并针对具体情况及时采取措施进行处理，避免或减少坏账损失。往来款项清查报告单见表9-7。

### 表9-7 往来款项清查报告单

总分类账户名称：　　　　　　　　年　月　日

| 明细分类账户 | | 清查结果 | | 核对不符原因分析 | | | | 备注 |
|---|---|---|---|---|---|---|---|---|
| 名称 | 账面余额 | 核对相符金额 | 核对不符金额 | 未达账项金额 | 有争议款项金额 | 无法收回（或偿还）款项 | 其他 | |
| | | | | | | | | |

# 第三节　财产清查结果的处理

## 一、财产清查结果处理的要求

对于财产清查中发现的问题，如财产物资的盘盈、盘亏、毁损或其他各种损失，应核实情况，调查分析产生的原因，按照国家有关法律法规的规定，进行相应的处理。

财产物资清查结果的处理应该包括以下几方面要求。

### 1. 分析产生差异的原因和性质，提出处理建议

对于各种财产物资的盘盈盘亏，必须通过调查研究查明原因、明确责任，并根据相关规定进行处理。

（1）个人造成的损失，应由个人赔偿。

（2）因管理不善原因造成的损失，应作为企业管理费用入账。

（3）因自然灾害造成的非常损失，列入企业的营业外支出，如相关财产已经向保险公司投保，还应向保险公司索取赔偿。

### 2. 积极处理多余积压财产，清理往来款项

在处理积压、多余物资时，应分不同情况进行处理。对于利用率不高或闲置不用的固定资产也必须查明原因积极处理，使所有固定资产都能被充分利用，从而提高固定资产的使用效率。

### 3. 总结经验教训，建立健全各项管理制度

财产清查后，要针对存在的问题和不足，总结经验教训，采取必要的措施，建立健全财产管理制度，进一步提高财产管理水平，避免再次出现同样的问题。

### 4. 及时调整账簿记录，保证账实相符

对于财产清查中发现的盘盈或盘亏，一方面应及时调整账面记录，以保证账实相符。另一方面要根据清查中取得的原始凭证编制记账凭证，登记有关账簿，使各种财产物资的账存数与实存数相一致，同时反映待处理财产损溢的发生。

## 二、财产清查结果处理的步骤与方法

对于财产清查结果的处理可分为以下两种情况。

1. 审批之前的处理

根据"清查结果报告表""盘点报告表"等已经查实的数据资料，填制记账凭证，记入有关账簿，使账簿记录与实际盘存数相符，同时根据权限，将处理建议报股东大会或董事会，或经理（厂长）会议或类似机构批准。

2. 审批之后的处理

企业清查的各种财产的损溢，应于期末前查明原因，并根据企业的管理权限，经股东大会或董事会，或经理（厂长）会议或类似机构批准后，在期末结账前处理完毕。企业应严格按照有关部门对财产清查结果提出的处理意见进行账务处理，填制有关记账凭证，并据以登记有关账簿，追回由于责任者原因造成的财产损失。

企业清查的各种财产的损溢，如果在期末结账前尚未经批准，在对外提供财务报表时，先按上述规定进行处理，并在附注中作出说明；其后批准处理的金额与已处理金额不一致的，调整财务报表相关项目的年初数。

## 三、财产清查结果的账务处理

### （一）设置"待处理财产损溢"账户

为了反映和监督企业在财产清查中查明的各种财产物资的盘盈、盘亏和毁损情况，应设置"待处理财产损溢"账户（但固定资产盘盈和毁损分别通过"以前年度损益调整""固定资产清理"账户核算）。"待处理财产损溢"账户属于双重性质的资产类账户，下设"待处理非流动资产损溢"和"待处理流动资产损溢"两个明细账户进行明细分类核算。

该账户的借方登记财产物资的盘亏数、毁损数和批准转销的财产物资盘盈数；贷方登记财产物资的盘盈数和批准转销的财产物资盘亏及毁损数。企业清查的各种财产的盘盈、盘亏和毁损应在期末结账前处理完毕，所以"待处理财产损溢"账户在期末结账后没有余额。

"待处理财产损溢"账户的基本结构如图 9-1 所示。

"待处理财产损溢"账户

| 借方 | 贷方 |
| --- | --- |
| 处理财产盘亏金额<br>根据批准的处理意见结转待处理财产盘盈数 | 待处理财产盘盈金额<br>根据批准的处理意见结转待处理财产盘亏数 |

图 9-1 "待处理财产损溢"账户的结构

**【注意】**固定资产的盘盈和毁损应分别通过"以前年度损益调整"和"固定资产清理"账户核算。

**【例 9-6】**（多选题）应记入"待处理财产损溢"账户借方核算的有（　　）。

A．盘亏财产物资金额　　　　　　　B．盘盈财产物资的转销数额

C．盘盈财产物资数额　　　　　　　D．盘亏财产物资的转销数额

**【答案】** AB

**【解析】**本题考查"待处理财产损溢"的账户结构。本账户借方核算财产物资的盘亏数、毁损数和批准转销的财产物资盘盈数。

### （二）库存现金清查结果的账务处理

1. 库存现金盘盈的账务处理

库存现金盘盈时，应及时办理库存现金的入账手续，调整库存现金账簿记录，即按盘盈的金额借记"库存现金"科目，贷记"待处理财产损溢——待处理流动资产损溢"科目。

对于盘盈的库存现金，应及时查明原因，按管理权限报经批准后，按盘盈的金额借记"待处理财产损溢——待处理流动资产损溢"科目，按需要支付或退还他人的金额贷记"其他应付款"科目，按无法查明原因的金额贷记"营业外收入"科目。

**【例 9-7】** S 公司在财产清查时，发现现金实有数比账面余额多 80000 元，其中 30000 元属于应支付给其他公司的违约金，剩余盘盈金额无法查明原因。

应编制会计分录如下：

（1）审批之前：

借：库存现金　　　　　　　　　　　　　　　　80000

　　贷：待处理财产损溢——待处理流动资产损溢　　　　　　　　80000

（2）审批之后：

借：待处理财产损溢——待处理流动资产损溢　　　80000

　　贷：其他应付款　　　　　　　　　　30000

　　　　营业外收入　　　　　　　　　　50000

2. 库存现金盘亏的账务处理

库存现金盘亏时，应及时办理盘亏的确认手续，调整库存现金账簿，即按盘亏的金额借记"待处理财产损溢——待处理流动资产损溢"科目，贷记"库存现金"科目。

对于盘亏的库存现金，应及时查明原因，按管理权限报经批准后，按可收回的保险赔偿和过失人赔偿的金额借记"其他应收款"科目，按管理不善等原因造成净损失的金额借

记"管理费用"科目,按自然灾害等原因造成净损失的金额借记"营业外支出"科目,按原记入"待处理财产损溢——待处理流动资产损溢"科目借方的金额贷记本科目。

【例9-8】S公司在财产清查时,发现现金实有数比账面余额少4000元,其中出纳人员应赔偿2000元,剩余部分因管理不善造成。

应编制会计分录如下:

(1)审批之前:

借:待处理财产损溢——待处理流动资产损溢　　　　　　　　　　　　　4000

　　贷:库存现金　　　　　　　　　　　　　4000

(2)审批之后:

借:其他应收款　　　　　　　　　　　　　2000

　　管理费用　　　　　　　　　　　　　2000

　　贷:待处理财产损溢——待处理流动资产损溢　　　　　　　　　　　4000

【例9-9】(多选题)库存现金短缺,属于出纳人员责任,收到赔款时应编制的会计分录是(　　)。

A. 借:库存现金　　　　　　　　　B. 借:管理费用

C. 贷:待处理财产损溢　　　　　　D. 贷:其他应收款

【答案】AD

【解析】本题考查库存现金盘亏,报经批准后和收到赔偿时的账务处理。对于盘亏的库存现金,属于过失人赔偿的,应借记"其他应收款"科目,贷记"待处理财产损溢——待处理流动资产损溢"科目;收到赔款时,应借记"库存现金"科目,贷记"其他应收款"科目。

### (三)存货清查结果的账务处理

#### 1. 存货盘盈的账务处理

存货盘盈时,应及时办理存货入账手续,调整存货账簿的实存数。盘盈的存货应按其重置成本作为入账价值借记"原材料""库存商品"等科目,贷记"待处理财产损溢——待处理流动资产损溢"科目。

对于盘盈的存货,应及时查明原因,按管理权限报经批准后,冲减管理费用,即按其入账价值,借记"待处理财产损溢——待处理流动资产损溢"科目,贷记"管理费用"科目。

#### 2. 存货盘亏的账务处理

存货盘亏时,应按盘亏的金额借记"待处理财产损溢——待处理流动资产损溢"科目,贷记"原材料""库存商品"等科目。材料、产成品、商品采用计划成本（或售价）核算的，还应同时结转成本差异（或商品进销差价）。涉及增值税的，还应进行相应处理。

对于盘亏的存货，应及时查明原因，按管理权限报经批准后，按可收回的保险赔偿和过失人赔偿的金额借记"其他应收款"科目，按管理不善等原因造成净损失的金额借记"管理费用"科目，按自然灾害等原因造成净损失的金额借记"营业外支出"科目，按原记入"待处理财产损溢——待处理流动资产损溢"科目借方的金额贷记本科目。

【例9-10】企业的财产清查中发现甲商品溢余50件，每件单价40元；乙商品盘亏300件，每件50元；丙商品盘亏100件，每件100元。在发现盘盈、盘亏时应编制如下会计分录：

（1）盘盈甲商品时：

借：库存商品——甲　　　　　　　　　　2000
　　贷：待处理财产损溢——待处理流动资产损溢　　　　　　　　　2000

（2）盘亏乙、丙商品时：

借：待处理财产损溢——待处理流动资产损溢　　　25000
　　贷：库存商品——乙　　　　　　15000
　　　　　　　　——丙　　　　　　10000

【例9-11】承【例9-10】，经检查发现，盘盈的甲商品为收发计量差错所致，已批准进行处理，因此审批之后应编制如下会计分录：

借：待处理财产损溢——待处理流动资产损溢　　　2000
　　贷：管理费用　　　　　　2000

【例9-12】承【例9-10】，经检查发现，盘亏的乙商品为管理不善所致，其中收回残料5000元，仓库保管人员赔偿3000元（款项已收存银行），已批准进行处理，因此应编制如下会计分录：

借：原材料　　　　　　　　5000
　　银行存款　　　　　　　　3000
　　管理费用　　　　　　　　7000
　　贷：待处理财产损溢——待处理流动资产损溢　　　　　15000

【例9-13】承【例9-10】，经检查发现，盘亏的丙商品是由火灾导致的，保险公司应赔偿4000元，款项未收到，已批准进行处理，因此应编制如下会计分录：

借：其他应收款　　　　　　4000
　　营业外支出　　　　　　6000
　　贷：待处理财产损溢——待处理流动资产损溢　　　　　10000

## （四）固定资产清查结果的账务处理

### 1. 固定资产盘盈的账务处理

企业在财产清查过程中盘盈的固定资产，经查明确属企业所有，按管理权限报经批准后，应根据盘存凭证填制固定资产交接凭证，经有关人员签字后送交企业会计部门，填写固定资产卡片账，并作为前期差错处理，通过"以前年度损益调整"账户核算。盘盈的固定资产通常按其重置成本作为入账价值借记"固定资产"科目，贷记"以前年度损益调整"科目。涉及增值税、所得税和盈余公积的，还应按相关规定处理。

【例 9-14】2014 年 12 月 20 日，S 公司在进行财产清查过程中，发现账外设备一台，重置成本为 50000 元，假定甲公司按净利润的 8％ 计提法定盈余公积，不考虑相关税费及其他因素的影响。

A 公司应编制的会计分录如下：

（1）盘盈固定资产时：

借：固定资产　　　　　　　　　　　　　　　　　50000
　　贷：以前年度损益调整　　　　　　　　　　50000

（2）结转为留存收益时：

借：以前年度损益调整　　　　　　　　　　　　50000
　　贷：盈余公积——法定盈余公积　　　　　4000
　　　　利润分配——未分配利润　　　　　　46000

### 2. 固定资产盘亏的账务处理

固定资产盘亏时，应及时办理固定资产注销手续，按盘亏固定资产的账面价值，借记"待处理财产损溢——待处理非流动资产损溢"科目，按已提折旧额，借记"累计折旧"科目，按其原价，贷记"固定资产"科目。涉及增值税和递延所得税的，还应按相关规定处理。

对于盘亏的固定资产，应及时查明原因，按管理权限报经批准后，按过失人及保险公司应赔偿额，借记"其他应收款"科目，按盘亏固定资产的原价扣除累计折旧和过失人及保险公司赔偿后的差额，借记"营业外支出"科目，按盘亏固定资产的账面价值，贷记"待处理财产损溢——待处理非流动资产损溢"科目。

【例 9-15】东风公司在财产清查中，盘亏设备一台，原值为 80000 元，已提折旧 50000 元。经查明，过失人赔偿 8000 元，已批准进行处理，编制如下会计分录：

（1）盘亏固定资产时：

借：待处理财产损溢——待处理流动资产损溢　　　　　　　　30000

```
            累计折旧                    50000
          贷：固定资产                 80000
```

（2）批准后处理：

```
    借：其他应收款                  8000
        营业外支出                 22000
      贷：待处理财产损溢——待处理流动资产损溢              30000
```

**【例9-16】**（单选题）对盘亏的固定资产净损失经批准后可计入（      ）。

A．营业业外支出　　　　　　　B．管理费用

C．财务费用　　　　　　　　　D．制造费用

**【答案】**A

**【解析】**本题考查固定资产盘亏的账务处理。对于固定资产盘亏净损失批准处理时，应借记"营业业外支出"科目，贷记"待处理财产损溢"科目。

### （五）结算往来款项盘存的账务处理

在财产清查过程中发现的长期未结算的往来款项，应及时清查。对于经查明确实无法支付的应付款项可按规定程序报经批准后，转作营业外收入。

对于无法收回的应收款项则作为坏账损失冲减坏账准备。坏账是指企业无法收回或收回的可能性极小的应收款项。由于发生坏账而产生的损失，称为坏账损失。

为了核算企业发生坏账损失，应当设置"坏账准备"账户，核算应收款项的坏账准备的计提、转销等情况。企业当期计提的坏账准备应当计入资产减值损失。"坏账准备"账户的贷方登记当期计提的坏账准备金额，借方登记实际发生的坏账损失金额和冲减的坏账准备金额，期末余额一般在贷方，反映企业已计提但尚未转销的坏账准备。

企业通常应将符合下列条件之一的应收款项确认为坏账：

（1）债务人死亡，以其遗产清偿后仍然无法收回；

（2）债务人破产，以其破产财产清偿后仍然无法收回；

（3）债务人较长时期内未履行其偿还义务，并有足够的证据表明无法收回或收回的可能性很小。

企业确实无法收回的应收款项按管理权限报经批准后作为坏账转销时，应当冲减已计提的坏账准备。企业发生坏账损失时，借记"坏账准备"科目，贷记"应收账款""其他应收款"等科目。

**【例9-17】**2014年12月31日，甲公司对应收丙公司的账款进行减值测试。应收账款余额合计为1000000元，甲公司根据丙公司的资信情况确定按应收账款账面余额的10%计提坏账准备，期初坏账准备余额为0。2014年年末甲公司计提坏账准备的会计分录如下：

```
    借：资产减值损失                100000
```

　　　贷：坏账准备　　　　　　　　　　　100000

【例 9-18】甲公司 2014 年对丙公司的应收账款实际发生坏账损失 30000 元。确认坏账损失时，甲公司应编制会计分录如下：

　　借：坏账准备　　　　　　　　　　30000
　　　贷：应收账款　　　　　　　　　　　30000

【例 9-19】承【例 9-17】和【例 9-18】，甲公司 2014 年年末应收丙公司的账款余额为 1200000 元，经减值测试，甲公司决定仍按 10％计提坏账准备。

　　根据甲公司坏账核算方法，其"坏账准备"科目应保持的贷方余额为 120000 元（1200000× 10％）；计提坏账准备前，"坏账准备"科目的实际余额为贷方 70000 元（100000-30000），因此本年年末应计提的坏账准备金额为 50000 元（120000-70000）。甲公司应编制会计分录如下：

　　借：资产减值损失　　　　　　　　50000
　　　贷：坏账准备　　　　　　　　　　　50000

　　已确认并转销的应收款项以后又收回的，应当按照实际收到的金额增加坏账准备的账面余额，借记"应收账款""其他应收款"等科目，贷记"坏账准备"科目；同时，借记"银行存款"科目，贷记"应收账款""其他应收款"等科目。也可以按照实际收到的金额，借记"银行存款"科目，贷记"坏账准备"科目。

【例 9-20】甲公司 2014 年 4 月 20 日收到 2013 年已转销的坏账 20000 元，已存入银行。
　　甲公司应编制如下会计分录：
　　借：应收账款　　　　　　　　　　20000
　　　贷：坏账准备　　　　　　　　　　　20000
　　借：银行存款　　　　　　　　　　20000
　　　贷：应收账款　　　　　　　　　　　20000
　　或
　　借：银行存款　　　　　　　　　　20000
　　　贷：坏账准备　　　　　　　　　　　20000

【注意】对于已确认为坏账的应收款项，并不意味着企业放弃了追索权，一旦重新收回，企业应及时入账。

【例 9-21】（判断题）企业已经确认为坏账的应收款项，意味着企业应该放弃其追索权。（　　）

【答案】×

【解析】本题考查企业对坏账的处理。企业只要享有债权，就一直享有追索权，与是否确认为坏账无关。确认为坏账，只是认为收回该债权的可能性很小而已。

# 本 章 习 题

**一、单项选择题**

（1）财产清查是对（    ）进行盘点和核对，确定其实存数，并检查其账存数和实存数是否相符的一种专门方法。

    A．存货        B．固定资产

    C．库存现金      D．各项财产

（2）财产清查时，应本着（    ）的原则进行。

    A．先核对账簿记录，后认定质量

    B．先清查数量，后核对账簿记录

    C．先清查数量、核对账簿记录，后认定质量

    D．先认定质量，后清查数量、核对账簿记录

（3）在某些情况下，企业应当进行全面清查。下列各项中，正确的是（    ）。

    A．企业总经理调离工作前   B．出纳人员调离工作前

    C．库房失火后      D．库房管理员更换前

（4）以下项目中不是财产清查基本程序的是（    ）。

    A．清查前的准备工作    B．账项核对和实地盘点

    C．清查结果处理     D．复查报告

（5）出纳每天工作结束前都要将现金日记账结清并与现金实存数核对。下列各项中，（    ）符合此项工作的表述。

    A．账账核对      B．账证核对

    C．账实核对      D．账表核对

（6）编制银行存款余额调节表时，本单位银行存款调节后的余额等于（    ）。

    A．本单位银行存款余额＋本单位已记增加而银行未记增加的账项－银行已记增加而本单位未记增加的账项

    B．本单位银行存款余额＋银行已记增加而本单位未记增加的账项－银行已记减少而本单位未记减少的账项

    C．本单位银行存款余额＋本单位已记增加而银行未记增加的账项－本单位已记减少而银行未记减少的账项

    D．本单位银行存款余额＋银行已记减少而本单位未记减少的账项－银行已记增加而本单位未记增加的账项

（7）某些资产项目的清查应采用向有关单位发函核对账目的方法。下列各项中，（　　）应当采用该方法进行清查。

    A．原材料             B．应收账款

    C．实收资本            D．银行存款

（8）往来款项的清查，发生的坏账损失（　　）。

    A．借记"管理费用"，贷记"坏账准备"

    B．借记"坏账准备"，贷记"应收账款"

    C．借记"管理费用"，贷记"应收账款"

    D．贷记"应收账款"，贷记"坏账准备"

（9）对盘盈、盘亏提出的处理建议，由（　　）根据管理权限批准后执行。

    A．财务主管

    B．股东大会或董事会、经理会议或类似机构

    C．税务部门

    D．职工代表大会

（10）财产清查定额内损耗可记入（　　）科目核算。

    A．管理费用            B．营业外支出

    C．其他应收款          D．销售费用

（11）企业确认坏账损失时的会计分录为（　　）。

    A．借：资产减值损失

            贷：应收账款

    B．借：销售费用

            贷：应收账款

    C．借：营业外支出

            贷：应收账款

    D．借：坏账准备

            贷：应收账款

（12）甲公司 2014 年年末应收账款余额为 200 万元，经减值测试，预计该项应收账款未来现金流量现值为 180 万元。假定计提坏账准备前"坏账准备"科目贷方余额为 2 万元，则甲公司应补提坏账准备的金额为（　　）万元。

    A．2          B．18          C．20          D．22

## 二、多项选择题

（1）下列各项属于财产清查对象的有（　　）。

　　A．库存现金 　　　　　　　　　　B．其他货币资金

　　C．其他应收款 　　　　　　　　　D．母公司投资转入的设备

（2）下列各项中，（　　）属于可能导致账实不符原因。

　　A．在收付过程中，由于计量、检验不准确而发生的品种、数量和质量上的差错

　　B．在账簿记录上发生重记、漏记、错记或计算上的错误

　　C．在财产储存保管过程中发生了自然损耗或升溢

　　D．由于管理不善或工作人员的失职而发生的财产损坏、变质或者短缺

（3）下列需要进行全面财产清查的情况有（　　）。

　　A．年终决算之前

　　B．企业股份制改制前

　　C．进行全面资产评估时

　　D．单位主要领导调离时

（4）由于仓库保管员变动，应对其保管的全部存货进行盘点。下列关于这种清查类别的表述中，正确的有（　　）。

　　A．全面清查 　　　　　　　　　　B．局部清查

　　C．定期清查 　　　　　　　　　　D．不定期清查

（5）下列关于现金清查类别的表述中，正确的有（　　）。

　　A．定期清查

　　B．不定期清查

　　C．定期与不定期相结合

　　D．局部清查

（6）下列关于库存现金的清查的表述中，正确的有（　　）。

　　A．通过实地盘点的方法来确定库存现金的实存数

　　B．对于出现的现金长款或短款，要按照有关规定进行处理

　　C．在清查库存现金的实际结存数时，还要核查有无违反现金管理制度的情况

　　D．清查时，出纳人员必须在场

（7）对于银行存款的清查，下列说法中正确的有（　　）。

　　A．采用与银行核对账目的方法进行清查

　　B．企业银行存款日记账余额与银行对账单余额往往是一致的

　　C．如果通过清查发现未达账项，应编制“银行存款余额调节表”

　　D．不得按照银行存款余额调节表调整账面金额

（8）下列对于银行存款余额调节表的作用，说法正确的有（　　）。

　　A．银行存款余额调节表是一种对账记录或对账工具

B．未达账项可以根据银行存款余额调节表进行账务处理

C．调节后的余额如果相等，通常说明企业和银行的账面记录一般没有错误，余额通常为企业可以动用的银行存款实有数

D．调节后的余额若不相等，一般一方或双方记账有误，需要进一步追查，在查明原因后予以更正和处理

（9）以下关于清查方法的表述正确的有（　　）。

A．库存现金和银行存款的清查，采用实地盘点法

B．量大成堆而又价值不高，难以清点的煤炭，应采用技术推算法

C．往来款项的清查，一般采用查询核对法或账单核对法进行清查

D．对实物资产的数量进行清查的同时，还要对其质量进行鉴定，可根据不同的实物采用物理法、化学法和直接观察法等不同的检查方法

（10）下列各种财产损溢情况，经批准后在账务处理时可增减管理费用的有（　　）。

A．固定资产丢失　　　　　　　　　B．材料自然损耗

C．出纳丢失现金　　　　　　　　　D．材料盘盈

（11）下列关于财产清查结果的处理，说法正确的有（　　）。

A．个人造成的损失，应由责任人赔偿，记入"其他应收款"账户

B．因自然灾害和意外事故造成的损失、固定资产的盘亏，记入"营业外支出"账户

C．流动资产的盘亏、定额内损耗，记入"管理费用"账户；库存现金和存货的盘盈，记入"营业外收入"账户

D．发生的坏账损失，记入"坏账准备"账户，无法支付的应付款项，记入"营业外收入"账户

（12）下列各项中，需要通过"待处理财产损溢"账户核算的有（　　）。

A．库存商品毁损　　　　　　　　　B．原材料盘亏

C．发现账外固定资产　　　　　　　D．应收账款无法收回

（13）下列说法中，正确的有（　　）。

A．固定资产盘亏净损失应计入营业外支出

B．无法查明原因的库存现金溢余应计入营业外收入

C．无法查明原因的库存现金短缺应该计入管理费用

D．存货盘亏净损失中由于管理不善导致的部分应计入管理费用

## 三、判断题

（1）通过财产清查可以确定实有数量与账面数量之间的差异，从而查明原因，采取有

效措施消除差异，保证账实相符、账证相符。（　　　）

（2）在企业破产或被兼并时，需要对企业的部分财产进行重点清查。（　　　）

（3）单位合并进行的是全面清查，自然灾害损失进行的是局部清查。（　　　）

（4）定期清查，可以是全面清查，也可以是局部清查。（　　　）

（5）在清查库存现金的实际结存数时，还要核查企业有无超限额留存现金的情况、挪用情况、白条抵库情况、坐支情况等。（　　　）

（6）银行存款余额调节表也必须定期保管。（　　　）

（7）银行存款余额调节表是调整账簿记录，是账实相符的原始凭证。（　　　）

（8）小企业会计制度也要设置"待处理财产损溢"科目。（　　　）

（9）"待处理财产损溢"科目期末应无余额。（　　　）

（10）调整盘亏财产的账面价值时，使用的对方科目为"待处理财产损溢"科目。（　　　）

# 第十章  财  务  报  表

　　本章主要介绍财务会计报告的概念、财务会计报告的构成、财务会计报告的编制要求、资产负债表、利润表的相关概述和编制方法。

　　本章学习时应着重理解记忆财务报表的分类，资产负债表和利润表的格式，以及各自项目的填列方法等。本章在考试中所占分值大约为 8 分，常以单选题、多选题和判断题的形式出现。本章所涉及考题一般不会太难，需要考生结合实际理解掌握。

## 第一节  财务报表概述

### 一、财务报表的概念与分类

#### （一）财务报表的概念

　　财务报表是对企业财务状况、经营成果和现金流量的结构性表述。

　　财务报表至少应当包括下列组成部分。

　　（1）资产负债表。资产负债表是反映企业在某一特定日期的财务状况的财务报表。

　　（2）利润表。利润表示反映企业在一定会计期间的经营成果的财务报表。

　　（3）现金流量表。现金流量表是反映企业在一定会计期间的现金和现金等价物流入和流出的财务报表。

　　（4）所有者权益变动表。所有者权益变动表是反映构成所有者权益的各组成部分当期的增减变动情况的财务报表。

　　（5）附注。附注是对在资产负债表、利润表、现金流量表和所有者权益变动表等报表中列示项目的文字描述或明细资料，以及对未能在这些报表中列示项目的说明等。

　　财务报表上述组成部分具有同等的重要程度。

#### （二）财务报表的分类

　　财务报表可以按照不同的标准进行分类。

### 1. 按编报期间不同分类

财务报表按编报期间不同，可分为中期财务报表和年度财务报表。

（1）中期财务报表至少应当包括资产负债表、利润表、现金流量表和附注。中期财务会计报表是指以中期为基础编制（包括短于一个完整的会计年度的报告期间，可以是一个月、一个季度或者半年等）。中期财务报表又可分为月度财务报表、季度财务报表、半年度财务报表和年初至本中期末的财务报表。

（2）年度财务报表是指以一个完整的会计年度（自公历 1 月 1 日起至 12 月 31 日止）为基础编制的财务报表。年度财务报表一般包括资产负债表、利润表、现金流量表、所有者权益变动表和附注等内容。

### 2. 按编报主体不同分类

财务报表按编报主体不同，可分为个别财务报表和合并财务报表。

（1）个别财务报表是指企业以本公司为会计主体编制的报表。

（2）合并财务报表是母公司以母公司个别财务报表和子公司个别财务报表为基础编制的会计报表。

## 二、财务报表编制的基本要求

### （一）以持续经营为基础编制

（1）企业应当以持续经营为基础，根据实际发生的交易和事项，按照《企业会计准则——基本准则》和其他各项会计准则的规定进行确认和计量，在此基础上编制财务报表。

（2）在编制财务报表的过程中，企业管理当局应对企业持续经营的能力进行评价，评价是需考虑企业目前或长期的盈利能力、偿债能力、财务风险、市场经营风险以及管理当局经营政策的变更意向等因素。

（3）经管理当局评价后，如果以持续经营为基础编制财务报表不再合理，企业应当采用其他基础编制财务报表，并在附注中声明财务报表未以持续经营为基础编制的事实、披露未以持续经营为基础编制的原因和财务报表的编制基础。

### （二）按正确的会计基础编制

会计基础主要有两种，权责发生制和收付实现制。编制财务报表时，除现金流量表按照收付实现制原则编制外，企业应当按照权责发生制原则编制。

### （三）至少按年编制财务报表

企业至少应当按年编制财务报表。年度财务报表涵盖的期间短于一年的，应当披露年度财务报表的涵盖期间、短于一年的原因以及报表数据不具可比性的事实。

### （四）项目列报遵守重要性原则

重要性是指在合理预期下，财务报表某项目的省略或错报会影响使用者据此作出经济决策，该项目具有重要性。

重要性应当根据企业所处的具体环境，从项目的性质和金额两方面予以判断，且对各项目重要性的判断标准一经确定，不得随意变更。一方面，判断项目性质的重要性，应当考虑该项目在性质上是否属于企业日常活动、是否显著影响企业的财务状况、经营成果和现金流量等因素；另一方面，判断项目金额大小的重要性，应当考虑该项目金额占资产总额、负债总额、所有者权益总额、营业收入总额、营业成本总额、净利润、综合收益总额等直接相关项目金额的比重或所属报表单列项目金额的比重。

关于重要性的判断，应遵守以下规定。

（1）性质或功能不同的项目，应当在财务报表中单独列报，但不具有重要性的项目可以合并列报。

（2）性质或功能类似的项目，所属类别具有重要性的，应当按其类别在财务报表中单独列报。

（3）某些项目的重要性程度不足以在资产负债表、利润表、现金流量表或所有者权益变动表中单独列示，但对附注却具有重要性，则应当在附注中单独披露。

（4）《企业会计准则第30号——财务报表列报》规定在财务报表中单独列报的项目，应当单独列报。其他会计准则规定单独列报的项目，也应当增加单独列报项目。

### （五）保持各个会计期间财务报表项目列报的一致性

财务报表项目的列报应当在各个会计期间保持一致，不得随意变更，但以下情况除外。

（1）会计准则要求改变财务报表项目的列报。

（2）企业经营业务的性质发生重大变化后，变更财务报表项目的列报能够提供更可靠、更相关的会计信息。

### （六）各项目之间的金额不得相互抵销

财务报表中的资产项目和负债项目的金额、收入项目和费用项目的金额、直接计入当期利润的利得项目和损失项目的金额不得相互抵销，但其他会计准则另有规定的除外。例如，企业欠客户的应付款不得与其他客户欠本企业的应收款相互抵销，如果相互抵销就掩盖了交易的实质。

以下三种情况不属于抵销，可以以净额列示。

（1）一组类似交易形成的利得和损失应当以净额列示，如汇兑损益，应当以净额列报。但如果这些利得和损失是具有重要性的，则应当单独列报。

（2）资产或负债项目按扣除备抵项目后的净额列示，不属于抵销。例如，资产项目按扣除减值准备后的净额列报。对资产计提减值准备，表明资产的价值确实已经发生减值损失，按扣除减值准备后的净额列示，才能反映出资产当时的真实价值。

（3）非日常活动产生的利得和损失，并非企业主要业务，从重要性来讲，以同一交易形成的收益扣减相关费用后的净额列示更能反映交易实质的，不属于抵销。

### （七）至少应当提供所有列报项目上一个可比会计期间的比较数据

当期财务报表的列报，至少应当提供所有列报项目上一个可比会计期间的比较数据，以及与理解当期财务报表相关的说明，但其他会计准则另有规定的除外。

财务报表的列报项目发生变更的，应当至少对可比期间的数据按照当期的列报要求进行调整，并在附注中披露调整的原因和性质，以及调整的各项目金额。对可比数据进行调整不切实可行的，应当在附注中披露不能调整的原因。

### （八）应当在财务报表的显著位置披露编报企业的名称等重要信息

财务报表一般分为表首、正表两部分。企业应当在财务报表的显著位置（如表首）至少披露下列各项：

（1）编报企业的名称，如果企业名称在所属当期发生了变更，还应明确表明；

（2）对资产负债表而言，须披露资产负债表日，对利润表、现金流量表、所有者权益变动表而言，须披露报表涵盖的会计期间；

（3）人民币金额单位，按照我国企业会计准则的规定，企业应当以人民币作为记账本位币列报，并标明金额单位，如人民币元、人民币万元等；

（4）财务报表是合并财务报表的，应当予以标明。

## 三、财务报表编制前的准备工作

在编制财务报表前，需要完成下列工作：

（1）严格审核会计账簿的记录和有关资料；

（2）进行全面财产清查、核实债务，并按规定程序报批，进行相应的会计处理；

（3）按规定的结账日进行结账，结出有关会计账簿的余额和发生额，并核对各会计账簿之间的余额；

（4）检查相关的会计核算是否按照国家统一的会计制度的规定进行；

（5）检查是否存在因会计差错、会计政策变更等原因需要调整前期或本期相关项目的情况等。

**【例 10-1】**（判断题）企业财务报表的编制依据应当统一，但向不同的会计信息使用者提供的财务报表，其编制依据允许有差别。（　　　）

**【答案】** ×

**【解析】** 相关的会计核算应按照国家统一的会计制度的规定进行，企业财务报表的编制依据应当统一。

# 第二节　资产负债表

## 一、资产负债表的概念与作用

### （一）资产负债表的概念

资产负债表是反映企业在某一特定日期的财务状况的财务报表。

资产负债表是根据"资产=负债+所有者权益"这一会计等式，依照一定的分类标准和顺序，将企业在一定日期的全部资产、负债和所有者权益项目进行适当分类、汇总、排列后编制而成的，是企业基本财务报表之一，是所有独立核算的企业单位都必须对外报送的财务报表。

### （二）资产负债表的作用

资产负债表的作用包括以下三个方面。

（1）可以提供企业某一日期资产的总额及其结构，表明企业拥有或控制的资源及其分布情况。

（2）可以提供企业某一日期的负债总额及其结构，表明企业未来需要用多少资产或劳务清偿债务以及清偿时间。

（3）可以反映企业所有者所拥有的权益，据以判断资本保值、增值的情况以及对负债的保障程度。

**【例 10-2】**（判断题）通过资产负债表可以帮助报表使用者全面了解企业的经营成果，分析企业的债务偿还能力，为未来的经济决策提供参考。（　　　）

**【答案】** ×

**【解析】** 资产负债表可以反映企业某一特定日期的财务状况。通过资产负债表可以反映出资产、负债和所有者权益等三个方面的内容。

## 二、资产负债表的列示要求

### （一）资产负债表列报总体要求

#### 1. 分类别列报

资产负债表应当按照资产、负债和所有者权益三大类别分类列报。

#### 2. 资产和负债按流动性列报

资产和负债应当按照流动性分别分为流动资产和非流动资产、流动负债和非流动负债列示。

流动性通常按资产的变现或耗用时间长短或者负债的偿还时间长短来确定。按照财务报表列报准则的规定，应先列报流动性强的资产或负债，再列报流动性弱的资产或负债。

#### 3. 列报相关的合计、总计项目

（1）资产负债表中的资产类至少应当列示流动资产和非流动资产的合计项目。

（2）负债类至少应当列示流动负债、非流动负债以及负债的合计项目。

（3）所有者权益类应当列示所有者权益的合计项目。

（4）资产负债表应当分别列示资产总计项目和负债与所有者权益之和的总计项目，并且这二者的金额应当相等。

### （二）资产的列报

资产负债表中的资产类至少应当单独列示反映下列信息的项目：① 货币资金；② 以公允价值计量且其变动计入当期损益的金融资产；③ 应收款项；④ 预付款项；⑤ 存货；⑥被划分为持有待售的非流动资产及被划分为持有待售的处置组中的资产；⑦ 可供出售金融资产；⑧ 持有至到期投资；⑨ 长期股权投资；⑩ 投资性房地产；⑪ 固定资产；⑫ 生物资产；⑬ 无形资产；⑭ 递延所得税资产。

### （三）负债的列报

资产负债表中的负债类至少应当单独列示反映下列信息的项目：① 短期借款；② 以公允价值计量且其变动计入当期损益的金融负债；③ 应付款项；④ 预收款项；⑤ 应付职工薪酬；⑥ 应交税费；⑦ 被划分为持有待售的处置组中的负债；⑧ 长期借款；⑨ 应付债券；⑩ 长期应付款；⑪ 预计负债；⑫ 递延所得税负债。

### （四）所有者权益的列报

资产负债表中的所有者权益类至少应当单独列示反映下列信息的项目：① 实收资本（或股本）；② 资本公积；③ 盈余公积；④ 未分配利润。

## 三、我国企业资产负债表的一般格式

资产负债表主要有账户式和报告式两种。根据我国《企业会计准则》的规定，我国企业的资产负债表采用账户式的格式，即左侧列示资产；右侧列示负债和所有者权益。

资产负债表由表头和表体两部分组成。表头部分应列明报表名称、编表单位名称、资产负债表日和人民币金额单位；表体部分反映资产、负债和所有者权益的内容。其中，表体部分是资产负债表的主体和核心，各项资产、负债按流动性排列，所有者权益项目按稳定性排列。我国企业资产负债表的格式见表 10-1。

**表 10-1　资产负债表**

编制单位：　　　　　　　　　　　　年　　月　　日　　　　　　　　　　　单位：元

| 资　产 | 期末金额 | 年初余额 | 负债和所有者权益<br>（或股东权益） | 期末余额 | 年初余额 |
|---|---|---|---|---|---|
| 流动资产： | | | 流动负债： | | |
| 　货币资金 | | | 　短期借款 | | |
| 　交易性金融资产 | | | 　交易性金额负债 | | |
| 　应收票据 | | | 　应付票据 | | |
| 　应收账款 | | | 　应付账款 | | |
| 　预付款项 | | | 　预收款项 | | |
| 　应收利息 | | | 　应付职工薪酬 | | |
| 　应收股利 | | | 　应交税费 | | |
| 　其他应收款 | | | 　应付利息 | | |
| 　存货 | | | 　应付股利 | | |
| 　一年内到期的非流动资产 | | | 　其他应付款 | | |
| 　其他流动资产 | | | 　一年内到期的非流动负债 | | |
| 　流动资产合计 | | | 　其他流动负债 | | |
| 非流动资产： | | | 　流动负债合计 | | |
| 　可供出售金融资产 | | | 非流动负债： | | |
| 　持有至到期投资 | | | 　长期借款 | | |
| 　长期应收款 | | | 　应付债券 | | |
| 　长期股权投资 | | | 　长期应付款 | | |
| 　投资性房地产 | | | 　专项应付款 | | |

续表

| 资　产 | 期末金额 | 年初余额 | 负债和所有者权益（或股东权益） | 期末余额 | 年初余额 |
|---|---|---|---|---|---|
| 固定资产 | | | 预计负债 | | |
| 在建工程 | | | 递延所得税负债 | | |
| 工程物资 | | | 其他非流动负债 | | |
| 固定资产清理 | | | 非流动负债合计 | | |
| 生产性生物资产 | | | 负债合计 | | |
| 油气资产 | | | 所有者权益（或股东权益） | | |
| 无形资产 | | | 实收资本（或股本） | | |
| 开发支出 | | | 资本公积 | | |
| 商誉 | | | 减：床存股 | | |
| 长期待摊费用 | | | 盈余公积 | | |
| 递延所得税资产 | | | 未分配利润 | | |
| 其他非流动资产 | | | 所有者权益（或股东权益）合计 | | |
| 非流动资产合计 | | | | | |
| 资产总计 | | | 负债和所有者权益（或股东权益）合计 | | |

【例 10-3】（单选题）我国企业资产负债表采用（　　　）结构。

A. 多步式　　　　　　B. 单步式　　　　　C. 报告式　　　　　　D. 账户式

【答案】D

【解析】资产负债表的格式主要有账户式和报告式两种，我国企业的资产负债表一般采用账户式结构。

【例 10-4】（多选题）账户式结构的资产负债表分左右两方，其中右方为（　　　）项目。

A. 负债项目　　　　　B. 资产项目　　　　C. 所有者权益项目　　D. 费用项目

【答案】AC

【解析】账户式结构的资产负债表的右方为负债及所有者权益项目，其中负债在前，所有者权益在后。

## 四、资产负债表编制的基本方法

### （一）"期末余额"栏的填列方法

资产负债表"期末余额"栏内各项数字，一般应根据资产、负债和所有者权益类科目的期末余额填列，具体方法如下。

1. 根据一个或几个总账科目的余额填列

资产负债表的部分项目需根据一个或几个总账科目的期末余额计算填列。

（1）资产负债表中，"交易性金融资产""递延所得税资产""短期借款""交易性金融负债""应付票据""应付职工薪酬""应交税费""递延所得税负债""预计负债""实收资本""资本公积""盈余公积"等项目应直接根据总账账户的期末余额填列；

（2）"货币资金"项目应根据"库存现金""银行存款""其他货币资金"账户期末余额的合计数填列；

（3）余额在相反方向以"–"填列，如"固定资产清理"，如果其相应科目出现贷方余额，应以"–"号加上期末余额的方式填列；有些负债项目，如"应交税费"，如果其相应科目出现借方余额，应以"–"号加上期末余额的方式填列。

【例10-5】（单选题）某企业2014年12月31日应付生产工人薪酬50000元，应付车间管理人员薪酬15000元，应付厂部管理人员薪酬35000元，则该企业2014年12月31日资产负债表中的"应付职工薪酬"项目金额为（　　　）元。

A. 50000　　　　B. 15000　　　　C. 35000　　　　D. 100000

【答案】D

【解析】"应付职工薪酬"项目金额为：

50000+15000+35000=100000（元），所以答案选D。

【例10-6】A公司2014年12月31日结账后，"库存现金"科目余额为30000元，"银行存款"科目的余额为4000000元，"其他货币资金"科目余额为500000元，则A公司2014年12月31日资产负债表中的"货币资金"项目应填列的金额为（　　　）元。

A. 30000　　　　B. 4000000　　　　C. 500000　　　　D. 4530000

【答案】D

【解析】"货币资金"项目应填列的金额为：

30000+4000000+500000=4530000（元），所以答案选D。

2. 根据明细科目的余额计算填列

资产负债表中的部分项目需根据相关明细账科目的期末余额填列。例如，资产负债表中的"应收账款"项目应根据"应收账款"和"预收账款"账户所属明细账借方余额之和减相应"坏账准备"账面余额后的金额填列；"预收款项"项目应根据"应收账款"和"预收账款"账户所属明细账贷方余额之和填列；"应付账款"项目根据"应付账款"和"预付账款"账户所属明细账贷方余额之和填列；"预付款项"项目应根据"应付账款"和"预付账款"账户所属明细账借方余额之和减相应"坏账准备"账面余额后的金额填列。

【例10-7】甲公司2014年12月31日结账后有关账户余额见表10-2。

表 10-2　余额表　　　　　　　　　　　　　　　　单位：万元

| 账户名称 | 借方余额 | 贷方余额 |
|---|---|---|
| 应收账款——甲公司 | 600 | |
| 应收账款——乙公司 | | 40 |
| 坏账准备——应收账款 | | 80 |
| 预收账款——A 工厂 | 100 | |
| 预收账款——B 工厂 | | 800 |
| 应付账款——甲公司 | 20 | |
| 应付账款——乙公司 | | 400 |
| 预付账款——丙公司 | 320 | |
| 预付账款——丁公司 | | 60 |

根据上述资料，计算资产负债表中① 应收账款；② 预付款项；③ 应付账款；④ 预收款项项目的金额。

"应收账款" 项目金额=600+100-80=620（万元）

"预付款项" 项目金额=320+20=340（万元）

"应付账款" 项目金额=400+60=460（万元）

"预收款项" 项目金额=800+40=840（万元）

**3. 根据总账科目余额和明细账科目余额计算填列**

资产负债表的部分项目需同时根据总账科目和明细科目的期末余额计算填列。例如，资产负债表中的"长期应收款"和"长期待摊费用"项目应该分别根据"长期应收款"和"长期待摊费用"总账账户的余额减去将于一年内收回的长期应收款和将于一年内摊销的长期待摊费用明细金额计算填列，将于一年内收回的长期应收款和将于一年内摊销的长期待摊费用的金额应记入"一年内到期的非流动资产"项目。

再如，"长期借款"项目应根据"长期借款"总账账户余额扣除"长期借款"账户所属明细账户中将于一年内到期且企业不能自主地将清偿义务展期的长期借款后的金额计算填列。其中将于一年内到期且企业不能自主地将清偿义务展期的长期借款记入"一年内到期的非流动负债"项目。

**【例 10-8】**乙公司 2013 年 12 月 31 日长期借款有关资料见表 10-3。

表 10-3　长期借款明细

| 借款起始日期 | 借款期限（年） | 金额（万元） |
|---|---|---|
| 2012 年 1 月 1 日 | 3 | 300 |
| 2010 年 1 月 1 日 | 5 | 600 |
| 2009 年 6 月 1 日 | 4 | 450 |

其他资料："长期待摊费用"账户的期末余额为 50 万元，将于一年内摊销完毕的金额为 20 万元。

则根据上述资料，计算乙公司 2013 年 12 月 31 日资产负债表中下列项目的金额：

（1）"长期借款"项目金额=（300+600+450）-450=900（万元）

（2）长期借款中应列入"一年内到期的非流动负债"项目的金额=450 万元

（3）"长期待摊费用"项目金额=50-20=30（万元）

（4）长期待摊费用中应列入"一年内到期的非流动资产"项目的金额=20 万元

**4. 根据有关科目余额减去其备抵科目余额后的净额填列**

资产负债表的部分项目需根据有关科目余额减去其备抵科目余额后的净额填列。例如，资产负债表中"应收票据""长期股权投资""在建工程"等项目，应当根据"应收票据""应收账款""长期股权投资""在建工程"等科目的期末余额减去"坏账准备""长期股权投资减值准备""在建工程减值准备"等科目的期末余额后的净额填列。

【例 10-9】（单选题）某企业 2014 年 12 月 31 日结账后，"固定资产"账户余额 1200000元，"累计折旧"账户余额为 80000 元，"固定资产减值准备"账户余额为 150000 元。则该公司 2014 年 12 月 31 日资产负债表中的"固定资产"项目应填列的金额为（　　）元。

A. 1200000　　　　　B. 80000　　　　　C. 150000　　　　　D. 970000

【答案】D

【解析】"固定资产"项目应填列的金额为：

1200000-80000-150000=970000（元）

**5. 综合运用上述填列方法分析填列**

资产负债表的部分项目，应综合运用前面介绍的各种填列方法，通过分析计算来填列。例如，资产负债表中的"存货"项目应根据"原材料""库存商品""委托加工物资""周转材料""材料采购""在途物资""发出商品""材料成本差异"等总账账户期末余额的分析汇总数，再减去"存货跌价准备"账户余额后的净额填列。

【例 10-10】（单选题）某企业 2014 年 12 月 31 日生产成本借方余额 50000 元，原材料借方余额 30000 元，材料成本差异贷方余额 500 元，委托代销商品借方余额 40000 元，工程物资借方余额 10000 元，存货跌价准备贷方余额 3000 元，则该企业 2014 年 12 月 31 日资产负债表中"存货"项目的金额为（　　）元。

A. 50000　　　　　B. 30000　　　　　C. 116500　　　　　D. 40000

【答案】C

【解析】"存货"项目的金额为：

50000+30000-500+40000-3000=116500（元）

本例中资产负债表中的"存货"项目，应根据"生产成本""原材料""委托代销商品"账户的期末余额合计，减去"材料成本差异"的贷方余额以及"存货跌价准备"账户期末余额后的金额填列。"工程物资"不属于企业的存货，应该在资产负债表中单独列示。

（二）"年初余额"栏的填列方法

资产负债表的"年初余额"栏通常根据上年末有关项目的期末余额填列，且与上年末资产负债表"期末余额"栏一致。如果企业上年度资产负债表规定的项目名称和内容与本年度不一致，应当对上年年末资产负债表相关项目的名称和数字按照本年度的规定进行调整，填入"年初余额"栏。

# 第三节　利　润　表

## 一、利润表的概念与作用

### （一）利润表的概念

利润表，又称损益表，是反映企业在一定会计期间经营成果的财务报表。利润表是反映企业一定时期经营成果的动态报表。

### （二）利润表的作用

利润表的作用主要体现在以下三个方面：
（1）反映一定会计期间收入的实现情况；
（2）反映一定会计期间费用的耗费情况；
（3）反映企业经济活动成果的实现情况，据以判断资本保值增值等情况。

【例10-11】（判断题）利润表是反映企业一定时期全部资产、负债和所有者权益情况的会计报表。（　　）

【答案】×

【解析】利润表是反映企业在一定会计期间经营成果的财务报表。

## 二、利润表的列示要求

利润表的列示有以下几点要求。

（1）企业在利润表中应当对费用按照功能分类，分为从事经营业务发生的成本、管理费用、销售费用和财务费用等。

（2）利润表至少应当单独列示反映下列信息的项目，但其他会计准则另有规定的除外：① 营业收入；② 营业成本；③ 营业税金及附加；④ 管理费用；⑤ 销售费用；⑥ 财务费用；⑦ 投资收益；⑧ 公允价值变动损益；⑨ 资产减值损失；⑩ 非流动资产处置损益；⑪ 所得税费用；⑫ 净利润；⑬ 其他综合收益各项目分别扣除所得税影响后的净额；⑭ 综合收益总额。金融企业可以根据其特殊性列示利润表项目。

（3）其他综合收益项目应当根据其他相关会计准则的规定分为以后会计期间不能重分类净损益的其他综合收益项目和以后会计期间在满足规定条件时将重分类净损益的其他综合收益项目两类列报。

（4）在合并利润表中，企业应当在净利润项目之下单独列示归属于母公司所有者的损益和归属于少数股东的损益，在综合收益总额项目之下单独列示归属于母公司所有者的综合收益总额和归属于少数股东的综合收益总额。

【例 10-12】（多选题）下列选项中，属于利润表应当单独列示的项目有（　　　）。

A．营业成本　　　　　　　　　　B．存货
C．净利润　　　　　　　　　　　D．非流动资产处置损益

【答案】ACD

【解析】B 选项属于资产负债表应列示的项目。

## 三、我国企业利润表的一般格式

利润表的格式有单步式和多步式两种。按照我国《企业会计准则》的规定，我国企业的利润表采用多步式，将不同性质的收入和费用分别进行对比，以便得出一些中间性的利润数据，帮助使用者理解企业经营成果的不同来源。

利润表通常包括表头和表体两部分。表头应列明报表名称、编表单位名称、财务报表涵盖的会计期间和人民币金额单位等内容；利润表的表体，反映形成经营成果的各个项目和计算过程。

我国企业利润表的格式一般见表 10-4。

表 10-4　利润表

| 编制单位：　　　　　　　　　　年　　月 | | 单位：元 |
| --- | --- | --- |
| 项　　目 | 本期金额 | 上期金额 |
| 一、营业收入 | | |
| 减：营业成本 | | |
| 营业税金及附加 | | |
| 销售费用 | | |
| 管理费用 | | |
| 财务费用 | | |
| 资产减值损失 | | |

| 项目 | 本期金额 | 上期金额 |
| --- | --- | --- |
| 加：公允价值变动收益（损失以"—"号填列） | | |
| 　　投资收益（损失以"—"号填列） | | |
| 　　其中，对联营企业和合营企业的投资收益 | | |
| 二、营业利润（损失以"—"号填列） | | |
| 加：营业外收入 | | |
| 减：营业外支出 | | |
| 　　其中，非流动资产处置损失 | | |
| 三、利润总额（亏损总额以"—"号填列） | | |
| 减：所得税费用 | | |
| 四、净利润（净亏损以"—"号填列） | | |
| 五、每股收益： | | |
| （一）基本每股收益 | | |
| （二）稀释每股收益 | | |
| 六、其他综合收益 | | |
| 七、综合收益总额 | | |

【例 10-13】（单选题）我国企业编制利润表采用的是（　　　）格式。

A．单步式　　　　　　　　　　B．多步式

C．账户式　　　　　　　　　　D．报告式

【答案】B

【解析】我国企业的利润表多采用多步式结构。

## 四、利润表编制的基本方法

利润表各项目的数据来源主要是根据各损益类科目的发生额分析填列，各项目均需填列"本期金额"和"上期金额"两栏。

### （一）"本期金额"栏的填列方法

"本期金额"栏根据"主营业务收入""主营业务成本""营业税金及附加""销售费用""管理费用""财务费用""资产减值损失""公允价值变动损益""投资收益""营业外收入""营业外支出""所得税费用"等科目的发生额分析填列。其中：

（1）"营业收入"项目，反映企业日常经营活动所确认的收入总额，根据"主营业务收入"和"其他业务收入"科目的本期发生额计算填列；

（2）"营业成本"项目，反映企业日常经营活动发生的与营业收入直接配比的实际成本总额，根据"主营业务成本"和"其他业务成本"科目的本期发生额计算填列；

（3）"营业税金及附加"项目，反映企业日常经营活动应负担的消费税、营业税、城市维护建设税和教育费附加等税费，根据"营业税金及附加"科目的本期发生额分析填列；

（4）"销售费用"、"管理费用"和"财务费用"项目，反映企业发生的各项期间费用，分别根据"销售费用"、"管理费用"和"财务费用"科目的本期发生额分析填列；

（5）"资产减值损失"项目，反映企业各项资产发生的减值损失，根据"资产减值损失"科目的本期发生额分析填列；

（6）"公允价值变动收益"项目，反映企业发生的应计入当期损益的资产或负债公允价值变动收益，根据"公允价值变动损益"科目的本期发生额分析填列。如为净损失，该项目应以"—"号填列；

（7）"投资收益"项目，反映企业以各种方式对外投资所取得的收益，根据"投资收益"科目的本期发生额分析填列。如为投资损失，该项目应以"—"号填列；

（8）"营业外收入"和"营业外支出"项目，分别反映企业直接计入当期损益的利得和损失，分别根据"营业外收入"和"营业外支持"科目的本期发生额分析填列；

（9）"所得税费用"项目，反映企业应从当期利润总额中扣除的所得税费用，根据"所得税费用"科目的本期发生额分析填列；

（10）"营业利润""利润总额""净利润"等项目，反映企业实现的各层次利润，根据利润表中相关计算填列。如为亏损，该项目应以"—"号填列。

【例10-14】（多选题）利润表中，"营业税金及附加"项目反映企业经营业务应负担的（　　）。

A．增值税　　　　　　　　B．消费税

C．营业税　　　　　　　　D．城市维护建设税

【答案】BCD

【解析】营业税金及附加"项目，反映企业日常经营活动应负担的消费税、营业税、城市维护建设税和教育费附加等税费。

【例10-15】（单选题）A企业2014年度"主营业务收入"科目的贷方发生额为1000000元，借方发生额为20000元，"其他业务收入"科目的贷方发生额为500000元，"营业外收入"科目的贷方发生额为50000元，则该企业2014年度利润表中"营业收入"项目金额为（　　）元。

A．1550000　　　　　　　B．1480000

C．1450000　　　　　　　D．1530000

【答案】B

【解析】利润表中的"营业收入"根据"主营业务收入"和"其他业务收入"账户的贷方发生额扣除借方发生额后的净额填列，本题中"营业收入"项目金额为 1480000 元（1000000+500000-20000）。

【例 10-16】某企业 2014 年发生的营业收入为 1000 万元，营业成本为 600 万元，销售费用为 20 万元，管理费用为 50 万元，财务费用为 10 万元，投资收益为 40 万元，资产减值损失为 70 万元，公允价值变动收益为 80 万元，营业外收入为 25 万元，营业外支出为 15 万元。该企业 2014 年的营业利润为：

营业利润=营业收入（1000）-营业成本（600）-销售费用（20）-管理费用（50）-财务费用（10）+投资收益（40）-资产减值损失（70）+公允价值变动收益（80）=370（万元）

【注意】营业外收入和营业外支出不影响营业利润。

【例 10-17】某企业 2014 年"主营业务收入"科目发生额为 1990000 元，"主营业务成本"科目发生额为 630000 元，"其他业务收入"科目发生额为 500000 元，"其他业务成本"科目发生额为 150000 元，"营业税金及附加"科目发生额为 780000 元，"销售费用"科目发生额为 60000 元，"管理费用"科目发生额为 50000 元，"财务费用"科目发生额为 170000 元，"资产减值损失"科目发生额为 50000 元，"公允价值变动损益"科目为借方发生额 450000 元（无贷方发生额），"投资收益"科目贷方发生额为 850000 元（无借方发生额），"营业外收入"科目发生额为 100000 元，"营业外支出"科目发生额为 40000 元，"所得税费用"科目发生额为 171600 元。该企业 2014 年度利润表中营业利润、利润总额和净利润的计算过程如下：

营业利润=1990000+500000-630000-150000-780000-60000-50000-170000-50000-450000+850000=1000000（元）

利润总额=1000000+100000-40000=1060000（元）

净利润=1060000-171600=888400（元）

（二）"上期金额"栏的填列方法

利润表"上期金额"栏内各项目数字，应根据上年度利润表"本期金额"栏内所列数字填列。如果上年度该期利润表规定的各个项目的名称和内容同本年度不相一致，应对上年度该期利润表各项目的名称和数字按照本年度的规定进行调整，填入利润表"上期金额"栏内。

# 本 章 习 题

**一、单项选择题**

（1）财务报表中各项目数字的直接来源是（ ）。

    A. 原始凭证              B. 日记账

    C. 记账凭证              D. 账簿记录

（2）以下不属于财务报表的是（ ）。

    A. 资产负债表            B. 利润表

    C. 所有者权益变动表      D. 试算平衡表

（3）下列关于财务报表编制的基本要求中 阐述有误的是（ ）。

    A.《企业会计准则第 30 号——财务报表列报》规定在财务报表中单独列报的项目，应当单独列报

    B. 性质或功能类似的项目，一般可以合并列报

    C. 会计准则要求改变时，财务报表项目的列报可以改变

    D. 企业欠客户的应付款可以与其他客户欠本企业的应收款相互抵销

（4）资产负债表左方的资产项目排列标准是（ ）。

    A. 重要性原则，即重要项目排在前面，次要项目排在后面

    B. 债务清偿的先后顺序，即短期债务排在前面，长期债务排在后面

    C. 流动性大小，即流动性大的排在前面，流动性小的排在后面

    D. 金额的大小，即金额小的排在前面，金额大的排在后面

（5）某日，大华公司的负债为 7455 万元、非流动资产合计为 4899 万元、所有者权益合计为 3000 万元，则当日该公司的流动资产合计应当为（ ）万元。

    A. 2556              B. 4455

    C. 1899              D. 5556

（6）在编制资产负债表时，下列各项中，需要根据其明细科目及"预付账款"明细科目的贷方余额填列的是（ ）。

    A. 应付债券             B. 应付账款

    C. 实收资本             D. 应收账款

（7）编制资产负债表时，根据总账余额和明细账余额计算填列的项目是（ ）。

    A. 应付职工薪酬        B. 长期借款

    C. 应收票据             D. 货币资金

（8）某企业 2007 年发生的营业收入为 200 万元，营业成本为 120 万元，销售费用为 8 万元，管理费用为 6 万元，财务费用为 2 万元，资产减值损失为 7 万元（损失）。公允价值变动损益为 24 万元（收益），营业外收入为 5 万元，营业外支出为 3 万元。该企业 2007 年的营业利润为（    ）万元。

  A. 66          B. 76

  C. 81          D. 83

（9）全部损益账户的本月发生额如下：主营业务收入 800 万元，主营业务成本 500 万元，营业税金及附加 86 万元，销售费用 50 万元，管理费用 40 万元，财务费用 10 万元，营业外收入 5 万元，所得税费用 44 万元。则利润表中"净利润"本月数为（    ）万元。

  A. 75          B. 79

  C. 114         D. 119

## 二、多项选择题

（1）财务报表按编报期间的不同，分为（    ）。

  A. 年度财务报表       B. 季度财务报表

  C. 月度财务报表       D. 中期财务报表

（2）企业的中期财务会计报告至少应当包括（    ）等。

  A. 资产负债表        B. 利润表

  C. 现金流量表        D. 利润分配表

（3）资产负债表反映的经济内容是企业的财务状况，具体包括有（    ）。

  A. 权益状况         B. 资产状况

  C. 财务成果         D. 偿债能力

（4）下列会计要素中，能够体现企业资金运动动态表现的有（    ）。

  A. 所有者权益        B. 费用

  C. 资产           D. 利润

（5）下列项目中，应记入资产负债表"非流动资产合计"的有（    ）。

  A. 商誉           B. 持有至到期投资

  C. 可供出售金融资产      D. 预收款项

（6）下列各项中，（    ）属于企业资产负债表右方包括的项目。

  A. 短期借款         B. 交易性金融资产

  C. 递延所得税负债       D. 实收资本

（7）资产负债表中，根据明细账账户的余额计算填列的项目有（    ）。

  A. 应收账款和预收账款     B. 应付账款和预付账款

  C. 长期借款         D. 货币资金和存货

（8）资产负债表中的"存货"项目反映的内容包括（　　）。

    A．发出商品　　　　　　　　B．材料成本差异

    C．周转材料　　　　　　　　D．库存商品

（9）多步式利润表可以反映企业的（　　）等要素。

    A．所得税费用　　　　　　　B．营业利润

    C．利润总额　　　　　　　　D．净利润

（10）利润表的格式分为（　　）。

    A．单步式　　　　　　　　　B．多步式

    C．账户式　　　　　　　　　D．报告式

（11）下列关于利润表的说法中，正确的有（　　）。

    A．我国的利润表格式采用多步式

    B．通过利润表可以总体上了解企业收入和费用、净利润等的实现及构成情况

    C．利润表中可以反映企业管理费用、制造费用的本期发生额

    D．利润表各项目的数据来源主要是根据各损益类科目的发生额分析填列

（12）下列各项中，（　　）影响企业利润总额计算。

    A．营业收入

    B．营业外支出

    C．营业外收入

    D．投资收益

（13）利润表中的"营业收入"项目填列的依据有（　　）。

    A．"营业外收入"发生额

    B．"主营业务收入"发生额

    C．"其他业务收入"发生额

    D．"投资收益"发生额

### 三、判断题

（1）附注是对资产负债表、利润表、现金流量表等报表中列示项目所作的进一步说明，以及对未能在这些报表中列示项目的说明。（　　）

（2）财务会计报告包括财务报表和其他应当在财务会计报告中披露的相关信息和资料。（　　）

（3）财务报表按照编报主体不同，可以分为个别财务报表和合并财务报表。（　　）

（4）通过资产负债表，可以帮助报表使用者全面了解企业在一定时期的现金流入、流出信息及现金增减变动的原因。（　　）

（5）资产负债表的格式有账户式和报告式两种，我国企业的资产负债表采用账户式结

构。（　　　）

（6）资产负债表中资产类至少包括流动资产项目、长期投资项目和固定资产项目。（　　　）

（7）资产负债表中的"长期待摊费用"项目应根据"长期待摊费用"科目的余额直接填列。（　　　）

（8）资产负债表中"货币资金"项目，应根据"银行存款"账户的期末余额填列。（　　　）

（9）利润表是反映企业一定会计期间经营成果的会计报表，是动态报表。（　　　）

（10）利润分配表可以作为利润表的一部分而纳入利润表，也可以作为利润表的附表单独编制。（　　　）

（11）利润表中的"上期金额"栏，应根据上年利润表中该期的"本期金额"栏内所列数字填列。（　　　）

（12）营业利润是以主营业务利润为基础，加上其他业务利润，减去销售费用、管理费用和财务费用，再加上营业外收入减去营业外支出计算出来的。（　　　）

# 附录 参考答案及解析

# 第一章 总 论

## 一、单项选择题

（1）【答案】D

【解析】货币是会计核算的主要计量单位，但不是唯一的计量单位。

（2）【答案】B

【解析】凡是特定主体能够以货币表现的经济活动，都是会计对象，以货币表现的经济活动通常又称为资金运动。

（3）【答案】A

【解析】资金的运用，又称资金的循环和周转，它分为供应、生产、销售三个阶段。

（4）【答案】C

【解析】从货币资金到货币资金的过程，叫作资金的循环周转。

（5）【答案】C

【解析】本题考核会计的基本职能。会计的基本职能包括会计核算与会计监督。

（6）【答案】C

【解析】会计核算是会计工作的基础。

（7）【答案】A

【解析】权责发生制要求凡是当期已经实现的收入、已经发生和应当负担的费用，不论款项是否收付，都应当作为当期的收入、费用；凡是不属于当期的收入、费用，即使款项已经在当期收付，也不应当作为当期的收入、费用。选项 A 是本期支付下期的房租，不属于本期的费用，应属于下期的费用。

（8）【答案】D

【解析】单位内部会计监督的主体是各单位的会计机构、会计人员。

（9）【答案】C

【解析】事中监督是指对正在发生的经济活动过程及其核算资料进行审查，并据以纠正经济活动过程中的偏差和失误。选项 A、B 属于事前监督，选项 D 属于事后监督。

（10）【答案】B

【解析】会计主体是指会计所核算和监督的特定单位或者组织，是会计确认、计量和报告的空间范围。

（11）【答案】D

【解析】会计主体是指会计所核算和监督的特定单位或者组织，不能独立核算的营业部不能作为会计主体。

（12）【答案】D

【解析】收付实现制是以收到或支付的现金作为确认收入和费用等的依据。选项 D 尚未支付款项，所以不属于本期的费用。

（13）【答案】B

【解析】长期待摊费用是指企业已经支出，但摊销期限在 1 年以上（不含 1 年）的各项费用。

（14）【答案】C

【解析】会计核算中由于有了会计分期基本假设，才产生了本期与非本期的区别，从而出现权责发生制和收付实现制的区别。

（15）【答案】B

【解析】谨慎性原则要求企业进行会计核算时，不得多计资产或利益、少计负债或费用。当某一会计事项有多种不同方法可供选择时，企业应尽可能选择一种不会导致高估资产或收益、低估负债或费用的方法进行会计处理。故答案为 B。

（16）【答案】B

【解析】对于次要的会计事项，在不影响会计信息真实性和不至于误导财务会计报告使用者作出正确判断的前提下，做适当简化处理，符合会计核算的重要性原则。

二、多项选择题

（1）【答案】ABC

【解析】企业将资金运用于生产经营过程就开始了资金的循环与周转。企业的生产经营活动通常包括供应、生产、销售三个过程。选项 D 属于资金的退出。

（2）【答案】ABCD

【解析】企业进行采购，将投入的资金用于建造或购置厂房、购买机器设备、购买原材料，为生产产品做必要的物资准备，这就是供应过程；企业劳动都是借助机器设备对原材料进行加工、生产出产品，企业支付职工工资和生产经营中必要的开支，这就是生产过程。

（3）【答案】ABCD

【解析】会计核算方法体系是由填制和审核会计凭证、设置会计科目和账户、复式记账、登记会计账簿、成本计算、财产清查、编制财务会计报告等专门方法构成。

（4）【答案】ABC

【解析】会计循环是按照一定的步骤反复运行的会计程序。从会计的工作流程看，会计循环是由确认、计量和报告等环节组成。

（5）【答案】BCD

【解析】会计核算具有完整性、连续性和系统性。

（6）【答案】AB

【解析】选项 A 和选项 B 属于会计对经济活动的合法性审查。

（7）【答案】BD

【解析】会计监督要对单位经济活动的全过程进行监督，分为事前监督、事中监督和事后监督。每个过程都很重要。

（8）【答案】AB

【解析】事中监督是指对正在发生的经济活动过程和取得的核算资料进行审查、分析，并据以纠错纠偏，控制经济活动按预定目的和要求进行。选项 C 属于事后监督，选项 D 属于事前监督。

（9）【答案】BC

【解析】会计监督职能，又称为会计控制职能，是指对特定主体经济活动和相关会计核算的真实性、合法性和合理性进行监督检查。

（10）【答案】ABC

【解析】本题考核会计核算和会计监督职能的关系。会计的两项基本职能是相辅相成、辩证统一的。会计核算是会计监督的基础，会计监督是会计核算质量的保证。

（11）【答案】AB

【解析】谨慎性要求企业对交易或事项进行会计确认、计量和报告时保持应有的谨慎，不应高估资产或者收益、低估负债或者费用。

（12）【答案】BCD

【解析】会计核算和会计监督关系密切、相辅相成，会计核算是会计监督的基础，会计监督是会计核算的保证，没有会计核算，会计监督就失去依据；没有会计监督，会计核算所提供信息的真实性就无法得到保障。

### 三、判断题

（1）【答案】×

【解析】会计以货币为主要计量单位，但货币并不是唯一的计量单位。

（2）【答案】√

【解析】凡是特定主体能够以货币表现的经济活动都是会计的对象，企业会计的对象就是企业的资金运动。

（3）【答案】√

【解析】考查会计对象的含义。会计对象是指会计核算和监督的内容。

（4）【答案】×

【解析】提取盈余公积并不会导致资金流出企业，所以不属于资金的退出。

（5）【答案】√

【解析】会计目标，又称会计目的，是要求会计工作完成的任务或达到的标准。根据《企业会计准则——基本准则》的规定，财务会计报告的目标是向财务会计报告使用者提供与企业财务状况、经营成果和现金流量等有关的会计信息，反映企业管理层受托责任履行情况，有助于财务会计报告使用者作出经济决策。

（6）【答案】×

【解析】编制预算不属于会计核算方法。会计核算方法包括设置会计科目和账户、复式记账、填制和审核会计凭证、登记账簿、成本计算、财产清查、编制财务会计报告等。

（7）【答案】×

【解析】本题考核会计监督职能的定义。会计监督职能，又称为会计控制职能，是指对特定主体经济活动和相关会计核算的真实性、合法性和合理性进行监督检查。

（8）【答案】√

【解析】考查事前监督的含义。事前监督是指在经济活动开始前进行的监督,即依据国家制定的有关法规和制度以及经济活动的一般规律，对未来经济活动的合法性、合理性和可行性进行审查。

（9）【答案】×

【解析】中期是指短于一个完整的会计年度的报告期间，通常包括半年度、季度和月度。

（10）【答案】√

【解析】收付实现制，又称现金制，是以收到或支付现金作为确认收入和费用的标准，是与权责发生制相对应的一种会计基础。

（11）【答案】×

【解析】在权责发生制的前提下，企业根据权、责关系实际发生的期间来确认收入或费用。所以本期收到的货币资金不一定是本期收入。

（12）【答案】√

【解析】为了保证会计信息的可比性，总分类科目由国家统一会计制度规定。

# 第二章　会计要素与会计等式

## 一、单项选择题

（1）【答案】B

【解析】资产、负债、所有者权益属于反映企业财务状况的会计要素。收入、费用、利润属于反映企业经营成果的会计要素。

（2）【答案】A

【解析】反映企业经营成果的会计要素有收入、费用和利润。

（3）【答案】C

【解析】资产是指企业过去的交易或者事项形成的、由企业拥有或者控制的、预期会给企业带来经济利益的资源。选项 A，不能给企业带来经济利益；选项 B，企业没有对经营租入设备的所有权和控制权；选项 D，资产必须是现实的资产，而不能是预期的资产。

（4）【答案】D

【解析】企业临时租用的汽车，即企业对该项资产没有所有权，不属于企业资产。

（5）【答案】C

【解析】资产按其流动性分为流动资产和非流动资产。选项 B、D 属于非流动资产；选项 A，预收账款属于企业的流动负债。

（6）【答案】B

【解析】库存商品、应收账款属于流动资产，长期应付债券属于非流动负债。

（7）【答案】D

【解析】选项 D，属于预收账款，是流动负债。选项 A，五年期借款属于长期借款，是非流动负债；选项 B 和选项 C 不能确认为负债，因为还没有发生。

（8）【答案】D

【解析】除非发生减资、清算或分派现金股利，否则企业不需要偿还所有者权益。

（9）【答案】D

【解析】本题考核收入的定义。收入是指企业在日常活动中形成的、会导致所有者权益增加的、与所有者投入及资本无关的经济利益的总流入。

（10）【答案】C

【解析】在建工程领用原材料应将原材料成本直接转入在建工程，不确认为收入。

（11）【答案】D

【解析】处置无形资产取得收入属于利得，不属于收入的范畴。

（12）【答案】D

【解析】罚款收入应该计入营业外收入，属于企业利得，而不能作为收入。

（13）【答案】B

【解析】期间费用是指企业本期发生的、不能直接或间接归入营业成本，而是直接计入当期损益的各项费用，包括销售费用、管理费用和财务费用等。

（14）【答案】D

【解析】利润金额的确定主要取决于收入、费用、直接计入当期利润的利得和损失的计量。

（15）【答案】D

【解析】选项 A、B、C 属于所有者权益内部变动，不会引起所有者权益总额发生变化。选项 D，引起负债增加，所有者权益减少。

（16）【答案】A

【解析】资本公积作为企业所有者权益的重要组成部分，主要用于转增资本。

（17）【答案】C

【解析】在可变现净值计量下，资产按照其正常对外销售所能收到的现金或现金等价物的金额扣减该资产至完工估计将要发生的成本、销售费用以及相关税费后的金额计量。

（18）【答案】D

【解析】在现值计量下，负债按照预计期限内需要偿还的未来净现金流出量的折现金额计量。

（19）【答案】C

【解析】根据"资产=负债+所有者权益"，如果某项经济业务只涉及负债这一个会计要素，要保持恒等关系，那么此项经济业务引起负债内部一增一减。选项 A、B 均会破坏会计等式的恒等关系。选项 D 不存在。

（20）【答案】A

【解析】将短期借款变更为长期借款，属于负债内部一增一减，权益总额不变，会计分录：

借：短期借款 30000

贷：长期借款 30000

（21）【答案】A

【解析】首先，根据第一会计等式，计算年初所有者权益总额（7.8 万元）=年初资产（12.6 万元）－年初负债（4.8 万元）；因为本期所有者权益没有发生变化，所以年末所有者权益和年初的所有者权益是相等的。其次，根据第三会计等式，资产=负债+所有者权益+（收入－费用），该企业年末资产总额（12.4 万元）=年末负债（5 万元）+年末所有者权益 7.8 万元+[收入（8.9 万元－费用 9.3 万元）]。

## 二、多项选择题

（1）【答案】AD

【解析】本题考核资产确认的条件。选项 B 是收入的确认条件；选项 C 是负债的确认条件。

（2）【答案】BD

【解析】本题考核流动资产和非流动资产的划分标准。

（3）【答案】ABD

【解析】预收账款属于负债。

（4）【答案】ABCD

【解析】流动资产包括银行存款、库存原材料、预付账款、库存商品、库存现金等

（5）【答案】ABCD

【解析】非流动性资产是指不能在一年或者超过一年的一个营业周期内变现或者耗用的资产。非流动资产是指流动资产以外的资产，主要包括持有到期投资、长期应收款、长期股权投资、工程物资、投资性房地产、固定资产、在建工程、无形资产、长期待摊费用、可供出售金融资产等。

（6）【答案】BCD

【解析】预收账款属于流动负债。

（7）【答案】ACD

【解析】预付账款属于流动资产。

（8）【答案】AB

【解析】收入是企业在日常活动中产生的；代收的款项不能计为企业的收入。收入会导致所有者权益增加，与所有者投入资本无关；收入可能表现为资产的增加或负债的减少，最终导致所有者权益的增加。

（9）【答案】AD

【解析】选项 A、D 属于直接计入当期利润的利得。

（10）【答案】ABC

【解析】选项 A、B、C 属于收入类会计要素的特征。选项 D 是收入确认所要满足的两个条件之一。判断一项经济利益的流入是否属于企业的收入，除了要满足收入的三个特征外，还应满足三个条件：与收入相关的经济利益应当很可能流入企业；经济利益流入企业的结果会导致资产的增加或者负债的减少；经济利益的流入额能够可靠地计量。

（11）【答案】AB

【解析】收入按日常活动在企业中所处的地位分为主营业务收入、其他业务收入。

（12）【答案】ABCD

【解析】选项 C，企业处置非流动资产发生的净损失计入营业外支出，是损失，不属于费用；选项 D，企业向投资者分配利润发生的现金流出通过应付股利核算，属于企业的负债。

（13）【答案】AD

【解析】留存收益是指企业从历年实现的利润中提取或留于企业的内部积累，它来源于企业的生产经营活动所实现的净利润，包括企业的盈余公积和未分配利润两个部分。

（14）【答案】BCD

【解析】利得和损失包括两类：一是直接计入当期损益，即计入营业外收入和营业外支出；二是直接计入所有者权益，即计入资本公积。

（15）【答案】CD

【解析】留存收益主要包括盈余公积和未分配利润。

（16）【答案】ABCD

【解析】所有者权益包括实收资本（或股本）、资本公积、盈余公积和未分配利润等，盈余公积和未分配利润又统称为留存收益。所以，也可以表述为：所有者权益包括实收资本（或股本）、资本公积和留存收益等。

（17）【答案】AB

【解析】资本公积是企业收到投资者投入的超出其在企业注册资本（或股本）中所占份额的投资，以及直接计入所有者权益的利得和损失。

（18）【答案】ACD

【解析】会计计量属性包括历史成本、可变现净值、公允价值、重置成本、现值。

（19）【答案】BD

【解析】现值是指对未来现金流量以恰当的折现率进行折现后的价值，是考虑资金时间价值的一种计量属性。在现值计量下，资产按照预计从其持续使用和最终处置中所产生的未来净现金流入量的折现金额计量；负债按照预计期限内需要偿还的未来净现金流出量的折现金额计量。

（20）【答案】ACD

【解析】可变现净值是指在正常生产经营过程中，以预计售价减去进一步加工成本和预计销售费用以及相关税费后的净值。在可变现净值计量下，资产按照其正常对外销售所能收到的现金或现金等价物的金额扣减该资产至完工估计将要发生的成本、销售费用以及相关税费后的金额计量。

（21）【答案】ABC

【解析】重置成本，又称现行成本，是指按照当前市场条件，重新取得同样一项资产所需支付的现金或现金等价物金额。在重置成本计量下，资产按照现在购买相同或者相似资产所需支付的现金或者现金等价物的金额计量；负债按照现在偿付该项债务所需支付的现金或者现金等价物的金额计量。

（22）【答案】AC

【解析】"资产＝负债＋所有者权益"这一等式是复式记账法的理论基础，也是编制资产负债表的依据。设置账户的理论依据是会计科目；发生额试算平衡的直接依据是借贷记账法的记账规则。

（23）【答案】AB

【解析】选项 AB 引起资产和负债同时增加；选项 CD 引起负债内部一增一减，负债总额不变。

（24）【答案】AB

【解析】本题考核"资产＝负债＋所有者权益"。选项 C 资产增加，负债减少，则所有者权益增加，且其增加额大于负债的减少额。选项 D 资产不变，负债增加，则所有者权益减少，减少额与负债增加额相同。

（25）【答案】ABC

【解析】根据等式"资产＝负债＋所有者权益"，负债增加，所有者权益减少，若增加额和减少额相等，则资产和权益的总额不变。

（26）【答案】CD

【解析】选项 A、B 会破坏会计等式的恒等关系，所以不存在这样的经济业务，选项 C、D 属于资产内部一增一减、负债内部一增一减，不影响等式的恒等关系。

（27）【答案】ABC

【解析】"资产＝负债＋所有者权益"这一会计等式是编制资产负债表的依据，"收入-费用=利润"这一等式是编制利润表的依据。

（28）【答案】BD

【解析】"资产＝负债＋所有者权益"是最基本的会计等式，表明了会计主体在某一特定时点所拥有的各种资产与债权人、所有者之间的静态关系，这一会计等式说明了企业财务状况。

（29）【答案】AD

【解析】根据"资产+费用=负债+所有者权益+收入"，负债增加，则可能引起资产增加，或者费用增加。

## 三、判断题

（1）【答案】×

【解析】资产是指企业过去的交易或者事项形成的、由企业拥有或控制的、预期会给企业带来经济利益的资源。所以说，某一项财产要成为企业的资产，它的所有权或者控制权必须属于企业，不一定非要是所有权。

（2）【答案】×

【解析】资产是指企业过去的交易或者事项形成的，由企业拥有或控制的、预期会给企业带来经济利益的资源。签订的合同还没有发生，不能确认为企业的资产。

（3）【答案】×

【解析】库存中已失效或已毁损的商品预期不能给企业带来经济利益，不能确认为企业的资产。

（4）【答案】×

【解析】资产按流动性可划分为流动资产和非流动资产。资产按是否具有实物形态可划分为有形资产和无形资产。

（5）【答案】×

【解析】本题考查负债的确认条件。一项义务被确认为负债要满足的条件有两个：第一个，与这项义务有关的经济利益很可能流出企业；第二个，未来流出的经济利益的金额能够可靠地计量。

（6）【答案】×

【解析】负债是指企业过去的交易或事项形成的、预期会导致经济利益流出企业的现时义务。所以，企业在未来发生的交易或事项所产生的义务不能确认为负债。

（7）【答案】×

【解析】应付股利属于流动负债。

（8）【答案】√

【解析】本题考查负债的特征三：负债预期会导致经济利益流出企业。无论采用哪种方式清偿负债，企业都要付出相应的代价，从而导致经济利益流出企业，除非债权人放弃债权。

（9）【答案】√

【解析】所有者权益的确认和计量，主要取决于资产、负债、收入、费用等其他会计要素的确认和计量。所有者权益金额的确定还是取决于资产和负债的计量。

（10）【答案】√

【解析】本题考查所有者权益的特征一：除非发生减资、清算或者分派现金股利，否则企业不需要偿还所有者权益。

（11）【答案】×

【解析】出租专利技术的租金收入属于其他业务收入。

（12）【答案】×

【解析】收入的增加表现为资产的增加、负债的减少、所有者权益的增加。

（13）【答案】√

【解析】企业非日常活动所形成的经济利益的流入属于利得。

（14）【答案】√

【解析】收入按性质或按来源不同，可以分为销售商品收入、提供劳务收入、让渡资产使用权收入。

（15）【答案】√

【解析】损失就是指企业在非日常活动中发生的、会导致所有者权益减少的、与向所有者分配利润无关的经济利益的总流出。

（16）【答案】√

【解析】利润是指企业在一定会计期间的经营成果。它是企业在一定会计期间内生产经营活动的最终结果，即收入与费用配比相抵后的差额、直接计入当期损益的利得和损失等，它是经营成果的最终要素。

（17）【答案】×

【解析】利润包括收入与费用配比相抵后的差额，以及直接计入当期损益的利得和损失等，是经营成果的最终要素。

（18）【答案】×

【解析】所有者权益只包括直接计入所有者权益的利得和损失，不包括直接计入当期损益的利得和损失。

（19）【答案】√

【解析】按照《公司法》的有关规定，公司应当按照当年净利润（抵减年初累计亏损后）的 10%提取盈余公积，提取的法定盈余公积累计额超过注册资本 50%以上的，可以不再提取。

（20）【答案】√

【解析】企业的盈余公积弥补亏损或转增资本属于所有者权益的内部变化，总额不变。

（21）【答案】×

【解析】企业收到投资者出资额超过在注册资本中所占份额的部分，应计入资本公积。

（22）【答案】√

【解析】会计要素的计量是为了将符合确认条件的会计要素登记入账并列报于财务报表而确定其金额的过程，企业应当按照规定的会计计量属性进行计量，确定其金额。

（23）【答案】×

【解析】在现值计量下，资产应当按照预计从其持续使用和最终处置中所产生的未来净现金流入量的折现额计量；负债按照预计期限内需要偿还的未来净现金流出量的折现金额计量。

（24）【答案】√

【解析】现值通常用于非流动资产可收回金额和以摊余成本计量的金额资产价值的确定等。

（25）【答案】×

【解析】在重置成本计量下，资产按照现在购买相同或者相似资产所需支付的现金或者现金等价物的金额计量。

（26）【答案】√

【解析】资金的投入包括企业所有者投入的资金和债权人投入的资金两部分，前者属于企业所有者权益，后者属于企业债权人权益（即企业的负债）。

（27）【答案】√

【解析】会计基本等式又称会计恒等式，是一直成立的。

（28）【答案】×

【解析】任何一项经济业务的发生都不会破坏会计等式的平衡关系，可能会引起资产和权益总额发生同增或同减的变化，也可能会引起资产或权益内部一增一减的变化。

# 第三章　会计科目与账户

## 一、单项选择题

（1）【答案】C

【解析】通过成本计算，可以反映和监督生产经营过程中发生的各项费用是否节约或超支，并据以确定企业经营成果。

（2）【答案】B

【解析】资产按其变现或者耗用时间长短不同，分为流动资产和非流动资产。

（3）【答案】A

【解析】本题考核会计科目的分类。预付账款属于资产类科目。

（4）【答案】D

【解析】"应交税费"账户属于负债类账户，贷方登记各种应交未交税费的增加额，借方登记实际缴纳的各种税费。期末余额在贷方，反映企业尚未缴纳的税费；期末余额在借方，反映企业多交或尚未抵扣的税费。

（5）【答案】B

【解析】资本公积是指企业收到投资者投入的超出其在企业注册资本中所占份额的投资，以及直接计入所有者权益的利得或损失。

借：库存现金

　　贷：实收资本　　　资本公积——资本溢价

（6）【答案】A

【解析】主营业务成本属于损益类科目；生产成本和制造费用属于成本类的科目；其他应收款属于资产类的科目。

（7）【答案】D

【解析】选项 A、B、C 为成本类科目。财务费用既属于费用要素，同时也属于损益类的科目。

（8）【答案】D

【解析】在我国，总分类科目原则上是由财政部统一规定，主要是为了保证会计信息的可比性。

（9）【答案】A

【解析】二级科目是介于总分类科目和三级科目之间的科目。如果某一总分类科目所属的明细分类科目较多，可在总分类科目下设置二级明细科目，在二级明细科目下设置三级明细科目。

（10）【答案】D

【解析】对于国家统一的会计制度规定的会计科目，企业可以根据自身的生产经营特点，在不影响会计核算要求以及对外提供统一财务会计报表的前提下，自行增设、减少或合并某些会计科目。所以说选项 D 是正确的。

二、多项选择题

（1）【答案】CD

【解析】会计科目可按其反映的经济内容不同，可分为资产类科目、负债类科目、共同类科目、所有者权益类科目、成本类科目和损益类科目。

（2）【答案】AD

【解析】本题考核会计科目的分类。选项 B 属于损益类科目，选项 C 属于负债类科目。

（3）【答案】ABCD

【解析】题中四项均属于资产类会计科目。资产类账户是用来反映企业资产的增减变动及其结存情况的账户，如"库存现金""银行存款""应收账款""库存商品""长期股权投资""固定资产""无形资产"以及题中所给出的四个选项等。

（4）【答案】ABD

【解析】材料成本差异属于资产类科目。

（5）【答案】ACD

【解析】本题考核损益类科目的内容。"本年利润"属于所有者权益类科目。

（6）【答案】ABC

【解析】交易性金融资产属于资产类科目。共同类科目，是既有资产性质又有负债性质的科目，主要有清算资金往来、外汇买卖、衍生工具、套期工具、被套期项目等科目。

（7）【答案】ABC

【解析】选项ABC均属于总账科目，工行存款是银行存款的明细科目。

（8）【答案】ABCD

【解析】题中四项都是总分类科目。总分类科目，又称总账科目或一级科目，是对会计要素的具体内容进行总括分类，提供总括信息的会计科目。如"固定资产""原材料""应付账款""应交税费""实收资本"以及题中所给出的四个选项等。

（9）【答案】ABC

【解析】本题考核会计科目设置原则。企业在设置会计科目时，应遵循以下原则：合法性原则、相关性原则和实用性原则。

### 三、判断题

（1）【答案】×

【解析】"生产成本"属于成本类科目。成本类科目归属于资产类要素，而不是费用要素。

（2）【答案】√

【解析】资产类账户是用来反映企业资产的增减变动及其结存情况的账户，如"库存现金""银行存款""应收账款""库存商品""长期股权投资""固定资产""无形资产""坏账准备""累计折旧"等。

（3）【答案】√

【解析】"生产成本"属于成本类科目，但属于费用要素。"制造费用"属于成本类科目，也属于费用要素。

（4）【答案】√

【解析】"坏账准备""长期股权投资减值准备""累计折旧""无形资产减值准备"都属于资产类科目的备抵科目，贷方登记增加，借方登记减少。

（5）【答案】√

【解析】所有者权益类科目，是对所有者权益要素的具体内容进行分类核算的项目，按所有者权益的形成和性质可分为反映资本的科目和反映留存收益的科目。反映资本的科目有实收资本（或股本）、资本公积等。

（6）【答案】×

【解析】损益类科目用于核算收入、费用的发生和归集，提供一定期间与损益相关的会计信息的会计科目。

（7）【答案】√

【解析】企业可以根据自身的需要来设置明细科目，并不是所有总账科目都需要设置明细科目。

（8）【答案】√

【解析】本题考查明细分类科目的含义，明细分类科目是对总分类科目进一步分类、提供更详细、更具体的会计信息的科目。

（9）【答案】×

【解析】明细科目是对总分类科目进一步分类、提供更详细和更具体会计信息的科目。如果某一总分类科目所属的明细分类科目较多，可在总分类科目下设置二级明细科目，在二级明细科目下设置三级明细科目。

（10）【答案】×

【解析】对于国家统一的会计制度规定的会计科目，企业可以根据自身的生产经营特点，在不影响会计核算要求以及对外提供统一财务会计报表的前提下，自行增设、减少或合并某些科目。

（11）【答案】√

【解析】总分类科目原则上由财政部统一规定。对于国家统一的会计制度规定的会计科目，企业可以根据自身的生产经营特点，在不影响会计科核算要求以及对外提供统一财务会计报表的前提下，自行增设、减少或合并某些会计科目。

（12）【答案】√

【解析】账户是根据会计科目设置的，是会计科目的具体应用，具有一定的结构和格式，并通过其结构反映某项经济内容的增减变动及其余额。

（13）【答案】×

【解析】会计科目仅仅是对会计要素的具体内容进行分类核算的项目，它不能反映交易或事项的发生所引起的会计要素各项目的增减变动情况和结果。

（14）【答案】√

【解析】从账户名称、记录增加额和减少额的左右两方来看，账户结构在整体上类似于汉字"丁"和大写的英文字母"T"，因此，账户的基本结构在实务中被形象地称为"丁"字账户或者"T"形账户。

# 第四章 会计记账方法

## 一、单项选择题

（1）【答案】B

【解析】本题考核复式记账法的概念。复式记账法是指对于每一笔经济业务，都必须用相等的金额在两个或两个以上相互联系的账户中进行登记，全面系统地反映会计要素增减变化的一种记账方法。

（2）【答案】C

【解析】复式记账法是以会计的基本等式"资产＝负债＋所有者权益"为依据建立起来的一种科学记账方法。

（3）【答案】D

【解析】向银行借款，引起资产和负债同时增加；归还欠款，引起资产和负债同时减少，；购买原材料，资产内部一增一减，资产总额不变。所以，期末企业资产总额为570万元（600+50-80+40-40=570）。

（4）【答案】A

【解析】借贷记账法下"贷"表示的是费用的减少、负债的增加、资产的减少、收入的增加。

（5）【答案】B

【解析】本题考核借贷记账法下账户的结构。成本类会计科目借方登记增加，贷方登记减少，期末余额在借方；期末余额＝期初余额＋本期借方发生额-本期贷方发生额。

（6）【答案】D

【解析】采用借贷记账法，所有账户的借方和贷方按照相反方向记录，即一方登记增加额，另一方就登记减少额。至于是"借"表示增加还是"贷"表示增加，取决于账户的性质与所记录经济内容的性质。

（7）【答案】D

【解析】本题考核借贷记账法下会计账户的结构。"借"方表示资产、成本、费用的增加，负债、所有者权益、收入的减少。

（8）【答案】A

【解析】本题考核资产类账户的结构。"预付账款"是资产类科目，增加额记入借方，减少额记入贷方，期末余额在借方，所以，期末余额＝期初余额＋本期借方发生额－本期贷方发生额。

（9）【答案】C

【解析】实收资本属于所有者权益类科目，"实收资本"科目的期末余额=期初余额＋本期贷方发生额－本期借方发生额。

（10）【答案】C

【解析】成本类账户的基本结构与资产类账户的基本结构基本相同。即当成本增加时，将其数额登记在会计科目的借方，当成本减少或结转时，将其数额登记在会计科目的贷方，期末若有余额，其余额在借方。

（11）【答案】B

【解析】本题考核账户的对应关系。"制造费用"属于成本类账户，在期末结转入生产成本，而不是"本年利润"账户。

（12）【答案】D

【解析】本题考核会计分录。实际工作中不会经常用到多借多贷的会计分录，为了保持账户对应关系清晰，一般不应把不同经济业务合并在一起，编制多借多贷的会计分录。

（13）【答案】A

【解析】复合会计分录是指两个以上（不含两个）对应会计科目所组成的会计分录，即一借多贷、一贷多借或多借多贷的会计分录。

（14）【答案】A

【解析】正确分录为：

借：原材料 5000

　　贷：银行存款 2000　　应付账款 3000

（15）【答案】C

【解析】全部会计科目本期借方发生额合计＝全部会计科目本期贷方发生额合计，所以应收账款本期借方发生额为 1.8 万元。

（16）【答案】B

【解析】试算平衡不一定说明账户记录绝对正确。因为有些错误不会影响借贷双方的平衡关系。例如，漏记某项经济业务；重记某项经济业务；某项经济业务记录的应借应贷科目正确，但借贷双方金额同时多记或少记，且金额一致；某项经济业务记错有关账户；借贷方向颠倒；某借方或贷方发生额中，偶然发生多记和少记并相互抵销等。发生额试算平衡法理论的依据是"有借必有贷、借贷必相等"。

（17）【答案】D

【解析】本题考核试算平衡表的编制。所有科目借方发生额合计等于所有科目贷方发生额合计，据此推算银行存款科目必须有借方发生额 16 万元。

（18）【答案】B

【解析】全部会计科目本期借方发生额合计＝全部会计科目本期贷方发生额合计，全部会计科目的借方期初（期末）余额合计＝全部会计科目的贷方期初（期末）余额合计。有些错误不会影响借贷双方的平衡关系。例如，漏记某项经济业务；重记某项经济业务；某项经济业务记录的应借应贷科目正确，但借贷双方金额同时多记或少记，且金额一致；某项经济业务记错有关账户；借贷方向颠倒；某借方或贷方发生额中，偶然发生多记和少记并相互抵销等。

## 二、多项选择题

（1）【答案】BCD

【解析】本题考核复式记账法。复式记账法是指对于每一笔经济业务，都必须用相等的金额在两个或两个以上相互联系的账户中进行登记，全面系统地反映会计要素增减变化的一种记账方法。复式记账法与单式记账法相比，具有以下优点：能够全面反映经济业务内容和资金运动的来龙去脉；能够进行试算平衡，便于查账和对账。我国《企业会计准则——基本准则》规定企业应当采用借贷记账法记账，《事业单位会计准则》和《行政单位会计制度》也要求采用借贷记账法记账。

（2）【答案】ABD

【解析】根据"资产=负债+所有者权益"这一等式，负债记借方表示负债减少，则可能导致资产减少或所有者权益增加或负债内部一增一减。

（3）【答案】AB

【解析】原材料属于资产类，管理费用属于费用类，借方核算增加额，贷方核算减少额。

（4）【答案】ABC

【解析】本题考核损益类账户的结构。损益类账户期末结转后一般无余额。应交税费属于负债类，期末一般有贷方余额。

（5）【答案】ABCD

【解析】经济业务发生后，可以编制的会计分录包括简单会计分录和复合会计分录，简单会计分录指一借一贷的会计分录；复合会计分录包括一借多贷、多借一贷、多借多贷的会计分录。

（6）【答案】BCD

【解析】本题考核会计分录的分类。复合会计分录包括一借多贷、一贷多借或多借多贷的会计分录。

（7）【答案】AC

【解析】会计分录为：

借：库存商品 10000

    贷：银行存款 6000                   应付账款 4000

（8）【答案】AD

【解析】本题考核试算平衡表的编制。原材料为资产类账户，余额一般在借方。

（9）【答案】ACD

【解析】即便实现了试算平衡，也不能说明账户记录绝对正确，因为有些错误并不会影响借贷双方的平衡关系。

（10）【答案】AB

【解析】本题考核试算平衡。试算平衡指的是根据资产与权益的恒等关系以及借贷记账法的记账规则，通过对所有账户的发生额和余额的汇总计算和比较，来检查记录是否正确的一种方法。包括发生额试算平衡和余额试算平衡。涉及三个平衡关系等式：全部账户本期借方发生额合计＝全部账户本期贷方发生额合计；全部账户的借方期初余额合计＝全部账户的贷方期初余额合计；全部账户的借方期末余额合计＝全部账户的贷方期末余额合计。

（11）【答案】ACD

【解析】对于复杂的经济业务，可以编制多借多贷的会计分录。即便实现了试算平衡，并不能说明会计科目记录绝对正确，因为有些错误并不会影响借贷双方的平衡关系。

### 三、判断题

（1）【答案】×

【解析】复式记账法不是唯一的记账方法，还有单式记账法。记账方法按记账方式的不同，分为单式记账法和复式记账法。

（2）【答案】×

【解析】本题考核单式记账法。单式记账法是指对于发生的每一项经济业务只在一个账户中进行记录的记账方法，运用单式记账法记录经济业务，不能反映每项经济业务的来龙去脉，不能检查每笔业务是否合理、合法。

（3）【答案】√

【解析】收入类账户借方登记减少，贷方登记增加，期末无余额。费用类账户借方登记增加，贷方登记减少。

（4）【答案】×

【解析】费用类账户结构与资产类账户结构相同，都是借方登记增加，贷方登记减少；收入类账户结构与负债类账户结构相同，都是贷方登记增加，借方登记减少。

（5）【答案】√

【解析】借贷记账法下账户的借方记录资产的增加或权益的减少，贷方记录资产的减少或权益的增加。

（6）【答案】√

【解析】费用类账户是借方登记费用的增加，贷方登记费用的减少，期末余额在借方；所有者权益类账户是贷方登记增加额，借方登记减少额，期末余额在贷方。

（7）【答案】×

【解析】简单会计分录指只涉及一个账户借方和另一个账户贷方的会计分录，即一借一贷的会计分录；复合会计分录指由两个以上（不含两个）对应账户所组成的会计分录，即一借多贷、一贷多借或多借多贷的会计分录。并没有涉及多项经济业务。

（8）【答案】×

【解析】本题考核会计分录。企业可以根据实际发生经济业务的需要编制多借多贷的会计分录。

（9）【答案】×

【解析】本期发生额试算不平衡，肯定会导致期末余额不平衡。因为所有账户的期末余额是根据一定时期的本期借、贷方发生额计算的结果，所以本期发生额试算不平衡，期末余额试算肯定不会平衡。

（10）【答案】×

【解析】必须保证所有账户的余额均已记入试算平衡表。因为会计等式是对六项会计要素整体而言的，缺少任何一个账户的余额，都会造成期初或期末借方余额合计与贷方余额合计不相等。

（11）【答案】√

【解析】本题考核发生额试算平衡法。发生额试算平衡是根据"有借必有贷，借贷必相等"的记账规则，也就是根据所有账户的借方发生额与所有账户的贷方发生额是相等的来进行试算平衡，所以可以不填列各账户的期初余额和期末余额。

（12）【答案】×

【解析】发生额试算平衡是根据"有借必有贷，借贷必相等"借贷记账法的记账规则，检验所有账户发生额记录是否正确。

# 第五章　借贷记账法下主要经济业务的账务处理

## 一、单项选择题

（1）【答案】D

【解析】盈余公积弥补亏损的分录是：

借：盈余公积
　　贷：利润分配——盈余公积补亏　　同时，

借：利润分配——盈余公积补亏
　　贷：利润分配——未分配利润

（2）【答案】A

【解析】长期借款是指企业向银行或其他金融机构等借入的偿还期限在一年以上（不含一年）的各种借款。

（3）【答案】C

【解析】实际支付长期借款利息时，借记"应付利息"或"长期借款——应计利息"科目，贷记"银行存款"科目。

（4）【答案】B

【解析】短期借款科目核算的就是借款本金，所以在归还的时候借记的金额为 50000 元。

（5）【答案】C

【解析】固定资产处置的净收益计入营业外收入；处置的净损失计入营业外支出。

（6）【答案】B

【解析】"累计折旧"账户贷方登记按月提取的折旧额，即累计折旧的增加额，借方登记因减少固定资产而转出的累计折旧。期末余额在贷方，反映期末固定资产的累计折旧额。

（7）【答案】D

【解析】固定资产盘亏应通过"待处理财产损溢"科目核算。固定资产处置包括固定资产的出售、报废、毁损、对外投资等。处置固定资产应通过"固定资产清理"科目核算。

（8）【答案】B

【解析】累计折旧是固定资产的备抵账户，用以核算企业固定资产计提的累计折旧。

（9）【答案】B

【解析】选项 A，经营租入的设备不属于企业的固定资产，因此不需要计提折旧；选项 C，提前报废的固定资产不再补提折旧；选项 D，已提足折旧仍继续使用的固定资产不计提折旧；选项 B 虽然尚未使用，但已达到可使用状态，因此应该计提折旧，则正确答案是 B。

（10）【答案】B

【解析】本题考核固定资产处置的核算。清理净损失=（400−389）−10+3=4（万元）。

（11）【答案】B

【解析】本题考核固定资产折旧额的计算。固定资产的入账价值为 10500 元（10000＋500），设备应该从 2014 年 2 月份开始计提折旧，当年应该计提 11 个月的折旧，所以 2014 年的折旧额为 962.5 元（10500/10×11/12）。

（12）【答案】A

【解析】材料的采购成本是指企业物资从采购到入库前所发生的全部支出，包括购买价款、相关税费、运输费、装卸费、保险费以及其他可归属于采购成本的费用。因为是一般纳税人，增值税进项税额可以抵扣不计入采购成本，所以原材料的入账价值为 3080 元（3000＋50＋30）。运输途中的合理损耗已包括在材料的成本中，已经包括在采购成本中，属于采购成本的组成部分，不需要再单独考虑加上。

（13）【答案】A

【解析】本题会计分录为：

借：原材料 5000

　　贷：银行存款 2000 应付账款 3000

（14）【答案】B

【解析】赊购原材料一批，应付账款增加 117 万元，偿还上月欠款，应付账款减少了

280 万元，那么月末应付账款科目的余额为 237 万元（400+117-280），余额在贷方。

（15）【答案】A

【解析】购入原材料时，运杂费应计入材料的采购成本中。

（16）【答案】D

【解析】"原材料"账户属于资产类账户，用以核算企业库存的各种材料，包括原料及主要材料、辅助材料、外购半成品（外购件）、修理用配件（备品备件）、包装材料、燃料等的计划成本或实际成本。

（17）【答案】B

【解析】"预付账款"账户，借方登记企业因购货等业务预付的款项，贷方登记企业收到货物后应支付的款项等。期末余额在借方，反映企业预付的款项；期末余额在贷方，反映企业尚需补付的款项。

（18）【答案】B

【解析】因为企业为一般纳税人，其进项税额可以抵扣，材料验收入库应通过"原材料"核算。

（19）【答案】B

【解析】本业务应该编制会计分录为：借：原材料 5000 贷：应付账款 1000 银行存款 4000。

（20）【答案】A

【解析】材料成本差异率=（-2000+8000）/（100000+200000）×100%=2%；发出材料的实际成本=180000×（1+2%）=183600（元）。

（21）【答案】B

【解析】本题考核制造费用。生产车间管理部门领用的材料是为生产产品发生的间接费用所以计入到制造费用当中。

（22）【答案】A

【解析】直接参加产品生产工人的工资属于直接费用，所以在"生产成本"中归集。

（23）【答案】B

【解析】本题考核应付职工薪酬科目的性质。"应付职工薪酬"账户，是用来核算企业应付职工薪酬的提取、结算和使用等情况。该账户的借方登记实际发放职工薪酬的数额；贷方登记已分配计入有关成本费用项目的职工薪酬的数额；该账户期末贷方余额，表示企业应付未付的职工薪酬。

（24）【答案】A

【解析】无偿向职工提供住房等资产使用的，按应计提的折旧额，借记"应付职工薪酬"账户，贷记"累计折旧"账户；借记"管理费用"等账户，贷记"应付职工薪酬"账户，因此本题目只有选项 A 符合题意。

（25）【答案】C

【解析】期末将"主营业务收入"账户余额结转至"本年利润"账户，结转后，该账户无余额。

（26）【答案】C

【解析】"预收账款"账户属于负债类账户；期末余额在贷方，反映企业预收的款项；期末余额在借方，反映企业已转销但尚未收取的款项。

（27）【答案】D

【解析】本题考核营业外支出核算的内容。选项 A 计入管理费用、选项 B 计入销售费用、选项 C 计入财务费用。选项 D 通过营业外支出核算。

（28）【答案】A

【解析】赊购商品而发生的应付账款，说明应付账款增多，计入应付账款科目的贷方；偿还应付账款，应付账款减少，计入应付账款科目的借方；冲销无法支付的应付账款，将应付账款冲销，应付账款减少，登记在借方。确认当期应缴纳的所得税，记入"应交税费——应交所得税"科目。

（29）【答案】B

【解析】预付账款为资产类账户，企业预付给甲企业购货款，预付账款增加，所以是借记"预付账款"科目。

## 二、多项选择题

（1）【答案】ABCD

【解析】所有者投入资本按照投资主体的不同可以分为国家资本金、法人资本金、个人资本金和外商资本金等。

（2）【答案】ABCD

【解析】长期借款计提利息时：

借：财务费用（或在建工程、研发支出、制造费用）

　　贷：应付利息/长期借款——应计利息

（3）【答案】ABCD

【解析】长期借款一般用于固定资产的购建、改扩建工程、大修理工程以及对外投资等方面，是企业的一项长期负债。

（4）【答案】ABC

【解析】负债筹资包括短期借款、长期借款以及结算形成的负债等。所有者投入的资本属于所有者权益筹资业务。

（5）【答案】ABCD

【解析】进行材料采购业务，企业通常设置的会计科目有原材料、材料采购、材料成本差异、在途物资、应付账款、应付票据、预付账款、应交税费等。

（6）【答案】ABC

【解析】结算形成的负债主要有应付账款、应付职工薪酬、应交税费等。短期借款不属于结算形成的负债。

（7）【答案】ABCD

【解析】清理固定资产时，支付的清理费和耗用的材料成本，发生的税费，计入到固定资产清理的成本中，收到的清理价款与固定资产清理的成本之差确认为净损益。因此固定资产清理成本和取得的变价收入都是影响固定资产清理净损益的因素。

（8）【答案】AB

【解析】企业接受投资者投入固定资产，考虑增值税，

借：固定资产应交税费——应交增值税（进项税额）

　　贷：实收资本

（9）【答案】BCD

【解析】结转固定资产净收益借记"固定资产清理"，贷记"营业外收入"，结转净损失借记"营业外支出"，贷记"固定资产清理"。

（10）【答案】ABCD

【解析】按固定资产的经济用途和使用情况等综合分类，可把企业的固定资产划分为7大类。① 生产经营用固定资产；② 非生产经营用固定资产；③ 租出固定资产；④ 融资租入固定资产；⑤ 未使用固定资产；⑥ 不需用固定资产；⑦ 土地。

（11）【答案】ABC

【解析】应付账款的贷方余额表示尚未偿还的款项。期末余额在借方，反映企业期末预付账款余额。

（12）【答案】BCD

【解析】"材料采购"账户，用以核算企业采用计划成本进行材料日常核算而购入材料的采购成本。借方登记企业采用计划成本进行核算时，采购材料的实际成本以及材料入库时结转的节约差异，贷方登记入库材料的计划成本以及材料入库时结转的超支差异。期末余额在借方，反映企业在途材料的采购成本。

（13）【答案】BD

【解析】实际成本=计划成本+材料成本差异，实际成本大于计划成本，则为超支。选项D正确。材料成本差异借方登记超支差异及发出材料应负担的节约差异，贷方登记节约差异及发出材料应负担的超支差异。则选项B正确。

（14）【答案】ABCD

【解析】应付职工薪酬账户可按"工资""职工福利""社会保险费""住房公积金""工会经费""职工教育经费""非货币性福利""辞退福利""股份支付"等科目进行明细核算。

（15）【答案】ABCD

【解析】成本核算对象主要有：产品品种、类别、订单、批别、生产阶段等。

（16）【答案】ABC

【解析】代管商品不属于本企业的库存商品。发出展览以及寄存在外的商品均属于"库存商品"科目的核算内容。

（17）【答案】ABCD

【解析】职工薪酬包括职工工资、奖金、津贴和补贴，职工福利费，医疗、养老、失业、工伤、生育等社会保险，住房公积金，工会经费，职工教育经费，非货币性福利和其他职工薪酬（如辞退福利）。

（18）【答案】CD

【解析】分配车间直接参加产品生产工人的职工薪酬时：

借：生产成本

　　贷：应付职工薪酬

（19）【答案】ABCD

【解析】"营业外收入"账户属于损益类账户，用于核算企业发生的各项营业外收入，主要包括非流动资产处置利得、非货币性资产交换利得、政府补助、盘盈利得、捐赠利得等。

（20）【答案】ABCD

【解析】"营业外支出"账户属于损益类账户，用以核算企业发生的各项营业外支出，包括非流动资产处置损失、非货币性资产交换损失、债务重组损失、公益性捐赠支出、非常损失、盘亏损失等。

（21）【答案】BCD

【解析】"营业税金及附加"用以核算企业经营活动发生的营业税、消费税、城市维护建设税、资源税和教育费附加等相关税费。

（22）【答案】BD

【解析】财务费用和管理费用计入当期损益，和产品的成本无关。计入产品成本的费用即生产成本费用的有直接人工、直接材料、制造费用。

（23）【答案】CD

【解析】银行汇票和银行本票属于"其他货币资金"核算的内容。"应收票据"账户用以核算企业因销售商品、提供劳务等而收到的商业汇票。

（24）【答案】ABCD

【解析】"应付账款"科目核算企业因购买材料、商品和接受劳务等经营活动应支付的款项。题目中四个选项都应该通过"应付账款"核算。

（25）【答案】AC

【解析】"其他业务收入"用以核算企业确认的除主营业务活动以外的其他经营活动实现的收入，包括出租固定资产、出租无形资产、出租包装物和商品、销售材料等。出售固定资产通过"营业外收入"核算；销售商品收入应通过"主营业务收入"核算。

（26）【答案】BC

【解析】应编制会计分录如下：

　　借：银行存款 81900

　　　　贷：其他业务收入 70000 应交税费——应交增值税（销项税额）11900

　　借：其他业务成本 20000

　　　　贷：周转材料——包装物 20000

## 三、判断题

（1）【答案】×

【解析】投资者在一定条件下也是可以撤出投资的，企业因某些原因需要减少实收资本，或者投资者因为某些原因需要撤出投资的，应按注销的注册资本，借记"实收资本"科目，按照实际支付的金额贷记"银行存款"等科目，差额记入"资本公积"科目。

（2）【答案】×

【解析】实收资本属于所有者权益类科目，贷方登记实收资本的增加额，借方登记实收资本的减少额。

（3）【答案】×

【解析】所有者权益筹资形成所有者的权益，通常称为权益资本。负债筹资形成债权人的权益，通常称为债务资本。

（4）【答案】×

【解析】短期借款是企业向银行或其他金融机构借入的偿还期在一年以下（含一年）的各种借款。长期借款是一年以上的借款。

（5）【答案】×

【解析】固定资产清理属于资产类科目。

（6）【答案】√

【解析】固定资产的确认条件：① 与该固定资产有关的经济利益很可能流入企业；② 该固定资产的成本能够可靠地计量。

（7）【答案】×

【解析】企业当月增加的固定资产，从下个月开始计提折旧，当月减少的固定资产，当月计提折旧，从下月开始不计提。

（8）【答案】×

【解析】"材料采购"账户用于核算企业采用计划成本进行材料的日常核算而购入材料

的采购成本。所以在计划成本法下核算，会涉及到"材料采购"账户。

（9）【答案】×

【解析】由于款没有支付，此时会形成一项负债，应通过"应付账款"来核算，而不是"应收账款"，"应收账款"是资产类科目。

（10）【答案】×

【解析】"在途物资"账户属于资产类账户，用于核算企业采用实际成本（或进价）进行材料、商品等物资的日常核算、货款已付尚未验收入库的在途物资的采购成本。

（11）【答案】√

【解析】"制造费用"账户属于成本类账户，用于核算企业生产车间（部门）为生产产品和提供劳务而发生的各项间接费用。

（12）【答案】×

【解析】职工薪酬中包括短期薪酬，短期薪酬具体包括职工工资、奖金、津贴和补贴，职工福利费，医疗保险费、工伤保险费和生育保险费的等社会保险费，住房公积金，工会经费和职工教育经费，短期带薪缺勤，短期利润分享计划，非货币性福利以及其他短期薪酬。

（13）【答案】√

【解析】"库存商品"账户属于资产类账户，用于核算企业库存的各种商品的实际成本（或进价）或计划成本（或售价），包括库存产品、外购商品、存放在门市部准备出售的商品、发出展览的商品以及寄存在外的商品等。

（14）【答案】×

【解析】企业向职工食堂、职工医院、生活困难职工等支付职工福利费，应该借记"应付职工薪酬——职工福利"科目，贷记"银行存款"科目。

（15）【答案】×

【解析】相关的经济利益很可能流入企业是指销售商品价款收回的可能性大于不能收回的可能性，即销售商品价款收回的可能性超过50%。

（16）【答案】×

【解析】应收账款的余额可以在借方，表示尚未收回的应收账款；可以在贷方，表示多收的货款，相当于预收账款。

（17）【答案】×

【解析】营业外收入属于损益类科目，其贷方登记营业外收入的实现，即营业外收入的增加额；借方登记会计期末转入"本年利润"账户的营业外收入额，期末结转后，该账户无余额。所以捐赠利得是营业外收入的实现，应该是计入到营业外收入的贷方。

（18）【答案】×

【解析】出售房屋不属于企业的日常经营活动，其营业税记入"固定资产清理"科目，不记入"营业税金及附加"科目。

# 第六章　会　计　凭　证

## 一、单项选择题

（1）【答案】D

【解析】银行存款收款凭证属于记账凭证的一种，故选项 D 的说法是错误的。

（2）【答案】C

【解析】本题考核会计凭证的概念。会计凭证是记录经济业务发生或者完成情况的书面证明，也是登记账簿的依据。

（3）【答案】B

【解析】自制原始凭证是指由本单位有关部门和人员，在执行或完成某项经济业务时填制的，仅供本单位内部使用的原始凭证，如收料单、领料单、限额领料单、产品入库单、产品出库单、借款单、工资发放明细表、折旧计算表等。

（4）【答案】D

【解析】火车票属于外来原始凭证。自制原始凭证是指由本单位有关部门和人员，在执行或完成某项经济业务时填制的，仅供本单位内部使用的原始凭证。如收料单、领料单、限额领料单、产品入库单、产品出库单、借款单、工资发放明细表、折旧计算表等。

（5）【答案】A

【解析】外来原始凭证是指在经济业务发生或完成时，从其他单位或个人直接取得的原始凭证。如购买货物时取得的增值税专用发票，银行收付款通知单，对外单位支付款项时取得的收据，银行转来的各种结算凭证，职工出差取得的飞机票，车船票等。

（6）【答案】C

【解析】由人民银行制作的在全国通用的银行转账结算凭证属于通用凭证。选项 A、B、D 属于专用凭证。

（7）【答案】B

【解析】自制原始凭证是指由本单位有关部门和人员，在执行或完成某项经济业务时填制的，仅供本单位内部使用的原始凭证。如收料单、领料单、限额领料单、产品入库单、产品出库单、借款单、工资发放明细表、折旧计算表等。

（8）【答案】C

【解析】通用凭证指的是由有关部门统一印制、在一定范围内使用的具有统一格式和使用方法的原始凭证。如某省（市）印制的在该省（市）通用的发票、收据等；由人民银行制作的在全国通用的银行转账结算凭证、由国家税务总局统一印制的全国通用的增值税专用发票等。选项 A、B、D 都属于专用凭证。

（9）【答案】B

【解析】本题考核外来原始凭证的概念，外来原始凭证是指在经济业务发生或完成时，从其他单位或个人直接取得的原始凭证。

（10）【答案】D

【解析】自制的原始凭证，必须有经办单位的领导人或者由单位领导人指定人员签名或者盖章。

（11）【答案】D

【解析】本题考核原始凭证的种类。原始凭证按照填制手续和内容可分为一次凭证、累计凭证和汇总凭证。累计凭证是指在一定时期内多次记录发生的同类型经济业务且多次有效的原始凭证。汇总凭证是指对一定时期内反映经济业务内容相同的若干张原始凭证，按照一定标准综合填制的原始凭证。

（12）【答案】D

【解析】汇总凭证是指对一定时期内反映经济业务内容相同的若干张原始凭证，按照一定标准综合填制的原始凭证。

（13）【答案】C

【解析】原始凭证按照填制的手续和内容可分为一次凭证、累计凭证和汇总凭证。常用的汇总原始凭证有发出材料汇总表、工资结算汇总表、销售日报、差旅费报销单等。

（14）【答案】B

【解析】本题考核累计凭证的概念。累计凭证是指在一定时期内多次记录发生的同类型经济业务且多次有效的原始凭证。

（15）【答案】C

【解析】汇总凭证，又称原始凭证汇总表，是指对一定时期内反映经济业务内容相同的若干张原始凭证，按照一定标准综合填制的原始凭证。常用的汇总原始凭证有发出材料汇总表、工资结算汇总表、销售日报、差旅费报销单等。

（16）【答案】C

【解析】累计凭证指在一定时期内多次记录发生的同类型经济业务且多次有效的原始凭证。差旅费报销单属于汇总凭证。领料单和销货发票属于一次凭证。

（17）【答案】C

【解析】本题考核原始凭证的分类。原始凭证按照填制手续和内容可分为一次凭证、累计凭证和汇总凭证。累计凭证填制的手续是多次完成的，一次凭证填制的手续是一次完成的，这是一次凭证和累计凭证的主要区别。

（18）【答案】D

【解析】小写金额有角无分的，分位写"0"，不得用符号"—"。

（19）【答案】A

【解析】原始凭证上的文字和数字须认真填好，字迹清楚，易于辨认，不得使用未经国务院公布的简化汉字。

（20）【答案】D

【解析】小写金额与人民币符号不得留有空格，所以选项 A 错误；金额数字一律写到角分，有角无分的，分位写"0"，不得用符号"—"，所以选项 B 错误；大写金额，单位到分的，后面不写"整"或"正"字，所以选项 C 错误。

（21）【答案】A

【解析】本题考核大写金额的书写。大写金额到元或角为止的，后面要写"整"或"正"字，有分的，不写"整"或"正"字。

（22）【答案】A

【解析】原始凭证如有错误，应当由出具单位重开或更正，更正处应当加盖出具单位印章。原始凭证不得涂改、刮擦、挖补。

（23）【答案】C

【解析】本题考核原始凭证的审核。选项 C 是错误的，对于不符合要求的原始凭证，不能先行编制记账凭证。

（24）【答案】A

【解析】本题考核原始凭证的审核。不符合国家有关政策的规定为不合法。原始凭证合法性的审核，审核原始凭证所反映的经济业务是否符合有关政策、法令、制度等规定，是否履行了规定的凭证传递和审查程序，是否有贪污腐败等行为。

（25）【答案】B

【解析】本题考核记账凭证的分类。专用记账凭证按其反映的经济内容不同，可分为收款凭证、付款凭证和转账凭证。

（26）【答案】B

【解析】本题考核记账凭证填制的基本要求。如果一笔经济业务需要填制两张以上（含两张）记账凭证的，可以采用"分数编号法"编号，正确的编号为 52（1/3）、52（2/3）、52（3/3）。

## 二、多项选择题

（1）【答案】ABD

【解析】会计凭证保管和销毁需要严格遵守会计凭证的保管期限要求，期满前不得任意销毁。

（2）【答案】BCD

【解析】支付款项的原始凭证，必须有收款凭证和收款人的收款证明，不能仅以支付款项的有关凭证如银行汇款凭证等代替。

（3）【答案】AB

【解析】原始凭证不得外借，其他单位如有特殊原因确实需要使用时，经本单位会计机构负责人（会计主管人员）批准，可以复制。向外单位提供的原始凭证复制件，应在专设的登记簿上登记，并由提供人员和收取人员共同签名、盖章。

（4）【答案】ABCD

【解析】本题考核会计凭证的作用。会计凭证的作用：记录经济业务，提供记账依据；明确经济责任，强化内部控制；监督经济活动，控制经济运行。

（5）【答案】ABCD

【解析】原始凭证是由经办人员根据发生或完成的经济业务填制的，是填制记账凭证的依据。记账凭证是由会计人员根据审核后的原始凭证填制的，是登记账簿的直接依据。

（6）【答案】ABC

【解析】每年装订成册的会计凭证，在年度终了时可暂由单位会计机构保管一年，期满后应当移交本单位档案机构统一保管。未设立档案机构的，应当在会计机构内部指定专人保管。

（7）【答案】ABD

【解析】外来原始凭证是指在经济业务发生或完成时，从其他单位或个人直接取得的原始凭证，如购买材料时取得的增值税专用发票，银行转来的各种结算凭证，对外支付款项时取得的收据，职工出差取得的飞机票、车船票等；工资发放明细表属于自制原始凭证。

（8）【答案】ABCD

【解析】收料单的传递中应规定：材料到达企业后多长时间内验收入库，收料单由谁填制，一式几联，各联次的用途，何时传递到会计部门，会计部门由谁负责收料单的审核工作，由谁据以编制记账凭证、登记账簿、整理归档等。

（9）【答案】ABCD

【解析】本题考核自制原始凭证的内容。自制原始凭证是指由本单位有关部门和人员，在执行或完成某项经济业务时填制的，仅供本单位内部使用的原始凭证，如收料单、领料单、限额领料单、产品入库单、产品出库单、借款单、工资发放明细表、折旧计算表等。

（10）【答案】ABCD

【解析】原始凭证的基本内容：① 凭证名称；② 填制凭证的日期；③ 填制凭证单位名称或填制人姓名；④ 经办人员的签名或盖章；⑤ 接受凭证单位名称；⑥ 经济业务内容；⑦ 数量、单价和金额。

（11）【答案】ABD

（12）【答案】ACD

【解析】本题考核原始凭证的填制要求。阿拉伯数字不可以连笔书写。

（13）【答案】ABC

【解析】从外单位取得的原始凭证遗失时，应取得原签发单位盖有公章的证明，并注明原始凭证的号码、金额、内容等，由经办单位会计机构负责人（会计主管人员）和单位负责人批准之后，才能代作原始凭证。

（14）【答案】AB

（15）【答案】ABCD

【解析】本题考核原始凭证真实性的审核。原始凭证真实性的审核内容包括凭证日期是否真实、摘要是否真实、业务内容是否真实、数据是否真实等。对于外来原始凭证，必须有填制单位公章和填制人员签章；对于自制原始凭证，必须有经办部门和经办人员的签名或盖章。此外，对于通用原始凭证，还应审核凭证本身的真实性，以防假冒。

（16）【答案】ABCD

【解析】原始凭证审核的内容：真实性、合法性、合理性、完整性、正确性、及时性。

（17）【答案】ABD

【解析】在审核原始凭证的过程中，① 对于完全符合要求的原始凭证，应及时据以编制记账凭证入账；② 对于真实、合法、合理但内容不够完整、填写有错误的原始凭证，应退回给有关经办人员，由其负责将有关凭证补充完整、更正错误或重开后，再办理正式会计手续；③ 对于不真实、不合法的原始凭证，会计机构和会计人员有权不予接受，并向单位负责人报告。

（18）【答案】BC

【解析】材料验收入库时应编制收料单；采购材料已验收入库，且款项已付。分录为：
借：原材料
　　贷：银行存款

（19）【答案】CD

【解析】记账凭证按凭证的用途可分为专用记账凭证和通用记账凭证；按填列方式可分为复式记账凭证和单式记账凭证。

（20）【答案】ABCD

【解析】记账凭证上应有填制凭证人员、稽核人员、记账人员、会计机构负责人、会计主管人员签名或者盖章。收款和付款记账凭证还应当由出纳人员签名或者盖章。

（21）【答案】AC

【解析】内容是否真实包括审核记账凭证是否有原始凭证为依据，所附原始凭证的内容是否与记账凭证内容一致。选项 B，审核的是书写是否正确；选项 D，审核的是金额是否正确。

## 三、判断题

（1）【答案】×

【解析】原始凭证是会计核算的原始资料和重要依据，记账凭证是登记会计账簿的直接依据。

（2）【答案】×

【解析】会计凭证的传递，应当满足内部控制制度的要求，使传递程序合理有效，同时尽量节约传递时间，减少传递的工作量。

（3）【答案】×

【解析】原始凭证应由经办人员填制，而记账凭证一律由本单位会计人员填制。

（4）【答案】×

【解析】会计凭证按其用途和填制程序的不同分为原始凭证和记账凭证两类。

（5）【答案】×

【解析】除结账和更正错误的记账凭证可以不附原始凭证外，其他记账凭证必须附有原始凭证。

（6）【答案】×

【解析】自制原始凭证是指由本单位有关部门和人员，在执行或完成某项经济业务时填制的，仅供本单位内部使用的原始凭证。

（7）【答案】×

【解析】生产过程中，在用另一种材料替代限额领料单内所列的材料时，应另填一次"领料单"，同时相应的减少限额余额。

（8）【答案】√

【解析】一次凭证是指一次填制完成，只记录一笔经济业务且一次有效的原始凭证；累计凭证是指一定时期内多次记录发生的同类型经济业务且多次有效的原始凭证。

（9）【答案】×

【解析】本题考核原始凭证的基本内容。记账标记属于记账凭证的内容。

（10）【答案】×

【解析】本题考核原始凭证的填制要求。会计凭证上填写的"人民币"字样或符号"￥"与汉字大写金额数字或阿拉伯金额数字之间不应留有空白。

（11）【答案】×

【解析】本题考核大写金额的书写规则。5200.05元的汉字大写金额应写成"人民币伍仟贰佰元零伍分"。

（12）【答案】√

【解析】从外单位取得的原始凭证，除某些特殊的外来原始凭证如火车票、汽车票外，必须盖有填制单位的公章或财务专用章，没有公章或财务专用章的原始凭证应视为无效凭证，不能作为编制记账凭证的依据。

（13）【答案】√

【解析】对于银行存款和库存现金之间转换的业务，一律编制付款凭证，不编制收款凭证。如从银行提取现金，现金增加、银行存款减少，应编制银行存款付款凭证；将现金存入银行，银行存款增加、库存现金减少，编制现金付款凭证。

（14）【答案】√

【解析】收回借款时，应当另开收据或者退还借款副本，不得退还原借款收据。原因是，借款和还回借款，是互有联系的两项经济业务，在借款和还回借款发生时，必须分别在会计账目上独自反映出来，因此不能将原借款收据退还借款人，否则，将会使会计资料失去完整性。

（15）【答案】×

【解析】记账凭证和原始凭证的填制要求是不同的。填制方法和填制要求的相同处：都要求内容真实可靠，记录清晰完整。不同处：原始凭证是某项业务或事件的记录，而记账凭证是将原始凭证进行鉴别并反映为企业经营活动的记录。

# 第七章　会 计 账 簿

## 一、单项选择题

（1）【答案】B

【解析】会计账簿是以经过审核无误的会计凭证为依据，全面、系统、连续地记录各项经济业务的簿籍。

（2）【答案】C

【解析】本题考核分类账簿。分类账簿是按照会计要素的具体类别而设置的分类进行登记的账簿。

（3）【答案】B

【解析】固定资产、债权、债务等明细账应逐日逐笔进行登记；库存商品、原材料、产成品收发明细账以及收入、费用明细账可以逐笔登记，也可以定期汇总登记。

（4）【答案】D

【解析】备查账簿是对某些在序时账簿和分类账簿等主要账簿中不予登记或登记不够详细的经济业务事项进行补充登记时使用的账簿。

（5）【答案】D

【解析】本题考核备查账簿。备查账簿是指对某些在序时账簿和分类账簿等主要账簿中都不予登记或登记不够详细的经济业务事项进行补充登记时使用的账簿。购入固定资产已经在固定资产明细账中充分反映，不需要建立备查账簿。

（6）【答案】A

【解析】多栏式的明细分类账将属于同一个总账科目的各个明细科目合并在一张账页上进行登记，适用于收入、成本、费用类科目的明细核算。

（7）【答案】A

【解析】启用会计账簿时，应当在账簿封面上写明单位名称和账簿名称，并在账簿扉页上附启用表。

（8）【答案】B

【解析】没有余额的账户，应当在"借或贷"等栏内写"平"，并在余额栏内用"θ"表示。

（9）【答案】C

【解析】按照规定，文字和数字的书写不要写满格，一般应占格距的1/2；登记账簿要用蓝黑墨水或者碳素墨水书写，不得使用圆珠笔（银行的复写账簿除外）或者铅笔书写；可以按照红字冲账的记账凭证冲销错误记录；如发生隔页、跳行现象，应在空页、空行处用红色墨水划对角线注销，或者注明"此页空白"或"此行空白"字样，并由记账人员签章。

（10）【答案】B

【解析】库存现金和银行存款之间的业务只编制付款凭证，所以将库存现金存入银行，只需要编制库存现金付款凭证。

（11）【答案】B

【解析】每日终了，应分别计算库存现金收入和付出的合计数，结出余额，同时将余额与出纳员的库存现金核对，即"日清"。如账款不符应查明原因，并记录备案。月终同样要计算现金收、付和结存的合计数，称为"月结"。

（12）【答案】A

【解析】对于每项经济业务计入总分类账户和明细分类账户的过程中，可以有先有后，但必须在同一会计期间全部登记入账。

（13）【答案】C

【解析】本题考核账实核对的内容。账实核对是核对会计账簿记录与财产实有数额是否相符。主要包括：① 库存现金日记账账面余额与现金实际库存数逐日核对是否相符；② 银行存款日记账账面余额与银行对账单的余额定期核对是否相符；③ 各项财产物资明细账余额与财产物资的实有数额定期核对是否相符；④ 有关债权债务明细账账面余额与对方单位的债权债务账面记录核对是否相符等。选项C属于账证核对的内容。

（14）【答案】C

【解析】选项A、B是账实核对；选项D是账证核对。

（15）【答案】D

【解析】库存现金、银行存款日记账，每月结账时，在摘要栏内注明"本月合计"字样，并在下面通栏划单红线。

（16）【答案】B

【解析】本题考核红字更正法的适用范围。因为已经登记入账了，所以不能是直接重做，而是要采用红字更正法。方法是：用红字填制一张与原记账凭证完全相同的记账凭证，以示注销原记账凭证，然后用蓝字填写一张正确的记账凭证，并据以记账。

（17）【答案】D

【解析】本题考核错账更正方法的适用情况。记账凭证无误，只能用划线更正法，故选项 A 不对；记账凭证上金额多记导致的账簿记录错误，应该采用红字更正法，故选项 B 不对；用错科目只能用红字更正法，故选项 C 错误。

（18）【答案】B

【解析】为明确会计人员责任，登记某种账簿的人员，应对该账簿的保管负责。

二、多项选择题

（1）【答案】ABCD

【解析】总分类科目和明细分类科目是对同一交易或事项进行分层次核算而设置的科目，两者之间存在相互联系相互制约的关系。总分类账户是所属明细分类账户的统驭账户，对所属明细分类账户起着控制作用；明细分类账户则是总分类账户的从属账户，对其所隶属的总分类账户起着辅助作用。它们所提供的核算资料互相补充，只有把二者结合起来，才能既总括又详细地反映同一核算内容。

（2）【答案】AC

【解析】本题考核会计账簿的分类。会计账簿按其用途的不同，可以分为序时账簿、分类账簿和备查账簿三类。

（3）【答案】BCD

【解析】会计账簿按照账页格式的不同，可以分为两栏式、三栏式、多栏式、数量金额式和横线登记式账簿。

（4）【答案】BCD

【解析】收入、费用明细账一般采用多栏式账簿，例如应交税费、生产成本、制造费用明细账等。

（5）【答案】AD

【解析】总分类账以及资本、债权、债务明细账一般采用三栏式账簿，收入、成本、费用明细账一般采用多栏式账簿。

（6）【答案】ABC

【解析】本题考核多栏式账簿。总分类账一般采用借方、贷方、余额三栏式的订本账，选项 D 错误。

（7）【答案】ACD

【解析】本题考核订本式账簿。选项 B 属于活页式账簿的特点。

（8）【答案】ABC

【解析】使用活页式账簿应当按账户顺序编号，并须定期装订成册，装订后再按实际使用的账页顺序编订页码，另加目录以便于记明每个账户的名称和页次。

（9）【答案】AC

【解析】本题考核会计账簿的登记要求。账簿中书写的文字和数字上面要留有适当空格，不要写满格，一般应占格距的 1/2；按照红字冲账的记账凭证，冲销错误记录可以用红色墨水记账；各种账簿应按页次顺序连续登记，不得跳行、隔页。如果发生跳行、隔页，应当将空行、空页划线注销，或者注明"此行空白""此页空白"字样，并由记账人员签名或者盖章。对订本式账簿，不能任意撕毁账页，对活页式账簿也不得任意抽换账页。

（10）【答案】AD

【解析】对于从银行提取现金的业务，按照规定只能编制银行存款付款凭证，此时应该根据银行存款付款凭证登记现金日记账的借方，选项 D 正确。选项 B、C 可以作为银行存款日记账借方登记的依据。

（11）【答案】ABD

【解析】各种明细分类账一般可采用活页账形式。固定资产的明细账采用卡片形式。

（12）【答案】ABC

【解析】对账是指核对账目，定期对账簿记录所进行的核对工作。为了保证账簿记录的真实性、完整性和准确性，在记账以后结账之前，定期或不定期地对有关数据进行检查、核对，以便为编制会计报表提供真实、可靠数据资料的重要会计工作，做到账证相符、账账相符、账实相符。对账工作一般在月末进行，即在记账之后结账之前进行。

（13）【答案】ABCD

【解析】本题考核结账的程序。结账的程序应包括：① 将本期发生的经济业务事项全部登记入账，并保证其正确性；② 根据权责发生制的要求，调整有关账项，合理确定本期应计的收入和应计的费用；③ 将各损益类账户余额全部转入"本年利润"科目，结平所有损益类账户；④ 结出资产、负债和所有者权益科目的本期发生额和余额，并结转下期。

（14）【答案】AB

【解析】错账的更正方法有三种：① 划线更正法，适用于账簿记录有错误，而其所依据的记账凭证没有错误，适用于结账之前；② 红字更正法，适用于两种情况：第一，记账后在当年内发现记账凭证所记的会计科目错误，从而引起记账错误；第二，记账后在当年内发现记账凭证所记的会计科目无误而所记金额大于应记金额，从而引起记账错误；③ 补充登记法，适用于在记账后发现记账凭证填写的会计科目无误，只是所记金额小于应记金额。选项 C 应该是采用补充登记法；选项 D 应该采用的是划线更正法。

（15）【答案】BCD

【解析】本题考核会计账簿的更换。选项 A 表述错误，应该与上年财务报表的期末数值核对一致，因为新账簿已经变为期初数了。

三、判断题

（1）【答案】×

【解析】会计账簿以审核无误的会计凭证为依据，记账凭证是登记会计账簿的直接依据。

（2）【答案】×

【解析】在我国，一般只对固定资产明细账采用卡片账形式，少数企业在材料核算中也使用材料卡片，低值易耗品一般采用数量金额式账簿。

（3）【答案】√

【解析】总账、日记账和多数明细账应每年更换一次。但是对于部分变动较小的明细账以及备查账簿可以连续使用。

（4）【答案】×

【解析】备查账簿通常依据表外科目登记，可以对某些经济业务内容提供必要的参考资料。

（5）【答案】×

【解析】企业收到来料加工装配业务的原料、零件等，应当设置备查簿进行登记。

（6）【答案】√

【解析】对于只设有贷方的多栏式明细账，平时在贷方登记"主营业务收入""营业外收入"等账户的发生额，借方登记月末将贷方发生额一次转出的数额，所以平时如果发生借方发生额，应该用红字在多栏式账页的贷方中登记表示冲减。

（7）【答案】×

【解析】"原材料""库存商品"等账户的明细分类核算一般是采用数量金额式明细分类账。

（8）【答案】×

【解析】订本账一般适用于总分类账、现金日记账、银行存款日记账。各种明细账一般可以采用活页账形式。

（9）【答案】√

【解析】在年度开始，启用新账簿时，应把余额记入新账的第一行，并在摘要栏注明"上年结转"字样。

（10）【答案】×

【解析】对于没有余额的账户，应在"借或贷"栏内写"平"字，并在余额栏内用"θ"表示。

（11）【答案】√

【解析】对方科目栏登记库存现金收入的来源科目或支出的用途科目，可以便于了解经济业务的来龙去脉。

（12）【答案】×

【解析】需要结计本年累计发生额的某些明细账户，全年累计发生额即12月末的"本年累计"下通栏划双红线。

（13）【答案】√

【解析】本题考核进行对账工作的时间。对账工作一般在月末进行，即在记账之后结账之前进行。

（14）【答案】×

【解析】总分类账簿之间的核对的依据是"资产=负债+所有者权益"这一会计等式和"有借必有贷、借贷必相等"的记账规则。

（15）【答案】×

【解析】下列情况下，可以使用红色墨水记账：① 按照红字冲账的记账凭证，冲销错误记录；② 在不设借贷等栏的多栏式账页中，登记减少数；③ 在三栏式账户的余额栏前，如未印明余额方向的，在余额栏内登记负数余额；④ 根据国家统一的会计制度的规定可以用红字登记的其他会计记录。

（16）【答案】×

【解析】用划线更正法更正时，可在错误的文字或数字上划一条红线，在红线的上方填写正确的文字或数字，并由记账人员及相关人员在更正处盖章，以明确责任。正确的文字或数字应用蓝字填写，而不是红字。

（17）【答案】×

【解析】一般来说，日记账、总分类账和大部分明细分类账都要在每年更换新账。但如固定资产明细账可以连续使用，不必每年更换新账。

# 第八章　账务处理程序

## 一、单项选择题

（1）【答案】D

【解析】账务处理程序，也称会计核算组织程序或会计核算形式，是指会计凭证、会计账簿、会计报表相结合的方式，包括账簿组织和记账程序。

（2）【答案】A

【解析】记账凭证账务处理程序是根据原始凭证或汇总原始凭证编制记账凭证，然后直接根据记账凭证逐笔登记总分类账的。

（3）【答案】A

【解析】记账凭证账务处理程序，根据原始凭证或汇总原始凭证编制收款凭证、付款凭证和转账凭证（也可采用通用的记账凭证）。

（4）【答案】A

【解析】本题考核记账凭证核算程序的适用范围。该公司业务量不大，所以适合用记账凭证核算程序。

（5）【答案】B

【解析】本题考核汇总记账凭证账务处理程序的要求。汇总记账凭证分为汇总收款凭证、汇总付款凭证、汇总转账凭证，所以记账凭证宜采用收款、付款、转账三种专用格式的记账凭证。选项 C、D 是账簿的格式。

（6）【答案】A

【解析】汇总记账凭证账务处理程序，月末是根据汇总记账凭证登记总分类账。

（7）【答案】A

【解析】由于汇总转账凭证上的科目对应关系是一个贷方科目与一个或几个借方科目相对应的。因此，为了便于编制汇总转账凭证，要求所有的转账凭证也应按一个贷方科目与一个或几个借方科目的对应关系来填制。

（8）【答案】D

【解析】汇总记账凭证的缺点：按每一贷方科目编制汇总转账凭证，不利于会计核算的日常分工，并且当转账凭证较多时，编制汇总转账凭证的工作量较大。

（9）【答案】B

【解析】科目汇总表账务处理程序，又称记账凭证汇总表账务处理程序，科目汇总表是登记总账的直接依据。

（10）【答案】D

【解析】总分类账可以根据记账凭证逐笔登记，也可以根据科目汇总表或汇总记账凭证等登记，不可以根据明细账登记。

（11）【答案】C

【解析】科目汇总表账务处理程序的优点：可以简化总分类账的登记工作，减轻登记总分类账的工作量，并可以做到试算平衡，简明易懂，方便易学。科目汇总表账务处理程序的缺点：不能清晰地反映各科目的对应关系。选项 D 属于汇总记账凭证账务处理程序的缺点。

（12）【答案】D

【解析】汇总记账凭证账务处理程序与科目汇总表账务处理程序的相同点是简化了登记总分类账的工作量。选项 A 科目汇总表账务处理程序登记总账的依据是科目汇总报表；汇总记账凭证账务处理程序登记总账的依据是汇总记账凭证。选项 B 科目汇总表账务处理程序汇总为科目汇总表，而汇总记账凭证账务处理程序是汇总为汇总记账凭证选项 C 科目汇总表不能反映各个账户之间的对应关系，不利于对账目进行检查。

（13）【答案】C

【解析】科目汇总表账务处理程序是先根据记账凭证编制科目汇总表，然后根据科目汇总表登记总账，而记账凭证账务处理程序是直接根据记账凭证登记总账，所以相比较增加的项目为编制科目汇总表。

二、多项选择题

（1）【答案】BCD

【解析】我国常用的账务处理程序主要有记账凭证账务处理程序、汇总记账凭证账务处理程序、科目汇总表账务处理程序。

（2）【答案】ACD

【解析】选项 B，科目汇总表是科目汇总表账务处理程序下应设置的，汇总记账凭证是汇总记账凭证账务处理程序下应设置的。

（3）【答案】ABC

【解析】登记现金日记账的依据是收款凭证和付款凭证。

（4）【答案】AB

【解析】汇总收款凭证，应分别按现金、银行存款账户的借方设置，并按其对应的贷方账户归类汇总；汇总付款凭证，应分别按现金、银行存款账户的贷方设置，并按其对应的借方账户归类汇总。

（5）【答案】AB

【解析】本题考核汇总收款凭证的编制依据。汇总收款凭证是根据库存现金收款凭证、银行存款收款凭证定期汇总编制的汇总记账凭证。

（6）【答案】CD

【解析】本题考核汇总转账凭证的编制。汇总转账凭证应该是"一借一贷"或"一贷多借"的会计分录；将一定时期内全部转账凭证按其对应借方科目进行归类，计算出每一借方科目发生额合计数，填入汇总转账凭证。

（7）【答案】ABC

【解析】汇总收款凭证是汇总记账凭证账务处理中应该设置的。

（8）【答案】ABD

【解析】科目汇总表账务处理程序下，是根据科目汇总表登记总账的。

（9）【答案】AB

【解析】科目汇总表账务处理程序的特点：根据记账凭证定期编制科目汇总表；根据编制的科目汇总表据以登记总分类账。选项 C、D 是汇总记账凭证账务处理程序的特点。

（10）【答案】ABCD

【解析】科学、合理的账务处理程序应符合下列基本要求：要结合本单位实际，适应本单位生产经营活动的特点和规模的大小，满足本单位组织会计核算的要求；要有利于全面、及时、正确地反映本单位经济活动情况，提供高质量的会计核算信息，满足投资者和债权人等外部和单位内部会计信息使用者的需求；要有利于简化会计核算手续，提高会计工作效率，节约会计核算工作的人力、物力和财力。

三、判断题

（1）【答案】×

【解析】记账凭证账务处理程序是会计核算中最基本的账务处理程序，其他账务处理程序都是在这种账务处理程序的基础上发展、演变形成的。

（2）【答案】√

【解析】汇总转账凭证是按转账凭证每一贷方科目分别设置的，用来汇总一定时期内转账业务的一种汇总记账凭证。

（3）【答案】×

【解析】汇总记账凭证账务处理程序的缺点：按每一贷方科目编制汇总转账凭证，不利于会计核算的日常分工，并且当转账凭证较多时，编制汇总转账凭证的工作量较大。

（4）【答案】√

【解析】科目汇总表账务处理程序和记账凭证账务处理程序除了登记总账的依据不同，其他的程序都是基本相同的。

（5）【答案】×

【解析】科目汇总表不能反映账户之间的对应关系。

（6）【答案】√

【解析】期末根据总分类账和明细分类账的记录，编制会计报表是这三种账务处理都包括的步骤，因为这三种账务处理主要是登记总账的依据和方法不同，其他步骤都是相同的。

（7）【答案】√

【解析】根据原始凭证或汇总原始凭证编制收款凭证、付款凭证和转账凭证（或通用记账凭证）是这三种账务处理都包括的步骤，这三种账务处理程序的主要区别就是登记总账的依据不同。记账凭证账务处理程序是根据记账凭证登记总账的；汇总记账凭账务处理程序是根据汇总记账凭证登记的;科目汇总表账务处理程序是根据科目汇总表登记总账的。

# 第九章 财产清查

## 一、单项选择题

（1）【答案】D

【解析】本题考核财产清查的概念。财产清查的范围包括企业的各项财产，而不是其中的某项资产。

（2）【答案】C

【解析】财产清查时应本着先清查数量、核对有关账簿记录等，后认定质量的原则进行。

（3）【答案】A

【解析】对于单位的主要负责人发生变动的，需要进行全面清查，而选项B、C、D是需要进行局部清查。

（4）【答案】D

【解析】本题考核财产清查的基本程序。财产清查不用复查，所以不用编制复查报告。

（5）【答案】C

【解析】现金日记账与现金的实存数核对，账和实际的数额核对，所以应该是账实核对。

（6）【答案】B

【解析】本题考核银行存款余额调节表的编制。

（7）【答案】B

【解析】往来款项的清查一般采取发函询证的方法进行核对，派人前往或利用通信工具，向往来结算单位核实账目。往来款项是指单位与其他单位或个人之间的各种应收款项、应付款项、预收款项、预付款项及其他应收、应付款项。

（8）【答案】B

【解析】往来款项的清查，发生的坏账损失借记"坏账准备"，贷记"应收账款"。

（9）【答案】B

【解析】根据"清查结果报告表""盘点报告表"等已经查实的数据资料，填制记账凭证，记入有关账簿，使账簿记录与实际盘存数相符，同时根据权限，将处理建议报股东大会或董事会，或经理（厂长）会议或类似机构批准后。

（10）【答案】A

【解析】财产清查定额内的损耗记入到"管理费用"当中。

（11）【答案】D

【解析】企业确认坏账损失时的会计分录为：

借：坏账准备

　　贷：应收账款

（12）【答案】B

【解析】甲公司应补提坏账准备金额为 18 万元（200-180-2）。

二、多项选择题

（1）【答案】ABCD

【解析】财产清查是指通过对货币资金、实物资产和往来款项的盘点或核对，确定其实存数，查明账存数与实存数是否相符的一种专门方法。

（2）【答案】ABCD

【解析】账实不符的原因：发现某项财产物资由于计量不准、手续不完备等造成实存数大于账面数；发现某项财产物资由于计量不准、自然灾害等原因造成实存数小于账面数。

（3）【答案】ABCD

【解析】本题考核全面财产清查的相关内容。

（4）【答案】BD

【解析】仓库保管员的变动，因为仓库保管员不是单位的主要负责人，所以其变动要进行局部清查，又因为这变动不是经常计划发生的，所以不定期清查。

（5）【答案】CD

【解析】现金清查本身就是局部清查。因为每天都清查，所以是定期清查，单位也可以不定期检查出纳的工作，因此是不定期清查。

（6）【答案】ABCD

【解析】上述说法都是关于库存现金清查的正确的规定。

（7）【答案】ACD

【解析】企业银行存款日记账的余额与银行对账单的余额往往是不一致的。

（8）【答案】ACD

【解析】银行存款余额调节表是一种对账记录或对账工具，不能作为调整账面记录的依据，即不能根据银行存款余额调节表中的未达账项来调整银行存款账面记录，未达账项只有在收到有关凭证后才能进行有关的账务处理。

（9）【答案】BD

【解析】本题考核各种清查方法的适用范围。对于银行存款的清查应通过与开户银行转来的对账单进行核对；对于往来款项的清查，一般用发函询证的方法进行核对。

（10）【答案】BD

【解析】选项 A 固定资产的盘亏，报经批准转销后转入"营业外支出"。选项 C 出纳丢失现金，若个人赔偿应记入"其他应收款"。

（11）【答案】ABD

【解析】本题考核财产清查结果的处理。原材料的盘亏，也有可能记入到"其他应收款""营业外支出"中，所以选项 C 是错误的。

（12）【答案】AB

【解析】本题考核"待处理财产损溢"账户的核算。库存商品毁损、原材料盘亏都需要通过"待处理财产损溢"账户核算。选项 C 通过"以前年度损益调整"核算，选项 D 通过"坏账准备"核算。

（13）【答案】ABCD

【解析】本题考核财产清查结果的账务处理。固定资产盘亏净损失应计入营业外支出，无法查明原因的库存现金溢余应计入营业外收入，无法查明原因的库存现金短缺应该计入管理费用，存货盘亏净损失中由于管理不善导致的部分应计入管理费用。

三、判断题

（1）【答案】×

【解析】通过财产清查可以保证账实相符，因为主要是账簿和实物之间的核对。

（2）【答案】×

【解析】在企业破产或被兼并时，需要对企业的所有财产进行全面清查。

（3）【答案】√

【解析】本题考核财产清查的种类。单位撤并或者改变其隶属关系要进行全面清查；如果遭受自然灾害、发生盗窃事件以及更换相关工作人员时应对财产物资或资金进行局部的清点和盘查。

（4）【答案】√

【解析】因为定期清查的清查对象不定，所以其对应的可以是全面清查也可以是局部清查。

（5）【答案】√

【解析】库存现金清查重点检查账款是否相符、有无白条抵库、有无私借公款、有无挪用公款、有无账外资金等违法行为。

（6）【答案】√

【解析】银行存款余额调节表的保管期限为 5 年。

（7）【答案】×

【解析】银行存款余额调节表不能作为记账的原始凭证。对于未达账项是企业或银行在实际收到有关的结算凭证后再进行的有关账务处理。

（8）【答案】×

【解析】小企业会计制度不设置"待处理财产损溢"账户，而是对清查结果直接进行处理。

（9）【答案】√

【解析】企业清查的各种财产盘盈、盘亏和毁损应在期末结账前处理完毕，所以"待处理财产损益"账户在期末结账后没有余额。

（10）【答案】√

【解析】本题考核财产盘亏的账务处理。财产的盘亏批准前，应做的账务处理为：

借：待处理财产损溢

　　贷：库存现金（或原材料、库存商品、固定资产）

# 第十章　财　务　报　表

## 一、单项选择题

（1）【答案】D

【解析】财务报表是指企业以一定的会计方法和程序，由会计账簿的数据整理得出的，以表格的形式反映企业财务状况、经营成果和现金流量的书面文件，是财务会计报告的主体和核心。因此，财务报表中各项目数字的直接来源是账簿记录。

（2）【答案】D

【解析】试算平衡表不属于财务报表，只是一种数据分析的表格。

（3）【答案】D

【解析】选项 A、B，属于项目列报遵守重要性原则的基本要求；选项 C，属于保持各个会计期间财务报表项目列报的一致性的基本要求；选项 D，企业欠客户的应付款不得与其他客户欠本企业的应收款相互抵销，如果相互抵销就掩盖了交易的实质，这是各项目之间的金额不得相互抵销的基本要求。

（4）【答案】C

【解析】本题考核资产负债表的格式。我国企业的资产负债表采用账户式结构。账户式资产负债表分左右两方，左方为资产项目，按资产的流动性大小排列，右方为负债及所有者权益项目，一般按求偿权先后顺序排列。

（5）【答案】D

【解析】资产＝负债＋所有者权益＝7455＋3000＝10455（万元）；资产合计＝流动资产合计＋非流动资产合计；流动资产合计＝10455-4899＝5556（万元）。

（6）【答案】B

【解析】计算"应付账款"报表项目时需要考虑"预付账款"贷方明细科目的余额。

（7）【答案】B

【解析】本题考核资产负债表编制的基本方法。"长期借款"项目，根据"长期借款"总账科目期末余额，扣除"长期借款"科目所属明细科目中反映的、将于一年内到期的长期借款部分，分析计算填列。

（8）【答案】C

【解析】营业利润=营业收入-营业成本-营业税金及附加-销售费用-管理费用-财务费用-资产减值损失+公允价值变动收益（-公允价值变动损失）+投资收益（-投资损失）=200-120-8-6-2-7+24=81（万元）。

（9）【答案】A

【解析】营业利润=营业收入-营业成本-营业税金及附加-销售费用-管理费用-财务费用-资产减值损失+公允价值变动收益（-公允价值变动损失）+投资收益（-投资损失）=800-500-86-50-40-10=114（万元）；利润总额=营业利润+营业外收入-营业外支出=114+5=119（万元）；净利润=利润总额-所得税费用=119-44=75（万元）。

## 二、多项选择题

（1）【答案】AD

【解析】本题考核财务报表的分类。财务会计报告按编报期间的不同分为年度财务报表、中期财务报表。

（2）【答案】ABC

【解析】本题考核中期财务会计报告的构成。中期财务报告至少应当包括资产负债表、利润表、现金流量表和附注。

（3）【答案】ABD

【解析】选项 C 财务成果是利润表包括的内容。

（4）【答案】BD

【解析】资产负债表为静态报表，所以报表中的要素不能表示企业资金的运动动态，而利润表是动态报表，其中的会计要素可以体现企业资金运动动态。收入、费用、利润可以体现资金运动动态表现，所以选项 D 是正确的。

（5）【答案】ABC

【解析】选项 D 属于流动负债。

（6）【答案】ACD

【解析】账户式资产负债表分为左右两方，左方为资产项目，右方为负债和所有者权益项目。短期借款和递延所得税负债为负债项目，实收资本为所有者权益项目，列示在资产负债表右方；交易性金融资产为资产类项目，列示在资产负债表左方。

（7）【答案】AB

【解析】资产负债表中，根据明细账账户的余额计算填列的项目有应收账款和预收账款、应付账款和预付账款。

（8）【答案】ABCD

【解析】本题考核存货的内容。存货项目应根据"原材料""库存商品""委托加工物资""周转材料""材料采购""在途物资""发出商品""材料成本差异"等总账科目期末余额的分析数汇总，再减去"存货跌价准备"科目余额后的差额填列。

（9）【答案】ABCD

【解析】本题考核利润表的内容。我国的利润表采用的是多步式，选项中的内容均可以反映。

（10）【答案】AB

【解析】本题考核利润表的格式。利润表的格式分为单步式、多步式。

（11）【答案】ABD

【解析】本题考核利润表的相关内容。利润表中不可以反映企业制造费用的本期发生额。

（12）【答案】ABCD

【解析】营业利润=营业收入-营业成本-营业税金及附加-销售费用-管理费用-财务费用-资产减值损失+公允价值变动收益（-公允价值变动损失）+投资收益（-投资损失）利润总额=营业利润+营业外收入-营业外支出

（13）【答案】BC

【解析】本题考核利润表中营业收入项目的填列。营业收入=主营业务收入+其他业务收入。

### 三、判断题

（1）【答案】√

【解析】附注是对资产负债表、利润表、现金流量表等报表中列示项目所作的进一步说明，以及对未能在这些报表中列示项目的说明。

（2）【答案】√

【解析】财务会计报告包括财务报表和其他应当在财务会计报告中披露的相关信息和资料。

（3）【答案】√

【解析】财务报表按照编报主体不同，可以分为个别财务报表和合并财务报表。

（4）【答案】×

【解析】通过资产负债表，可以反映企业所有者所拥有的权益，据以判断资本保值、增值的情况以及对负债的保障程度。

（5）【答案】√

【解析】资产负债表的格式有账户式和报告式两种，我国企业的资产负债表采用账户式结构。

（6）【答案】×

【解析】本题考核资产负债表项目的列示。资产负债表中资产类至少包括流动资产项目、长期投资项目、固定资产项目和无形资产及其他资产项目。

（7）【答案】×

【解析】本题考核资产负债表中的长期待摊费用项目。资产负债表中的"长期待摊费用"项目应根据"长期待摊费用"科目减去一年内到期的长期待摊费用后的差额来填列。

（8）【答案】×

【解析】本题考核资产负债表项目的填列。"货币资金"项目是根据"库存现金""银行存款""其他货币资金"等账户期末余额的合计数填列。

（9）【答案】√

【解析】利润表是反映企业一定会计期间经营成果的会计报表，是动态报表。

（10）【答案】√

【解析】本题考核利润分配表。

（11）【答案】√

【解析】利润表的填列。利润表中的"上期金额"栏，应根据上年利润表中该期的"本期金额"栏内所列数字填列。

（12）【答案】×

【解析】本题考核利润表中营业利润的计算。营业利润＝主营业务利润＋其他业务利润－销售费用－管理费用－财务费用。